Un festin en paroles

A ma mère

Τοιοῦτον ὁ θαυμαστὸς οὗτος τοῦ λόγου οἰκονόμος Ἀθήναιος
ἥδιστον "λογόδειπνον" εἰσηγεῖται...

(Athénée, *Les Deipnosophistes*, I, b.)

Athénée, l'admirable intendant
du discours qu'on va lire,
présente cet agréable « festin en paroles »...

Un festin en paroles

Histoire littéraire de la sensibilité gastronomique de l'Antiquité à nos jours

par
Jean-François Revel

Édition revue et corrigée

Jean-Jacques Pauvert
aux
EDITIONS SUGER

La maquette a été conçue par
Pierre Faucheux.
L'iconographie réunie par
Monique Trémeau et Suzanne Walter

Prologue

De la sensibilité gastronomique ou le mariage du cordon-bleu et du cuisinier pensant

« La Sensibilité et l'Histoire : sujet neuf. Je ne sais pas de livre où il soit traité », écrivait Lucien Febvre dans *Combats pour l'Histoire**. Et le père fondateur de l'École des *Annales* poursuivait : « Je ne vois même pas que les multiples problèmes qu'il engage se trouvent formulés nulle part. Et voilà donc (qu'on pardonne à un pauvre historien ce cri d'artiste) et voilà donc un beau sujet. » Le paradoxe est que les historiens du xxe siècle ont longtemps tenu à distance la psychologie et l'étude des mentalités afin de laisser parler, et d'ailleurs avec quels passionnants résultats, la vérité toute nue de l'histoire « quantitative ». Mais ils y sont revenus ensuite, à l'étude des mentalités, et les travaux de la dernière décennie ont montré que la psychologie, la ou les sensibilités, les représentations collectives, les idéologies, font partie aussi de cette histoire « de longue durée » dont Fernand Braudel a isolé la notion et illustré la réalité. N'importe quel observateur du tiers monde, aujourd'hui, peut attester à quel point les sensibilités pèsent parfois d'une temporalité plus longue que les bases matérielles d'une société. Après cet exorde austère, je m'empresse d'ajouter qu'écrire ce livre a été avant tout pour moi un divertissement.

* *1953, Armand Colin*

Curieux de traités de cuisine, j'ai fini par en accumuler un certain nombre, parce qu'ils sont le reflet inconscient de la vie quotidienne et le lieu de rencontre des mœurs à travers les siècles. Mais en les pratiquant je me suis aperçu de deux défauts communs à la plupart d'entre eux. Le premier est que le préambule historique ou rétrospectif, dans les livres qui en comportent un, est en général superficiel et faux. Dans cette partie, les auteurs se contentent pour la plupart de se copier les uns les autres, sans remonter aux sources, et perpétuent ainsi les légendes et les préjugés concernant le passé. Le second défaut est que, plus les traités sont vieux, moins ils correspondent à des représentations concrètes pour le lecteur d'aujourd'hui. Les procédés et les temps de cuisson, par exemple, étaient supposés connus des utilisateurs contemporains de ces manuels, mais ils peuvent varier du simple au triple. Les saveurs, les arômes, les mets, les condiments universellement répandus de jadis, le garum romain, la sauce cameline médiévale, n'évoquent plus rien pour nos palais. La terminologie de la cuisine et du service de table (j'en donne quelques exemples un peu plus loin) se modifie sans cesse. Les produits mêmes ont changé, avec l'évolution de l'élevage, de l'agriculture, de l'horticulture, et pas toujours dans le sens du pire. Il y a deux ou trois siècles encore, en Europe, le bœuf était à peine mangeable : au début du *Quichotte*, Cervantès donne pour preuve de l'extrême gêne matérielle de son héros, sur le point d'entrer en chevalerie, qu'il « mangeait plus souvent du bœuf que du mouton ». Sans revenir sur la pomme de terre, dont l'introduction en Europe et la consommation en Amérique même sont récentes, nous avons peine à imaginer que deux légumes aussi intimement liés pour nous à l'idée de cuisine méditerranéenne que la tomate et l'aubergine ne s'y sont, en fait, incorporés en consommation courante qu'au XIXe siècle. L'actuellement très populaire « ratatouille » dite niçoise ou encore « bohémienne » est absente de la classique *Cuisi-*

nière provençale de J.-B. Reboul, parue à la fin du XIXe siècle. Le haricot, pilier du cassoulet occitan ou des fagioli all'uccelletto toscans, plats que bien des gens jureraient issus d'une tradition paysanne remontant au néolithique, arrive en fait du Mexique en Europe à la fin du XVIe siècle, et ne s'y répand largement qu'au XVIIe siècle, remplaçant presque complètement le pois chiche et la fève. Aussi bien, il est faux que la viande, par exemple, ait toujours été réservée jusqu'à tout récemment aux classes riches. Cela dépend des époques et des régions. A Florence, les contemporains de Dante, de toutes conditions, élevaient des porcs, de la volaille en ville même, et avaient le droit de chasser le gibier alors surabondant des collines alentour. Restif de la Bretonne, dans *Monsieur Nicolas*, nous permet de constater que, durant son enfance, à la veille de la Révolution française, dans le nord de la Bourgogne, les petits paysans piégeaient les perdrix et les grives, les tuaient à l'aide de frondes, et que, d'autre part, élevage et basse-cour, dans les fermes, étaient assez bien portants.

Mais, plus que l'histoire des produits alimentaires, c'est l'histoire du goût dont il est question ici, au sens premier, ou plutôt au double sens de ce terme. A savoir : quel était le goût d'un repas, d'un vin, au IIIe siècle avant ou après J.-C. ? Et quel était le goût des convives : qu'aimaient-ils, que cherchaient-ils ? A quoi ressemblait le contenu de l'une de ces vieilles bouteilles qu'Horace tirait de son cellier en toutes circonstances ? Et les vins de la Sabine dont, en revanche, il ne dit pas grand bien ? Et les flots de vin courant qui circulaient dans les coupes du *Banquet* de Platon ? Pour les lecteurs contemporains, la reconstitution allait de soi. L'imagination gastronomique, en effet, précède l'expérience, l'accompagne et, en partie, y supplée. Parler aujourd'hui de se faire servir « une douzaine d'huîtres arrosées de chablis » ou de pouilly évoque aussitôt un mariage de saveurs très précis et caractérisé. Cela ne dira rien dans mille ans à un lecteur qui n'aura probablement aucune notion de ce qu'était le chablis ; tout comme ne lui dira rien l'information que, vers 1900, les huîtres, les belons surtout, avaient pour vin attitré le sauternes (ce qui est oublié maintenant, déjà, et semblerait monstrueux aux amateurs de coquillages de cette fin du XXe siècle). Car ce lecteur futur n'aura sans doute aucun moyen de savoir que les sauternes étaient des blancs doux et les chablis et pouilly des blancs secs. Et encore faudra-t-il qu'il sache que « sec » signifiait en l'occurrence « exempt de tout goût sucré » et non point « fort en alcool ». Nous ne savons pas à quelles expériences gustatives fait allusion Horace quand il écrit, dans un billet d'invitation à Mécène, « tu boiras du mauvais vin de Sabine », précisant qu'il l'a lui-même mis et cacheté dans « une amphore d'argile autrefois remplie de vin grec ». Pourquoi ? Quel vin grec ? Le poète cite ensuite plusieurs crus : le cécube, le calès, le vin de Formies, en laissant entendre qu'il est trop pauvre pour en offrir à ses invités*. Ces noms, pour nous, sont dépourvus de tout pouvoir évocateur. Tout est coutume, et la coutume n'est jamais définie avec précision pour qui elle va sans dire, pour qui elle est toujours sous-entendue, de sorte qu'elle est presque impossible à reconstituer quand elle s'est perdue. Les touristes acceptent comme folklorique et amusant de boire, en Attique, du vin raisiné, parce que cette préparation leur est connue, mais seraient horrifiés si on leur servait du vin coupé d'eau de mer. Ce mélange, pourtant, se pratiquait dans certaines régions de la Grèce antique, de même, en général, que se pratiquait universellement le coupage des vins non pas seulement avec de l'eau pure (ce qui subsistera jusqu'au XVIIe siècle ap. J.-C.) mais encore avec toutes sortes de liquides ou de solides (solubles ou non) au parfum fortement marqué, ce qui serait naturellement un scandale pour l'œnologue moderne. Sauf, encore une fois, quand l'association correspond à l'une de nos propres habitudes, ainsi le vin chaud à la cannelle, en

* Odes, *Livre I, 20.*

France, ou la sangria espagnole, le champagne au jus d'orange, etc. Pour parachever la difficulté de reconstituer ce qui est loin de nous, ajoutons que la cuisine voyage aussi mal dans l'espace que dans le temps; et, de même, les informations sur la cuisine : le goulasch hongrois qu'on trouve en Hongrie n'est pas un ragoût mais un potage, la paella valenciana qu'on mange à Valence n'est pas à base de fruits de mer, mais de lapin, etc.

Tout autant et plus que les livres de cuisine proprement dits, ce sont les textes littéraires en général qui ont servi de trame à ce livre. D'Aristophane à Zola, de Juvénal à Gogol en passant par Fielding ou Goldoni, la poésie, le roman ou le théâtre nous livrent pour chaque société un reflet de la sensibilité gastronomique courante d'autant plus crédible qu'il est le plus souvent involontaire et marginal. Certes, il faut, là aussi, faire la part de l'exagération « pantagruélique » qui est un effet, précisément, « littéraire », comme il faut faire celle de l'exagération « famélique » en sens contraire, fréquente en particulier dans le roman picaresque, à commencer par le premier d'entre eux, le *Lazarillo de Tormes*, et même leur ancêtre latin, *l'Ane d'Or* d'Apulée. Le « repas ridicule », traité par Boileau ou d'autres, en vers ou en prose, est aussi un thème fréquent qui permet, grâce à la satire de la mauvaise cuisine, de déduire ce que l'on considérait comme la bonne, à une époque et dans un milieu déterminés.

Il n'est guère de genre littéraire qui n'apporte des indications à cet égard. En chacune des journées du *Décaméron*, par exemple, en guise de collation, à l'élégante compagnie de jeunes dames et de beaux messieurs qui a fui à la campagne la peste de Florence, on sert des douceurs, des confiseries et des confitures. C'est qu'il eût été malséant de voir ces arbitres de l'esprit et du bon goût se repaître de charcutaille et de viandes en sauce, au risque de se salir les doigts et les vêtements. En outre, le sucre est alors rare et cher.

C'est, à vrai dire, un condiment — servant notamment dans les sauces — plus qu'un aliment, ce qu'il ne deviendra pas avant la fin du XVIIe siècle. Donc, quand Boccace met en scène l'aristocratie de la classe dirigeante, il la fait se nourrir de pâtisserie, comme aujourd'hui il la ferait se nourrir de caviar et de saumon fumé, et il se garderait au contraire, par peur de rompre le charme, de montrer des jeunes femmes du « jet set » s'empiffrant de choux à la crème et de babas au rhum. Lorsque Baudelaire écrit *Pauvre Belgique*, réquisitoire délirant, sans doute, mais, par là même, révélateur de certaines idées fixes, il se plaint à plusieurs reprises de l'absence de ragoûts dans la cuisine belge. A tort ou à raison. Mais du moins nous indique-t-il par là que les viandes en sauce, pour un Français, sous le Second Empire, constituaient le plat de résistance par excellence, alors que pour un Occidental d'aujourd'hui ce sont les grillades. Baudelaire déplore aussi la mauvaise qualité, selon lui, des légumes en Belgique, aggravée par le « beurre rance », dit-il, qui sert à les préparer : indice que les légumes cuits tenaient alors une place plus grande qu'aujourd'hui dans « l'attente » gastronomique. Il n'est point d'histoire de la cuisine qui ne soit une histoire de l'appétit, des habitudes et du goût.

Histoire littéraire, ai-je dit, histoire par les textes, et même tournant parfois à l'anthologie, car j'ai cru devoir citer largement des œuvres difficiles à trouver, ou, au contraire, trop classiques pour pouvoir être omises. Cela dit, je ne prétends pas être exhaustif. J'ai donné des coups de sonde, fait des fouilles dans certaines périodes et dans certaines zones géographiques, dans certaines classes sociales. J'ai composé ce livre petit à petit, au fil des vacances, pour me donner l'occasion de lectures et de relectures m'éloignant de mes préoccupations habituelles. Ce fut ma récréation, et je souhaite que le lecteur y trouve la sienne.

Prendre sous l'angle littéraire l'histoire de la sensibilité gastronomique, esquissée d'après les livres de cuisine et les autres, se justifie particulièrement, dans ce domaine où la sublimation par le langage est un facteur constitutif de la fête, quand elle n'en est pas le substitut, comme pour Baudelaire qui écrit, toujours dans *Pauvre Belgique* : « Pas de restaurants. Moyen de se consoler : lire des livres de cuisine. » Autant que la sexualité, la nourriture est inséparable de l'imagination. C'est la raison pour laquelle, reprenant une expression d'Athénée, j'ai intitulé le présent livre *Un festin en paroles* [1].

Tout menu est un exercice de rhétorique, toute critique gastronomique verse volontiers dans le style noble, ou héroï-comique, comme si le caractère contingent et transitoire de son objet devait être racheté par la pompe de l'éloge ou du blâme. La cuisine s'est toujours avancée, comme Descartes *, masquée derrière une terminologie pléthorique et ornementale, dont le manque de rigueur dans la dénomination, la composition et la confection des plats est une des principales causes du mystère épais qui entoure toujours la gastronomie du passé et prépare souvent les déceptions du présent. Terminologie changeante, aussi, disais-je. Il y a cent ou cent trente ans à peine les « entrées » étaient le plat principal et non le début du repas. Le mot français « entrée » a d'ailleurs conservé ce sens aux États-Unis, où, sur tous les menus d'hôtels et de restaurants, il désigne le plat de résistance. Mais les « entrées » du siècle dernier ne comprenaient pas les rôts, ni les « relevés », terme disparu en tant que substantif, et qui désignait la viande bouillie servie aussitôt après

* « *Larvatus prodeo* » *(Cartesius)*.

1. *Immédiatement après la phrase qu'on vient de lire, Baudelaire écrit : « Pas de maîtresse, lisez un livre d'amour. » A propos de la cuisine belge, selon moi, je tiens à l'affirmer avec solennité, ou bien l'amertume égarait le grand poète, ou bien la cuisine belge s'est prodigieusement améliorée depuis cent ans.*

le potage, d'où l'expression complète de « relevé de potage ». Quant aux « entremets », ils n'étaient pas du tout le synonyme de desserts qu'ils sont devenus. La majorité des entremets étaient des plats salés, des légumes, des pâtés, des œufs, et une petite partie seulement étaient des « entremets sucrés ». Tout cela ne va d'ailleurs pas sans flottement, et, si les « entrées » (de viande ou de poisson) désignent en principe des plats du *milieu* de repas, et en sauce, on trouve également cités parmi elles des mets qui devraient normalement figurer dans la liste des rôtis. Cette imprécision, dans les livres de cuisine de tous les temps, se communique d'ailleurs aux recettes elles-mêmes, parfois aussi prolixes en envolées fleuries que muettes sur les étapes essentielles des préparatifs et des cuissons. De même, les révolutions gastronomiques sont également des révolutions de la terminologie. Il faut s'estimer heureux quand elles ne se limitent pas à cela. Un ancien journaliste devenu restaurateur, Honoré Bostel, a spirituellement raillé, en 1978, les innovations rhétoriques de la « nouvelle cuisine française » :

« Voici une liste de plats, tirée des cartes des restaurants de Paris en ce début de fin de siècle.

« Aiguillette de pintade à la compote de pétales de cresson (36 F).

« Rillettes de thon à la mousse d'avocat au citron vert (24 F).

« Suprême de Saint-Pierre aux groseilles (48 F).

« Soupe de fraises. » Etc. etc., et cætera.

« Ainsi le langage plus que la cuisine a ses modes. C'est davantage le verbe que le contenu qui soutient la cuisine, fût-elle nouvelle.

« Voici comment procéder pour jouir de ces derniers instants de la mode, si vous voulez établir un menu “ in ”.

1. Baptiser les entrées du nom des desserts; exemple, pour débuter, un « sorbet de fromage de tête ».

2. Ne pas oublier que les terrines ne sauraient être que de poisson ou de légumes (petits, de préférence).

3. Sur le plat principal, inverser le nom du contenu traditionnel, surtout en ce qui concerne les viandes et les poissons. Exemple : « Rumsteack de sole » ou « Darne de bœuf mode ».

4. Reconvertir le nom des desserts en noms d'entrées; exemple : « soupe de figues » ou de « fraises ».

« Donc, ce n'est pas tant le plat qui attirera, mais la subtilité de la syntaxe.

« Il y a bien peu de créations en cuisine; que les récréations nous amusent donc *! »

En effet, ce jargon emphatique a souvent pour fonction, en déconcertant, d'imposer l'illusion de l'originalité, solution plus facile que l'exécution honnête de recettes éprouvées. Mais il en a une autre, qu'on pourrait baptiser avec méchanceté fonction d'intimidation, ou, avec gentillesse, fonction d'envoûtement.

« Cette influence du langage sur la sensation, écrit Bergson, est plus profonde qu'on ne le pense généralement. Non seulement le langage nous fait croire à l'invariabilité de nos sensations, mais il nous trompera parfois sur le caractère de la sensation éprouvée. Ainsi, quand je mange d'un mets réputé exquis, le nom qu'il porte, gros de l'approbation qu'on lui donne, s'interpose entre ma sensation et ma conscience; je pourrai croire que la saveur me plaît, alors qu'un léger effort d'attention me prouverait le contraire *. »

Encore Bergson a-t-il choisi le cas où le « mets réputé exquis » a une saveur quelconque, mais ce mets peut aussi n'en avoir aucune : alors, faute de mieux, on louera sa « finesse », sa « légèreté ».

Fort heureusement, la littérature gastronomique n'a pas pour unique fonction de masquer l'erreur ou la banalité. Mais le difficile, en explorant le passé (et même le présent), c'est justement de faire la différence entre la cuisine muette et la cuisine bavarde; celle qui existe dans les assiettes et celle qui n'existe que dans les chroniques gastronomiques.

* *« Le nouveau langage de la cuisine » dans la revue hebdomadaire* Paris-Poche, *1978.*

* *Henri Bergson,* Essai sur les données immédiates de la conscience, *Paris, 1888, ch. II.*

Ou bien, si l'on préfère, le difficile est de retrouver, derrière la façade verbale des cuisines d'apparat, la cuisine populaire anonyme, paysanne ou « bourgeoise », faite de tours de main et de petits secrets qui n'évoluent que très lentement en silence, et dont personne en particulier n'est l'inventeur. C'est surtout cette dernière cuisine, la cuisine moyenne, l'art gastronomique des « profondeurs », qui fait qu'il y a des pays où l'on « mange bien » et des pays où l'on « mange mal ». Mais à elle seule, la cuisine purement ménagère, traditionnelle et praticienne ne suffit pourtant pas non plus. Si elle n'est pas secouée par l'innovation, par la réflexion, par l'extravagance même de quelques artistes, la cuisine populaire même s'étiole et s'affadit. Le feuilleton gastronomique écrit par les siècles a pour ressort la bataille constante entre le cordon-bleu et le cuisinier pensant, bataille amoureuse qui, comme dans tous les bons romans d'aventures, après maintes brouilles, s'achève par des épousailles.

I.

Les deux sources de la cuisine

Comment bien manger sans réellement se nourrir? Telle pourrait être la question à laquelle cherche à répondre la gastronomie. Avoir faim n'est pas toujours un état favorable à l'appréciation des mets, puisque tous paraissent alors délicieux. Inversement, la satiété, la semi-réplétion permanente dans laquelle vit l'homme des contrées prospères, si elles le rendent sensible aux exploits de ses chefs, limitent l'étendue et la fréquence de l'usage qu'il peut faire de leurs talents et des legs de la tradition.

Or, c'est malheureusement un fait d'expérience : le plaisir gastronomique ne peut vraiment s'épanouir qu'à travers la variété, le contraste, et donc la multiplicité des plats et des vins. Aussi les sommets de l'art sont-ils précisément atteints dans ces périodes où le raffinement des recettes associe la complexité de la conception à la légèreté de la réalisation. C'est là un grand principe dont il ne faudra jamais détacher notre esprit au cours de ces pages : la cuisine savante ne réside pas dans la seule accumulation; mélanger n'est pas combiner, les plats les plus barbares peuvent être fort lourds sans gain pour la saveur. Inversement, les réalisations les plus simples peuvent être de la haute cuisine lorsque de l'association de deux ou trois produits, qui peuvent être courants, se dégage une saveur originale, mais une saveur que seul un tour de main approprié peut obtenir.

Périodiquement, nous verrons au cours de cette histoire le retour au produit naturel être réclamé en réaction contre la cuisine excessivement lourde et compliquée. Mais l'art véritable n'est ni le produit à l'état naturel ni la lourdeur compliquée : un grand chef exalte les éléments naturels, les utilise dans le sens de leur vérité propre, sait en extraire les parfums, les saveurs et en souligner les consistances, mais cela tout en les transposant sur un registre nouveau, où ils s'anéantissent pour renaître au sein d'un tout dû à l'intelligence. A cet égard, la connaissance des associations savoureuses (quelles sont les denrées qui peuvent se mettre en valeur les unes les autres et sous quelle forme de cuisson ?), cette connaissance est aussi importante que la connaissance des quantités, des proportions qui doivent présider à leur mariage. Il y eut par exemple des siècles entiers où tout plat était submergé sous les épices, et ne sentait plus que la cannelle, la noix muscade, le safran, ou le piment. Ailleurs, à un autre moment, on noiera toute chose dans la crème ou l'huile d'olive, deux outils culinaires particulièrement négatifs lorsque la main n'en mesure pas l'emploi. Aujourd'hui, dans certains restaurants touristiques, on voit se multiplier l'usage dévoyé et théâtral des herbes : le thym pour les grillades, les branches de fenouil pour le loup, ce poisson appelé bar dans le Nord. On sert des steaks couverts de thym, herbe qui n'a jamais été faite pour être mangée. Mange-t-on le thé qui reste au fond de la théière ? Le thym doit sa valeur uniquement au parfum dont il imprègne une sauce, un ragoût ou éventuellement une grillade de mouton, mais seulement si l'on en jette *sous* le gril quelques brins qui brûlent sur les tisons. Quant aux branches de fenouil, c'est une véritable farce que celle qui se joue dans les « grands » restaurants parisiens dits de « poisson », chaque fois que nous voyons des maîtres d'hôtel en tenue s'efforcer de maîtriser à grand-peine un incendie qu'ils viennent eux-mêmes d'allumer en mettant le feu à un amas de foin réuni sous les flancs ridés d'un malheureux animal, dont la peau ainsi se calcine pendant que sa chair se refroidit. Non! messieurs de la queue-de-pie. Lorsqu'on cuit un loup au four, dans une sauce au vin blanc et au citron, on place délicatement deux ou trois brins de fenouil dans le ventre de la bête, afin que l'arôme l'en imprègne, après quoi on les écarte, en détachant les filets.

Cela nous amène à remarquer qu'il est fort rare que la bonne cuisine se fasse dans la salle à manger. Le petit ballet autour des crêpes suzette, de l'omelette flambée, du steak au poivre inondé de cognac, au creux d'un plat d'argent sous lequel brûle une périlleuse et malodorante lampe à alcool, tout cela relève de l'attraction foraine et de la vigilance des sapeurs-pompiers, non pas de la gastronomie. Disons-le une fois pour toutes : la cuisine régionale ne voyage pas. C'est là une grande vérité d'expérience, et, avant de la situer à l'intérieur d'un groupe de principes dont l'exposé va suivre, je vais en donner quelques illustrations exemplaires.

Prenons la bouillabaisse marseillaise : il existe dans tous les pays maritimes un plat de pêcheurs qui consiste à mettre des poissons variés dans une marmite et à mettre cette marmite sur le feu en ajoutant aux poissons des condiments qui pourront être, suivant les pays, de la crème, du piment, du safran, du vin blanc, de l'oignon, etc. Le résultat de ce pot-au-feu marin (qui d'ailleurs n'est pas nécessairement marin puisqu'il existe une bouillabaisse de poisson d'eau douce au vin blanc, la pochouse ou pauchouse) est d'abord une soupe dans laquelle nagent des fragments de légumes, de pain et de poisson plus ou moins ramollis par l'ébullition. Dans le cacciucco livournais, on ajoute des moules; les moules marinières elles-mêmes (dont les recettes sont très diverses suivant les pays) ne sont pas autre chose qu'une bouillabaisse où il entre exclusivement des moules. La baudroie en bourride de Sète est une bouillabaisse où il entre exclusivement de la baudroie et dont le bouillon est particulièrement épicé et raffiné. Encore faut-il que cette baudroie provienne bien de la Méditerranée, et non de l'Atlantique : ce ne sont pas les mêmes. La baudroie de l'Atlantique, autrement dit la lotte, dont la tête a une forme différente de la baudroie méditerranéenne, est un poisson excellent, mais il n'est pas canonique au regard de la bourride sétoise. La bourride marseillaise quant à elle est une bouillabaisse où il n'entre que trois espèces de poisson : baudroie, loup et merlan, et surtout qui se caractérise par le fait que l'on délaye, avant de servir, un aïoli dans le bouillon. A partir de ces variantes, on peut apporter des perfectionnements qui tiendront non point à la recette mais à l'exécution : savoir, notamment, mesurer le temps de cuisson de telle sorte que l'on obtienne à la fois un bouillon savoureux et du poisson mangeable, c'est-à-dire point trop émietté, au besoin en apprenant à plonger en dernier lieu dans la marmite les poissons aux chairs les plus fragiles. Si la bouillabaisse marseillaise a acquis une renommée internationale, c'est qu'il se trouve que le poisson du golfe du Lion, dit poisson de roche, est particulièrement savoureux et ferme. Dans une bouillabaisse bien faite, il entre du poisson pour le parfum, et qu'on ne mange pas — la rascasse est le principal — et du poisson à manger [1]. Mais ce mets est indissolublement lié à des conditions locales, dans ce sens que son mérite tient moins à la recette, somme toute banale, qu'à la nature des produits et à leur provenance. Déjà très difficile à réaliser sur place, en raison de la rareté du poisson de roche et de la difficulté de trouver du safran qui ne soit pas éventé, presque toujours frelaté même dans les restaurants provençaux, qui utilisent des fonds [2], la vraie bouillabaisse n'est possible que chez des particuliers ou sur commande, c'est-à-dire dans les circonstances où elle est née, après la pêche, au bord de la mer, et elle devient fade dès qu'on essaye de la reconstituer dans l'abstrait, à Paris par exemple.

Dans de tels cas, le génie culinaire est le génie du lieu. Malheureusement, une immense majorité de la clientèle des restaurants dans le monde entier confond la gastronomie avec l'exotisme. Le plat qui sort de l'ordinaire, à ses yeux, c'est le plat exotique. Or, c'est précisément celui qui a le moins de chances de pouvoir être réussi. C'est pourquoi on se rattrape soit par le « flambage » du « loup grillé », soit, dans le cas de la bouillabaisse, avec la trop fameuse « rouille », sauce au piment ou mayonnaise aillée, dont le lien avec la bouillabaisse est tout aussi extrinsèque que celui de la moutarde avec la viande. Quant au poisson grillé, je signale que le loup est, de tous les poissons, le moins fait pour être grillé, le loup étant un poisson sec. Aucun traité de cuisine provençale antérieur à 1914 ne comporte une recette de loup grillé. En se grillant, la chair du loup perd sa saveur et se dessèche. Seuls, les poissons gras, sardines, maquereaux, gagnent à ce traitement. Mais notre époque est celle de la « grillade », c'est là son préjugé dominant, comme d'autres époques eurent une véritable obsession du bouilli, et faisaient bouillir toute viande, même celle qui était destinée ensuite à être frite ou rôtie.

Je n'ai voulu ici que donner quelques exemples des méfaits du *pittoresque* en gastronomie, car, la plupart du temps, au lieu de s'efforcer de bien préparer ce qu'ils peuvent bien préparer dans leur pays, trop de gens se figurent améliorer leur menu en y introduisant de prétendues préparations exotiques qu'ils ne peuvent matériellement pas réussir.

→
La visite à la ferme
Pierre Brueghel l'Ancien
v. 1525-1569
Musée Royal des Beaux-Arts, Anvers.

1. Par contre, la langouste n'y est qu'une superfétation touristique : sa chair y devient flasque, elle perd sa saveur sans la communiquer au plat.

2. Ou, plus exactement, des restes, *car les véritables fonds sont des sucs de viande, fort coûteux et qui ont leur rôle à jouer dans la grande cuisine.*

P. BRVEGHEL

Tout n'est pas intransportable, certes, dans les tradition locales, mais la cuisine provençale est l'une des moins recons tituables sous d'autres climats que le sien. Mais j'y ai insisté à cause de l'engouement actuel pour les cuisines méridio nales. Aussi bien, pourrait-on dire, comment exécuter un potée franc-comtoise, sorte de pot-au-feu au lard et au saucisses de Morteau parfumées au cumin, sans la merveil leuse, l'irremplaçable odeur du lard et des saucisses fumée qui ont pendu dans l'âtre pendant des mois avant d'êtr admis dans la marmite ? Fondamentalement, la potée es le plat paysan éternel, qui donne, selon le cas et les nuances tantôt le hochepot flamand, tantôt le petit salé aux choux tantôt le simple pot-au-feu de l'Ile-de-France, avec ou san l'os à moelle. L'art d'un chef est précisément de savoir c qu'il peut reprendre aux diverses traditions sans les trahir.

Sans doute vous êtes-vous déjà demandé pourquoi l'au teur du présent livre prend un ton de censeur, et pourquo d'historien il se mue d'emblée en moraliste. C'est hélas ! — ou tant mieux — que la cuisine est un art normatif où, comm dans la grammaire, la morale et la médecine, la descriptio et la prescription ne peuvent guère être séparées. C'es ensuite que, pour bien comprendre l'histoire de la cuisine il faut bien comprendre l'origine des divers types de plats

La cuisine procède de deux sources : une source popu laire et une source savante, celle-ci nécessairement situé dans les classes riches de toutes les époques. Il existe au fi de l'histoire une cuisine paysanne (ou marinière) et un cuisine de cour ; une cuisine plébéienne et une cuisine fami liale exécutée par la mère de famille — ou l'humble cui sinière domestique — et une cuisine de professionnels qu seuls des chefs fanatisés, entièrement voués à la pratique ont le temps et la science d'exécuter.

La première cuisine a pour elle d'être liée au terroir d'exploiter les produits des régions et des saisons, en étroit accord avec la nature, de reposer sur un savoir-faire ancesral, transmis par les voies inconscientes de l'imitation et de 'habitude, d'appliquer des procédés de cuisson patiemment nis à l'épreuve et associés à certains instruments et récipients le cuisine bien fixés par la tradition. C'est de cette cuisine ju'on peut dire qu'elle ne voyage pas. La seconde cuisine, a cuisine savante, repose, elle, sur l'invention, le renouvelle-nent, l'expérimentation. Nous verrons se produire, de 'Antiquité à nos jours, en Europe et ailleurs, un certain iombre de ces révolutions gastronomiques, dont les deux plus importantes, du moins pour la cuisine européenne, ont u lieu, l'une au début du XVIIIe siècle, l'autre au début du XIXe. Nous verrons même que certaines d'entre elles repré-entent, sans qu'on le sache parfois, un retour en arrière : 'est ainsi que l'alliance du salé et du sucré, de la viande et lu fruit (canard aux pêches, etc.) qui passe depuis quelques innées pour un signe d'excentricité dans quelques restau-ants, était la règle au Moyen Age et jusqu'à la fin du XVIIe siècle : presque toutes les recettes de viande y omportent du sucre[1]. Mais si la cuisine savante, elle, nnove, crée, imagine, elle risque parfois de tomber dans la omplication inutile dont nous parlions plus haut, dans un baroque dangereux, ce qui incite les amateurs à revenir périodiquement à la cuisine de terroir. J'ajoute qu'un chef qui perd tout contact avec la cuisine populaire réussit rare-nent à combiner quelque chose de vraiment fin, et c'est l'ailleurs un fait frappant que la grande cuisine savante urgit principalement dans les pays où il existe déjà une uisine traditionnelle savoureuse et variée, qui lui sert comme le socle. Signalons enfin qu'avec la formation des classes noyennes urbaines, au XVIIIe et surtout au XIXe siècle, on a vu pparaître des mariages entre les deux cuisines, la populaire t la savante, l'inconsciente et la volontaire : ce fut ce qu'on

. *Dans le* Cuisinier *de Pierre de une (1656) on trouve des recettes nélangeant l'orange à la viande, les fruits confits et dattes à du poisson salé; un potage de framboises, de melon, de muscat...*

appelle la cuisine « bourgeoise », qui a été codifiée en de nombreux traités, et qui retient la solidité et les arômes de la cuisine paysanne tout en y introduisant la nervosité et la « race » de la haute gastronomie, par exemple dans les sauces.

Si la cuisine régionale et paysanne a des qualités de fond et de sérieux qui permettent de la comparer au cheval de trait et de labour, si la haute gastronomie a les vertus élégantes et la fragilité du pur-sang, la cuisine bourgeoise est ce que les éleveurs de chevaux appellent un demi-sang : elle trotte, mais ne galope pas. Cependant elle trotte plus vite que sa mère paysanne, dont elle a reçu la tenue, la résistance, et

Le mangeur de haricots, v. 1585. *Peinture d'Annibal Carrache 1560-1609 Galleria Colonna, Rome.*

plus longtemps que ne galope son père le pur-sang, dont elle a hérité la finesse et la pointe de vitesse. D'ailleurs la cuisine bourgeoise n'exclut pas l'invention — contrairement à la cuisine strictement traditionnelle qui se transmet avec la fixité d'un patrimoine génétique. Tout « cordon-bleu » introduit volontiers dans une recette ses variantes personnelles, et chacun de nous a vu dans les familles ces livres de « cuisine bourgeoise » truffés de feuillets manuscrits un peu jaunis, précieux témoignages d'un enseignement oral venu d'une aïeule, ou petit secret supplémentaire de trouvaille récente. L'histoire de la gastronomie est précisément une suite d'échanges, de conflits, de brouilles et de réconciliations entre cuisine courante et art de la cuisine. L'art est création personnelle, mais cette création est impossible sans une base artisanale.

Un exemple permettra de comprendre ce que j'entends par collaboration entre cuisine populaire et cuisine savante : il existe en Toscane un savoir-faire paysan pour la préparation des haricots blancs (*fagioli*) qui les rend particulièrement onctueux et savoureux. Ce procédé consiste à introduire les haricots jusqu'aux trois quarts d'une bouteille, ou mieux dans une fiasque auparavant dégarnie de sa robe de rafia, à couvrir d'eau, puis à suspendre la fiasque à une ficelle au-dessus d'un foyer continu et doux de charbon de bois et de cendres chaudes, de façon qu'elle pende légèrement de biais. Au bout de huit ou dix heures ou davantage de très lente évaporation et cuisson, les haricots, tendres et veloutés quoique entiers et fermes, peuvent être mangés soit *all'uccelletto*, c'est-à-dire avec une sauce de ragoût, soit à l'huile d'olive et aux oignons crus (ce qui à mon sens les met encore davantage en valeur). Un tableau d'Annibal Carrache, le *Mangiafagioli* (*le Mangeur de haricots*) atteste l'ancienneté en Italie centrale et en Toscane du goût pour ce mets [1]. C'est là un cas de vraie cuisine populaire, où l'intelligence et l'expérience trouvent la meilleure préparation possible d'une denrée sans aucune dépense en sus de la matière première. Comment, maintenant, la grande cuisine pourrait-elle s'articuler sur ce cadeau de la tradition paysanne? Eh bien, en intégrant des haricots cuits en fiasque à une recette savante (que je vous laisse le soin d'imaginer car en Toscane elle n'existe pas).

1. La recette ne peut être évidemment antérieure au XVIe *siècle, puisque le haricot fut importé d'Amérique.*

La cuisine est un perfectionnement de l'alimentation. La gastronomie est un perfectionnement de la cuisine elle-même. Un chef qui ne commence point par cuire ou assaisonner au moins aussi bien qu'un paysan les denrées de base de la cuisine, lesquelles doivent être pour lui les notes d'une symphonie plus complexe, est un imposteur, comme le serait un chef d'orchestre qui penserait améliorer son art en réunissant une grande quantité de musiciens dont chacun individuellement jouerait faux. Ces cuisiniers-là détruisent la cuisine : ce sont les fléaux de la gastronomie moderne et touristique. Je ne veux pas dire que l'art soit toujours le prolongement de la cuisine populaire, qui est une alimentation affinée mais qui ne recherche jamais, évite au contraire, l'imprévu : souvent les réformateurs de la gastronomie doivent au rebours savoir réagir contre la cuisine domestique, aussi attachée à ses erreurs qu'à ses qualités, et qui peut aussi bien noyer de graisse que tuer d'ébullition ce qui devrait être grillé sec ou à peine poché. Cependant, j'ai voulu indiquer par ces observations que la grande cuisine n'est pas seulement une cuisine de privilégiés. Les peuples riches, les classes riches ne sont pas obligatoirement ceux où l'on mange le mieux.

Dès l'Antiquité, un vrai connaisseur comme Horace réagit avec une affectation volontaire de rusticité judicieuse contre les prétentieuses mixtures des gastrophiles parvenus, lesquels, par des combinaisons épaisses, rendaient un culte à leur orgueil et non à leur estomac. Loin de moi l'idée de contester la légitimité du grand art, mais les liaisons sublimes d'un Antonin Carême ne sont pas plus à la portée d'un bousilleur de rencontre que la *terribilità* de Michel-Ange n'est à assigner pour modèle au premier marteleur venu. Il y aurait quelque chose d'immoral à traiter de cuisine s'il suffisait d'argent pour en consommer de bonne, et c'est parmi des populations pauvres qu'il est arrivé à l'auteur du présent livre de manger des plats exquis : la *barbocoa* des

Indiens du Mexique, chevreau cuit lentement sous la terre chaude, le *mole poblano* [1] dans le même pays, ou encore, en Sicile, la *caponata* [2]. Mais il est, hélas ! vrai que si le niveau de vie élevé ne suffit point à susciter le grand art, une tradition gastronomique résiste difficilement à une misère trop dure et trop prolongée. La Sicile en est un bon exemple : patrie de la gastronomie à l'époque de la Grèce classique, puisque à Athènes même on utilisait des livres de cuisine écrits par des Siciliens, et que Platon, dans le *Gorgias*, va jusqu'à faire citer explicitement par Socrate un « Mithaïcos, l'auteur du traité sur la cuisine sicilienne » *, la Sicile, dis-je, aurait eu bien du mal à conserver ce patrimoine culinaire au cours de ses siècles obscurs. Une tradition ne peut se perpétuer qu'en étant quotidiennement appliquée et ne peut être appliquée sans un minimum d'aisance moyenne. Et si les *tacos* [3] mexicains ont une saveur et un arôme auprès desquels

* Gorgias, *518* b. *On rapporte également l'existence d'un autre auteur gastronomique, Archestrate de Syracuse, dont il reste des textes.*

1. Le mole *(molê) est un civet de dindon au chocolat. Le chocolat, à l'état naturel, n'est pas sucré ; c'est la farine de cacao toute pure. C'est là le plat précolombien par excellence, puisque aussi bien le dindon que le chocolat sont d'origine américaine et étaient inconnus en Europe avant Christophe Colomb.* Poblano *peut venir de* pueblo *(peuple ou village), ce qui voudrait dire que le* mole *est un plat populaire (des jours de fête du moins) ou de* Puebla *(la ville), ce qui indiquerait une provenance régionale. Le* mole poblano *est brun, mais il y a aussi le* mole verde, *avec une sauce verte à base de piment local* (chile). *Le* mole *au chocolat est également très pimenté.*

2. Mélange de tomates (la tomate, importée d'Amérique, n'intervient dans la recette qu'à partir de la Renaissance), olives, aubergines, courgettes, poivrons cuits à l'étouffée avec de l'huile d'olive, ce plat très savoureux dont on trouve des variantes (avec ou sans basilic, anchois, câpres, sucre, etc.) tout autour du bassin méditerranéen, depuis notre ratatouille « niçoise » jusqu'en Roumanie, n'exige, on le voit, aucune richesse, mais seulement de l'idée.

3. Viande et piments ou haricots noirs (frijoles) enroulés dans des crêpes de maïs (tortillas). Signalons encore, comme casse-croûte populaire bon marché et très savoureux, les tamales, *faits de semoule de maïs chaude, ayant la forme approximativement d'un petit pain, et parfumés au piment.*

nos sandwiches courants, si nombreuses soient les couches qui les composent, ne sont pour la plupart que papier buvard agrémenté de caoutchouc, ne nous méprenons pas sur l'immensité du cataclysme qui a englouti les cuisines précolombiennes dans l'appauvrissement indien, dû à l'ère coloniale.

Telles sont les deux sources de l'art gastronomique et leur subtil et indispensable entrecroisement. Notons cependant que l'histoire de la gastronomie est avant tout celle de la gastronomie savante, car c'est elle qui a laissé le plus de traces écrites. Les grands livres de cuisine sont évidemment le fruit de la recherche, de l'invention, ou le reflet d'un *changement*, et non du train-train des mœurs. Les repas dont l'histoire nous a conservé des témoignages sont évidemment les repas mémorables, les noces princières, les menus des jours de fête. C'est un inconvénient, lorsqu'on veut faire l'histoire des sociétés, de leur vie ordinaire : ce n'en est pas un lorsqu'on veut écrire l'histoire de la gastronomie en tant qu'art, puisque c'est dans l'exceptionnel que l'imagination créatrice des grands maîtres avait licence et moyens financiers de se donner le plein essor.

2.

Du lièvre d'Aristophane au sanglier de Pétrone

Le poète comique grec était d'origine paysanne. Ses goûts reflètent ceux des cultivateurs de l'Attique, et ses comédies sont remplies de descriptions de nourritures et de boissons : Aristophane a décrit ce réflexe populaire qui veut que toute occasion, bonne ou mauvaise, soit prétexte à vider un verre ou à mettre un plat au four. Dans *les Archaniens*, il nous montre un exploitant agricole, le brave Dicéopolis, qui, las de la guerre, décide de conclure la paix pour son propre compte avec l'ennemi, et s'attelle, pour la circonstance, à une célébration gastronomique, dont les détails devaient frapper d'autant plus l'imagination des spectateurs athéniens qu'en cette année 425 d'avant notre ère, la disette, due précisément à la guerre, les affamait cruellement. « Enfants, femmes, n'avez-vous pas entendu ? Que faites-vous... ? s'écrie Dicéopolis. Faites bouillir, rôtissez à point, tournez, retirez le lièvre, vite. »

Déjà une indication : on fait bouillir avant de rôtir, ce qui paraîtrait désastreux à un cuisinier d'aujourd'hui, car le principe du rôtissage est d'être une cuisson par *concentration* des sucs à l'intérieur. Au contraire, comme l'écrit judicieusement Reculet dans ses *Principes et les lois culinaires*, « l'ébullition opère par voie d'*insinuation* et non de concentration ».

En termes plus simples, si vous faites bouillir une viande avant de la faire rôtir, vous perdez tout le bénéfice du rôtissage, puisque les sucs se sont répandus dans l'eau. Mais l'explication de cette double cuisson, nous la trouvons chez Archestrate : de très nombreux peuples éprouvent une répulsion pour la viande saignante, et je crois bien pouvoir dire que dans aucun pays la paysannerie de type traditionnel ne consomme de viande saignante. C'est ce préjugé que combat Archestrate en donnant la recette suivante : « Il y a plusieurs manières de faire cuire et d'apprêter le lièvre; or voici le meilleur procédé : faites-le rôtir, débrochez-le quand il est encore un peu saignant, saupoudrez-le simplement de sel, et présentez-en la chair à chacun de vos convives affamés. Ne faites pas la grimace devant le sang qui dégoutte des chairs, mangez vite. Toutes les autres manières d'apprêter le lièvre sont absurdes, à mon sens. » Mais le retour à la simplicité d'Archestrate est en fait un raffinement (processus auquel on assiste souvent en cuisine) puisque l'ébullition a commencé par être considérée comme un progrès par rapport à la grillade : « Homère, quand il sacrifiait des bœufs ne faisait point de sauce », lisons-nous dans Athénée, « pour lui, ni bouillon de viande, ni même de cervelle; il grillait jusqu'aux tripes, tant il était primitif. » La grillade était bien tenue par les Anciens pour le procédé de cuisson le plus barbare (comme si un procédé de cuisson pouvait être barbare ou civilisé en lui-même, et non selon qu'il convient plus ou moins aux denrées à faire cuire). Platon, qui, comme nombre d'auteurs antidémocratiques, attribuait entre autres choses au luxe de la table la décadence politique de son pays, prescrit aux citoyens de sa *République* * le retour à un régime plus viril dont il détaille ainsi les charmes : « Il est évident qu'ils auront du sel, des olives, du fromage, des oignons et des légumes qui sont les mets des campa-

→
Un boucher assomme un porcelet. *Figurine en terre cuite, Thèbes, dernier quart du VIe siècle av. J.-C. Musée du Louvre, Paris.*

* *Livre II.*

gnards ; nous leur servirons même du dessert, à savoir des figues, des pois chiches et des fèves, et ils feront griller sur la braise des baies de myrte et des glands qu'ils croqueront en buvant modérément. » Ce régime primitif ne serait pas du tout approuvé par Aristophane, dont le théâtre est imprégné d'odeurs de thym et d'origan, du fumet des ramiers dorés au feu et des anguilles du lac Copaïs, bourré de pâtés pliés dans des feuilles de figuier, de gâteaux au fromage et de pains de sésame.

Il est aussi question dans *la Paix* « de griller des pois chiches, de rôtir des glands de hêtre », mais, dans cette comédie, le soldat las de la guerre, « du casque, du fromage et des oignons », régime du militaire en campagne, s'écrie : « Que, de chez moi, on apporte la grive et deux pinsons ! Il y avait aussi du petit-lait au logis et quatre morceaux de lièvre. » Point de bon repas sans lièvre, dirait-on, et cet animal est, avec le cochon, la viande la plus prisée durant toute l'Antiquité. Beaucoup plus tard, à l'apogée de l'Empire romain, Martial écrira encore : « Si la grive a le premier rang parmi les oiseaux, le lièvre l'a parmi les quadrupèdes. » Les Romains, d'ailleurs, élèveront le lièvre dans des enclos boisés, en compagnie des chevreuils et des cerfs.

En dehors des allusions et descriptions culinaires que l'on trouve dans la littérature ancienne en général, il existait dans l'Antiquité comme de nos jours de nombreux traités de cuisine spécialisés. Il faut y ajouter les livres des médecins, diététiciens, naturalistes, qui nous renseignent sur les usages alimentaires grecs et romains. Cependant, comme c'est la gastronomie, l'art du cuisinier, et non pas simplement l'alimentation qui nous intéresse, ce sont les recueils de recettes que nous souhaiterions étudier. Malheureusement aucun traité de cuisine grecque complet ne nous est parvenu. Le Mithaïcos mentionné par Platon n'est pour nous qu'un nom, comme le sont Archytas, Erasistrate, le spécialiste du poisson, Hégésippe de Tarente, les deux Héraclide, tous deux syracusains d'origine, Néréus de Chio, qui savait cuire un congre au court-bouillon de si fine manière qu'on eût pu le présenter aux dieux, Lamprias, qui le premier imagina le ragoût noir, Aphtonitas, l'inventeur du boudin. Pourtant, certaines de leurs recettes nous sont parvenues, grâce à un compilateur égyptien, Athénée, né à Naucratis, et qui écrivit au IIIe siècle après Jésus-Christ un ouvrage intitulé *Les Deipnosophistes*, c'est-à-dire *Le Dîner des savants*, recueil de citations, tant d'écrivains que de cuisiniers, mais qui contient en fait très peu de recettes techniquement précises. Parmi ces dernières, on est heureux de voir sauvées toutefois quelques recettes du célèbre Archestrate, un contemporain de Périclès.

Serviteurs découpant les viandes.
Détail d'un cratère peint corinthien, VIIe siècle av. J.-C. Musée du Louvre, Paris.

Archestrate, originaire de Gêla (en Sicile), est en réalité moins un chef de cuisine qu'un gastronome ambulant, qui fit le récit de son expérience dans un poème du genre « gnomique », c'est-à-dire parodiant les vieux poètes, auteurs de « sentences », tel Hésiode. On a justement comparé Archestrate à Brillat-Savarin. Comme le fera en effet l'auteur de la *Physiologie du goût*, il voyagea partout, avide de consigner aussi bien la qualité intrinsèque des produits que la meilleure façon de les accommoder, ou même de les consommer, puisqu'il formula le précepte selon lequel il ne faut jamais être plus de quatre, cinq au maximum, pour vraiment savourer un repas gastronomique. Il digérait, paraît-il, extrêmement vite, et sans profiter, car il était fort maigre, ce qui lui permit d'expérimenter sans trêve ni relâche.

Mais, pour nous plonger dans l'atmosphère de la cuisine grecque, citons plutôt quelques-unes des recettes qui nous restent, grâce à Athénée, de ce fameux globe-trotter gourmand *.

* *Traduction de A.M. Desrousseaux. Les Belles Lettres.*

« *Du Thon :* tu verras dans la vaste et sacrée Samos du thon extrêmement grand qu'on appelle *orcin*, d'autres le nomment *cète*, achètes-en promptement et à quelque prix que ce soit; il est aussi très bon à Byzance, à Caryste et dans la fameuse île des Siciliens; les thons que Cephalu et la côte de Tyndare nourrissent sont aussi parmi les meilleurs, mais si un jour tu vas à Hippone [1], ville de l'illustre Italie, chez les Brutiens environnés d'eau, les thons y sont meilleurs que tous les autres, et après eux il n'y a plus rien à mettre en parallèle. Ceux qui viennent dans nos parages se sont égarés en venant de ce pays, après avoir traversé une grande mer dans des flots violemment agités, de sorte que nous les pêchons quand ils ne sont pas bons à prendre. On loue beaucoup l'hypogastre ou bas-ventre de ce poisson.

« *La Thymnie* (*thynnê*) ou thon femelle se trouve surtout à Byzance; prenez-en une queue, coupez-la en morceaux et faites-la rôtir totalement; ne la saupoudrez que de sel, arrosez-la d'huile et faites-la tremper dans une forte saumure; si vous voulez la manger sans sauce, c'est un excellent mets qui donnerait de l'appétit aux dieux, mais si vous la servez arrosée de vinaigre, vous lui ôtez toutes ses qualités. »

1. *Aujourd'hui* Vivonia.

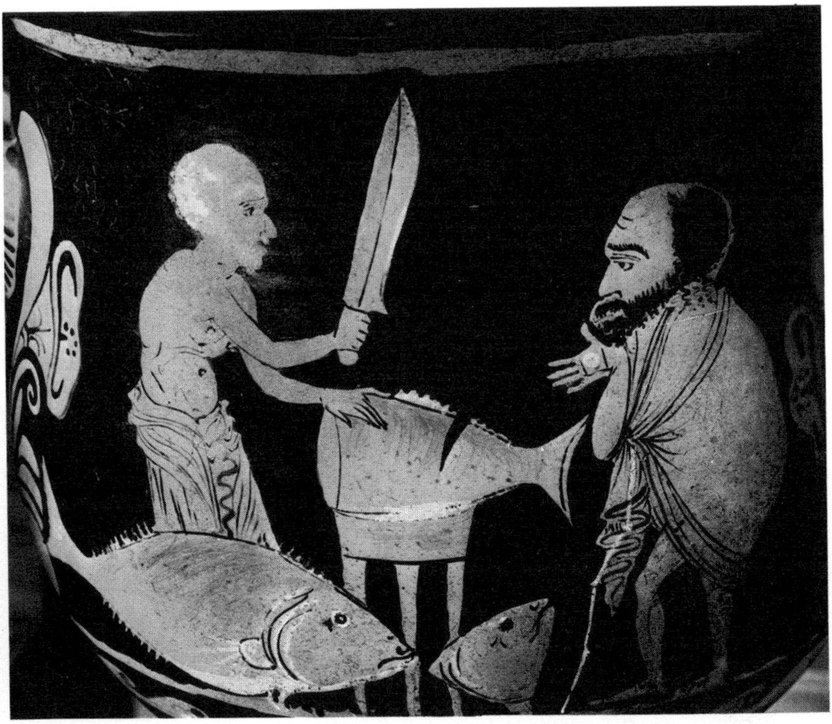

Marchand de thon et un client. L'acheteur montre la seule pièce de monnaie dont il dispose. *Détail d'un cratère peint provenant de Lipari, fin IVe siècle av. J.-C. Musée Mandralisca, Cefalu.*

Euthydème [1] dit que « Byzance est la mère du *thon salé*, du *maquereau* qui se tient au fond des eaux et de *l'ange*, très nourrissant, mais la petite ville de Pario est la respectable nourrice des *cogoïls* (gros maquereaux ou colins?). Les marchands des Abruzzes, de la Campanie et de la bonne ville de Tarente vont chercher à Cadix l'orcin mariné, rangé par morceaux triangulaires dans de grandes jarres. Un tronçon de thon de Sicile qu'on va saler dans une jarre me fait mépriser le coracin qu'on va chercher loin dans le Pont et ceux qui le vantent. Peu de gens savent que c'est un manger chétif et misérable, mais prenez un maquereau à demi salé depuis trois jours et avant qu'il ne se fonde en saumure. »

1. *Auteur d'un traité sur les salaisons et les légumes.*

Aphies[1] : Ces petits poissons correspondent non pas aux éperlans, mais aux alevins comme la « blanchaille » ou les « nonats ». « Méprise toute aphie excepté celle d'Athènes, je veux dire celle de frai, que les Ioniens appellent " écume " et qu'il faudra prendre toute nouvelle dans le fond du golfe de Phalère; il y en a aussi de bonnes sur les côtes de l'île de Rhodes, pourvu qu'elles aient été réellement jetées dans ces eaux; si vous voulez alors en manger, vous y joindrez des orties de mer, de celles qui sont chevelues de toutes parts, les assaisonnerez ensemble avec des fleurs odorantes de légumes broyées dans l'huile et vous ferez frire le tout dans une poêle; l'aphie ne doit que voir le feu; elle est cuite en même temps qu'elle fait pétiller l'huile. » (Chrysippe fait remarquer que l'abondance des aphies les fait dédaigner par les Athéniens, alors qu'elles sont recherchées partout ailleurs; « il en est, dit-il, comme des poules de l'Adriatique, en honneur à Athènes bien qu'elles soient moins bonnes et plus petites que celles du pays, alors que les habitants de ce golfe font venir les leurs de Grèce! »)

Scare : « Procure-toi le scare d'Éphèse, mais en hiver mange le surmulet pris à Trichonte, bourgade de Milet, située dans un terrain aride, près des Cariens qui ont des membres ramassés, ou fais rôtir un grand scare de Chalcédoine qui est de l'autre côté de la mer, après l'avoir lavé; mais tu en verras de très bons à Byzance et qui, pour la largeur, ont le dos égal à un bouclier. Mange-le tout entier lorsque tu l'auras; une fois enduit de fromage et d'huile, place-le dans un four bien chaud, répands-y du sel broyé avec de l'huile et du cumin, versant de la main comme si tu puisais à une fontaine où préside quelque divinité. »

→ Le pêcheur. *Fresque provenant de Santorin. IIe millénaire av. J.-C.*

Sarge : « Quand Orion disparaît du ciel (en novembre) et que la mère de la grappe qui porte le vin se dépouille de sa chevelure, alors procure-toi un sarge rôti, bien garni

1. *Ce sont les* angulas *d'Espagne.*

de fromage, qu'il soit grand et chaud, arrose-le de vinaigre, ce poisson étant naturellement sec, et souviens-toi d'apprêter ainsi tout poisson qui a la fibre dure, mais quant à celui qui est naturellement bon, qui a la chair tendre et grasse, saupoudre-le simplement de sel et arrose-le ensuite d'huile, car il a par lui-même la qualité qui le rend savoureux. »

Mulet : « Lorsque tu iras à Milet, achète un *mulet* ou un *capiton* de Géson (étang entre Priène et Milet, communiquant avec la mer) ou un *loup*, cet enfant des dieux, car ces poissons y sont excellents et c'est au lieu même qu'ils doivent leur qualité. Il y en a nombre d'autres dans l'illustre Calydon, dans la riche Ambracie et dans l'étang de Bolbe, mais ils ont une graisse qui n'a ni l'odeur agréable, ni la saveur piquante des autres car, à mon avis, les premiers sont les délices mêmes pour leur bonne qualité. Pour les manger bien tendres, fais-les rôtir avec les écailles et sers-les dans une sauce faite avec de la saumure. Garde-toi de prendre, pour faire ce plat, un Sicilien ou un Italien, car ils ne savent pas assaisonner les poissons de manière à les faire manger avec plaisir, mais ils gâtent tout en y mêlant maladroitement du fromage ou en l'arrosant de vinaigre ou de leur infusion saumâtre de selfion (ou silphion), mais ce sont les plus habiles pour bien préparer le fretin saxatile [1] et pour préparer nombre de petits plats qui accompagnent tous les services et toutes ces friandes bagatelles pâteuses. »

Anguilles : « Je loue toutes sortes d'anguilles, mais celles qu'on prend à Reggio, dans le détroit, sont de beaucoup préférables; cependant celles du lac Copaïs et du Strymon sont aussi fort renommées pour leur excellente qualité, d'ailleurs elles sont fort grandes et prodigieusement grosses. Quoi qu'il en soit, celui qui flatte le plus de tous les mets

1. *Poisson de roche.*

que l'on peut servir, c'est l'anguille, seul poisson naturellement stérile. On les mange cuites dans des feuilles de poirée [1]. Le détroit de Sylla contient dans ses eaux qui baignent l'Italie couverte de bois, le fameux *latos* qui est un manger admirable; ce poisson se trouve aussi dans le Nil. »

Plusieurs points sont à retenir dans ces recettes d'Archestrate. D'abord, elles sont toutes relatives au poisson. Cela n'est sans doute pas dû seulement à l'un de ces hasards qui président à la survie des textes. Le poisson tenait dans la cuisine antique une place bien plus grande que dans la nôtre. Ensuite, notons l'intéressant mélange de fromage et de poisson. Mais n'oublions pas que les Anciens n'avaient pas de beurre et qu'il s'agit sans doute là d'un fromage blanc, frais, probablement du type de l'actuelle *mozzarella* italienne. Les fromages anciens ne devaient pas différer beaucoup de ceux qui se fabriquent encore dans les régions méditerranéennes : laits caillés, fromages blancs de chèvre ou de brebis, qui, comme la *mozzarella*, sont un bon support d'aromates. Il existait naturellement aussi des fromages séchés de plus longue conservation, souvent mêlés d'herbes et de condiments qui les parfumaient. Mais ce qui frappe surtout, dans les conseils d'Archestrate, c'est l'extraordinaire attention prêtée aux lieux et aux provenances. Cela est un trait constant dans la cuisine antique : l'endroit où l'on capture un animal, la région où l'on cultive un légume ou un fruit sont l'objet d'observations aussi scrupuleuses, aussi étendues (et même plus) que les modes de cuisson ou de préparation. Il semble que les Anciens aient eu une sensibilité plus aiguisée que la nôtre quant au goût de terroir, et aux caractéristiques des différents terroirs. C'est à Rhodes qu'il faut manger principalement l'esturgeon (*galéos*). Et si l'on en aperçoit un au marché de cette ville, il faut, au besoin, dit Archestrate,

1. *Variété de la bette ou blette, encore très consommée en Italie* (Bietola).

« l'enlever de force, quitte à supporter ensuite les conséquences judiciaires du rapt ». La remarque du même auteur concernant les mulets de l'étang, entre Priène et Milet, qui seraient meilleurs que les mulets de pleine mer peut paraître venir d'un coupeur de cheveux en quatre. Et pourtant nous avons aujourd'hui un exemple d'un phénomène du même genre : tous les Sétois savent que les poissons de l'étang de Thau, étang communiquant avec la mer et qui se trouve derrière la ville, sont supérieurs à ceux du large. Les bonnes daurades sont celles de l'étang; les loups en été sont maigres, sauf ceux de l'étang; les rougets de l'étang de Thau, qui se distinguent à leur raie jaune, valent, sur le marché aux poissons, à Sète, deux fois plus cher que ceux de pleine mer [1].

Les gourmets de la Rome impériale se distinguaient par leur perspicacité en matière de provenance, comme aujourd'hui un amateur de vins. Juvénal * nous cite un certain Montanus qui « dès la première bouchée distinguait une huître de Circéies de celles des rochers du Lucrin ou des fonds de Rutupiae, et au premier coup d'œil disait sur quel rivage avait été ramassé un oursin ».

* *Satire IV.*

Ce discernement était fréquemment poussé jusqu'à la maniaquerie. Intervenaient dans l'estime dont jouissait un comestible animal ou végétal, non seulement son parage mais l'heure de la capture ou de la cueillette. Horace * nous a conservé le portrait chargé d'un amphytrion gastronome : « Il y a eu d'abord un sanglier de Lucanie pris par un vent léger du midi, à ce que disait le maître de la table; tout autour, des radis noirs piquants, des laitues, des radis ordinaires, tout ce qu'il faut pour stimuler un estomac languissant, de la raiponce, de l'allec [2], du tartre de vin de Cos. Quand on eut enlevé ces mets, qu'un gar-

* Satires, *Livre II, sat. VIII. Trad. F. Villeneuve, Les Belles Lettres.*

1. *Tout cela était vrai avant que l'étang de Thau ne fût pollué.*
2. *Espèce de* garum, *condiment.*

çon, la ceinture attachée haut, eut essuyé la table d'érable avec une gausape [1] de pourpre, qu'un autre eut ramassé tout ce qu'il pouvait y avoir par terre de débris et de choses qui auraient choqué les convives, on vit s'avancer, du même pas qu'une jeune Athénienne chargée des objets sacrés de Cérès, Hydaspe au teint bronzé, et Alcon, portant l'un des vins de Cécube, l'autre un chio non mélangé d'eau de mer [2]. Alors le maître de dire : " Si aux vins servis devant toi, Mécène, tu préfères l'albe ou le falerne, j'ai de l'un comme de l'autre. "

« J'étais au haut bout, ayant près de moi Viscus de Thurium; en dessous, si je me souviens bien, Varius, puis Servilius Balatro et Vidibius, que Mécène avait amenés comme ombres; notre hôte avait au-dessus de lui Nomentanus, au-dessous Porcius, un bouffon qui avalait d'une seule bouchée des galettes tout entières; Nomentanus avait pour rôle, si quelque chose échappait à l'attention, de le désigner de l'index; car le reste de la troupe, nous autres, veux-je dire, nous faisions notre dîner d'oiseaux, de coquillages, de poissons qui se dissimulaient sous une saveur très différente de leur goût ordinaire [3], comme la chose apparut tout de suite, lorsque Nomentanus me fit passer des entrailles de plie et de turbot auxquelles, d'abord, je n'avais pas touché. Ensuite, il m'apprit que les pommes de paradis étaient rouges si on les cueillait au déclin de la lune; quelle est l'importance de ce détail, il saura te le dire mieux que moi.

« On apporte une murène [4] couchée au milieu de squilles nageant dans un large plat. Là-dessus, le maître : " Elle

→ Perséphone reçoit d'une nymphe un coq et une grenade.
Contre le mur, cruches à eau et plats à offrandes. Plaque d'argile de Locri (Italie du Sud), Ve s. av. J.-C. Musée de Reggio de Calabre.

1. Torchon spécial, uni d'un côté et garni de poils de l'autre.
2. On additionnait d'eau de mer certains vins grecs de médiocre qualité.
3. La remarque est d'importance : c'est là un des reproches qui seront faits plus tard à la cuisine romaine.
4. Grosse anguille de mer qui, depuis le temps de César, était un mets très à la mode.

a été prise pleine, dit-il. Après le frai, la chair en eût été moins bonne. La sauce a été faite avec les ingrédients que voici : de l'huile sortie la première du pressoir, à Vénafre; du garum [1] fait avec du suc de poissons d'Espagne; un vin de cinq ans, mais produit de ce côté-ci de la mer, pendant la cuisson (après la cuisson, le vin de Chio convient plus qu'aucun autre); du poivre blanc, non sans vinaigre, de celui que donne en s'altérant le jus des raisins de Méthymne [2]. Nous avons donné les premiers l'exemple, moi d'y faire cuire les vertes roquettes et les aunées amères, Curtillus, des oursins qu'il ne lave pas, tenant pour préférable à la saumure ce que rend la carapace de cet animal marin. " »

Bien sûr, une telle délicatesse aboutissait à une obsession de l'extraordinaire, où la rareté comme la joliesse du plat tenaient lieu de savoir. C'est encore Horace * qui apostrophe en ces termes un gourmet corrompu par le goût d'éblouir :

* Satires, *Livre II, sat. II. Trad. F. Villeneuve, Les Belles Lettres.*

« J'aurai peine pourtant à obtenir de toi que, si un paon t'est servi, tu ne le préfères point à une poule pour en chatouiller ton palais; tu es séduit par de pures vanités, en voyant qu'on paie à prix d'or cet oiseau rare et qu'il déploie le spectacle d'une queue bigarrée, comme si cela importait en rien à l'affaire. Le manges-tu, ce plumage que tu vantes? Cuit, l'animal a-t-il encore sa parure? Pourtant, bien que sa chair n'ait aucune supériorité sur celle de ma poule, je veux bien que, trompé par une différence extérieure, tu la recherches : mais qui t'a donné de sentir si ce loup qui ouvre la bouche est du Tibre ou s'il a été pris au large? Si l'eau le ballottait entre les ponts [3]

→ Vestiges du premier marché couvert de l'Europe. *1375-1100 av. J.C. Aghia Triada-Crète*

1. *Condiment liquide, confectionné à partir d'entrailles de poissons décomposées dans du sel.*

2. *Dans l'île de Lesbos.*

3. *Les loups pêchés entre les deux ponts du Tibre,* inter duo pontes capti, *étaient les plus appréciés des gourmets (Pline N.H. IX, 168; Macrob.* Sat. III, *16, 12), mais on ne sait plus très bien de quels deux ponts il s'agissait.*

ou à l'embouchure du fleuve toscan? Tu vantes, insensé, un mulet de trois livres[1] , qu'il te faut servir en sauce, coupé en autant de morceaux qu'il y a de convives. Paraître est ton souci, je le vois. »

1. La livre romaine valait 327,45 g ; le mulet en question pèse donc tout près d'un kilo.

La passion de l'étrange, du rare, du curieux, du colossal trouble l'imagination culinaire. Athénée nous rapporte qu'un gourmet fit exprès la traversée d'Italie en Libye, pour avoir entendu dire que sur cette côte les squilles — grosses écrevisses de mer, plus petites que les langoustes et plus savoureuses que les langoustines (ce sont les vrais scampi [1] italiens, les *camarones* du golfe du Mexique, les *gambas* espagnoles si bonnes grillées) — que les squilles libyennes, donc, sont de plus grande taille que partout ailleurs. Avant qu'il eût débarqué, les pêcheurs, excités par sa réputation et sa richesse, lui apportent à bord les squilles les plus grandes : « N'en avez-vous pas de plus grosses? leur dit-il. — Non, il ne s'en pêche pas de plus belles que ce que nous apportons. » Constatant alors qu'elles étaient plus petites que les squilles de Minturne, la ville où il habitait, en Campanie, il ordonne au pilote de repartir vers l'Italie, sans même accoster.

* *Satire IV.*

Et c'est Juvénal qui nous rapporte * comment l'empereur Domitien convoqua une sorte de conseil des ministres pour délibérer de la meilleure façon d'accommoder un gigantesque turbot pris dans l'Adriatique, devant Ancône. A en croire Juvénal, les plages étaient d'ailleurs infestées d'espions impériaux, chargés de repérer toute pièce sortant de l'ordinaire et de faire des ennuis aux malheureux pêcheurs qui n'auraient pas eu « spontanément » l'idée de l'offrir à l'empereur. Ces préoccupations de dimensions et d'inédit n'avaient naturellement que des liens fort distendus avec le véritable bon goût. L'effet de surprise et la surabondance constituaient trop souvent le principal souci d'hôtes nouveaux riches, à moins qu'ils ne fussent au contraire de nouveaux pauvres, en train de perdre leur fortune en repas fastueux. Il semble que la civilisation

1. A ne pas confondre avec les gamberetti, *fades et souvent servis à leur place !*

romaine impériale ait été intensément « gastrique » : l'imagination se dépense sans arrêt à chercher de nouveaux produits comestibles, de nouvelles préparations. Les gloutons abondent : l'empereur Vitellius, par exemple, dont Suétone nous dit qu'il ne pouvait se retenir de dévorer sur les autels les viandes des sacrifices, ainsi que je le rappelle plus loin.

Tout au long de l'histoire de Rome, on voit surgir périodiquement les « lois somptuaires », destinées à restreindre et à régler la dépense dans les festins, à la fois pour interdire par exemple la consommation d'animaux trop jeunes ou le massacre de certaines espèces (comme chez nous les lois qui protègent, tout aussi inefficacement d'ailleurs, les truites ou le gibier) et pour réprimer le luxe ostentatoire et ruineux : « Nombreux, dit Juvénal *, sont ceux qu'un créancier souvent éconduit attend à l'entrée même du marché, et qui n'ont d'autre raison de vivre que la satisfaction de leur palais. Celui qui fait la chère la plus choisie et la meilleure, c'est le plus obéré d'entre eux, qui déjà voit poindre la ruine... En attendant, jamais leur fantaisie ne se laisse arrêter par un prix. » Certaines lois somptuaires prescrivaient même de dîner portes ouvertes, afin que la surveillance policière des menus puisse s'exercer, et tel consul disait ne pouvoir dîner en ville de peur d'être obligé de faire interpeller ses hôtes le lendemain ! Les poètes opposent sans arrêt, nous l'avons vu, à la gastronomie trop prétentieuse de Rome la frugale et savoureuse nourriture campagnarde, thème classique de l'histoire de la cuisine. Cela prouve qu'une cuisine savante s'était constituée. Quelle était-elle ?

* *Satire XI.*

Le plus ancien livre de cuisine qui nous soit parvenu fut rédigé entre le Ier et le IIIe siècle de notre ère. Il semble avoir été l'objet d'une édition abrégée, écrite au IIIe siècle, qui constitue, pour l'essentiel, ce qui nous en reste. La première édition imprimée parut à Venise à la fin du XVe siècle, d'après divers manuscrits transmis et recopiés durant tout le Moyen Age. Elle fut suivie d'une seconde édition imprimée en 1498 à Milan. Le titre de ce livre est tantôt *Ars magirica*, c'est-à-dire *l'Art du cuisinier* (Mageiros signifiant en grec cuisinier), tantôt *Apicius culinarius*, tantôt, plus fréquemment, *De re coquinaria libri decem*, les *Dix livres de la cuisine*, ou, plus simplement, *De la Cuisine* (*De re coquinaria*). L'auteur en est difficile à identifier. Son nom est Apicius, et la difficulté ne provient pas de ce qu'on ne trouve point d'Apicius dans l'histoire romaine, mais au contraire de ce qu'on en trouve trop. Il n'y eut pas moins de trois personnages de ce nom qui peuvent être associés à la gastronomie : l'un vécut vers 95 av. J.-C. sous Sylla, l'autre du temps de l'empereur Tibère, le troisième sous Trajan. Le plus célèbre est incontestablement le deuxième, Gavius Apicius, né en 25 av. J.-C., gourmet dont de nombreux auteurs du premier rang, Tacite, Suétone, Pline, Sénèque, nous parlent avec force détails. Il n'est autre que le voyageur mentionné plus haut, qui fréta un bateau de Minturne jusqu'en Libye pour aller voir si les squilles y étaient aussi volumineuses qu'on disait. Gavius Apicius dônnait des banquets somptueux et tenait pour ainsi dire un cours bénévole de haute gastronomie : on parle de jeunes gens recueillant soigneusement ses conseils (et peut-être ces notes prises au vol sont-elles l'origine du *De re coquinaria*). Sénèque reproche à Apicius d'« infecter le siècle de sa doctrine », d'attirer les jeunes gens qui, vingt ans plus tôt, fréquentaient les écoles des philosophes et des rhéteurs et qui maintenant se bousculent dans ses cuisines comme aux leçons d'un maître à penser : « Ils regardent, l'œil enflammé et la bouche béante, confirme Clément d'Alexandrie. Au bruit des sauces qui sifflent et qui bouillonnent sur les fourneaux, ils mêlent les cris d'une joie tumultueuse. » Apicius avait inventé le procédé de gaver les truites avec des figues sèches et du vin miellé pour engraisser leur foie, une recette pour préparer la langue de flamant, le talon de chameau, le foie de rouget! Mais ces extravagances ne sont point à nos yeux son principal mérite. Quel amateur ne cherche pas à créer son plat curieux ou bizarre? Son mérite réside bien plutôt dans la manière dont il a intelligemment codifié la cuisine de l'Antiquité, la grecque comme la romaine, la plus luxueuse comme la plus populaire. Du moins si ce Gavius Apicius est bien l'auteur du traité qui lui est attribué : certains critiques ont estimé en effet que son nom n'est mis là que pour être devenu une sorte de symbole de la gourmandise, comme on parle d'un Grimod de la Reynière ou d'un Brillat-Savarin. Au cours des deux siècles qui suivent sa mort — mort mémorable puisqu'il se suicida de peur de mourir de faim après avoir dépensé en repas une fortune de cent millions de sesterces [1] — Apicius est constamment invoqué, tantôt comme l'incarnation définitive du débauché (Juvénal), tantôt comme le connaisseur raffiné par excellence

Intérieur romain. Activité d'une riche demeure un jour de réception. *Scène de banquet ainsi que cuisine avec four. Bas-relief du Monument d'Igel. IIIe s. après J.-C. Musée de Trèves.*

1. 27 millions de francs-or. 1 dollar-or = 5 francs-or environ. 1 livre-or = 25 francs-or (cours de 1914).

Sénèque fait le récit de la mort d'Apicius dans la Consolatio ad Helviam.

Le Sylphium, emblème de la ville de Cyrène. *Monnaie en argent, v. 400 av. J.-C. Cabinet des Médailles. Bibl. nat., Paris.*

(Athénée), tantôt comme le modèle de l'amphytrion fastueux, que se propose d'imiter l'empereur Héliogabale et que mentionnent plus tard même les écrivains chrétiens, Tertullien, Sidoine Apollinaire. Pourtant Athénée, dans *le Dîner des savants*, tout en parlant de recettes trouvées par Apicius, de légumes mis à la mode par lui, de gâteaux créés par lui (et que, dit-il, Chrysippe de Tyane citait dans son *Traité de boulangerie*) ne souffle pas mot d'un livre de cuisine dont il serait l'auteur. Mais qu'importe ? Ce qui compte pour nous est que ce livre existe, soit compilation placée sous l'autorité tutélaire d'Apicius, hommage à sa mémoire, soit fruit tardif d'un enseignement oral dont il serait la source (ses œuvres nous seraient ainsi parvenues de la même manière que celles d'Aristote) soit encore condensé d'une collection de petits traités plus anciens dictés par lui *.

Ce qui frappe, tout d'abord, si l'on essaye de dégager à travers Apicius les principes fondamentaux de la cuisine antique, c'est l'abondance des herbes ou épices et le mélange du salé et du sucré. Toute préparation comporte obligatoirement du *garum*, dont on se sert comme de sel (ce qui n'exclut pas l'usage du sel lui-même), et en outre de l'oignon, du cumin, de la coriandre, du poivre, de la rue, du pouliot, de la sauge, du cerfeuil, de la ciboulette, de la cannelle, de l'ache, de la menthe, de l'origan, du thym, de l'échalote, de la racine de jonc, de l'aneth, de la marjolaine, de l'aunée, de la cardamome, du nard, du fenouil, des baies de genièvre, et deux plantes dont l'identification prête encore à controverse : le silphium, qui venait de Cyrénaïque, et la livèche (*ligusticum*). En outre, le raifort, les graines de pavot, la sarriette, le séseli, l'ammi... Ces produits, très souvent employés presque tous ensemble, étaient broyés dans un mortier et malaxés avec de l'huile, du vinaigre, du miel, du vin, encore du garum si besoin pour allonger, puis on nappait l'aliment à servir, à moins qu'on en imprégnât un hachis ou qu'on y fît rebouillir son plat. Voici une recette caractéristique :

« *Minutal de mer :* Faites cuire des poissons dans une marmite en terre, avec du garum, de l'huile, du vin, un émincé de poireaux bulbeux et de coriandre. Découpez les poissons, hachez-les finement, puis mettez le hachis dans une (autre) marmite avec des orties de mer bien lavées, cuites (et hachées). Cela fait, broyez du poivre, de la livèche et de l'origan; amalgamez ces épices, mouillez avec du garum puis avec la sauce des poissons, et versez le tout dans la marmite. Faites bouillir. Remuez, liez avec de la pâte, saupoudrez de poivre et servez. »

* *Deux éditions modernes remarquables de soin et de compétence : Bertrand Guégan,* Les Dix Livres de la cuisine d'Apicius, *traduits en français et commentés pour la première fois par René Bonnel (1933). Et une traduction en anglais de Joseph Vehling (1936), également bien commentée.*

MARCIO·SEMPE

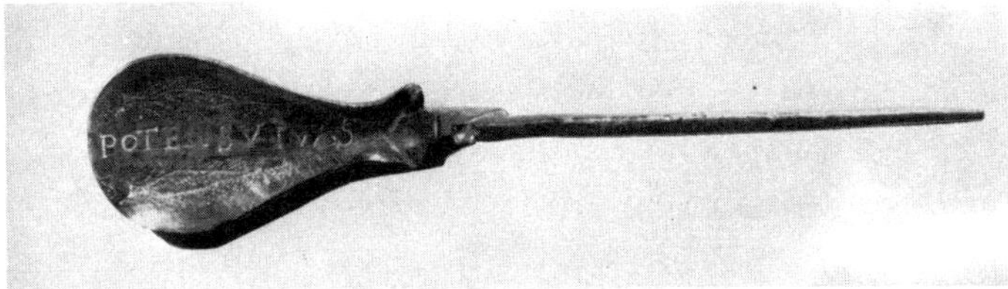

Entonnoir en bronze muni d'un couvercle servant de passoire. *Art romain VIe/Ve s. av. J.-C. provient de la Sala Concilina. Musée du Petit Palais, Paris.*
Cuiller romaine en argent. *Musée du Petit Palais, Paris.*

Le « minutal » est un hachis. Les orties de mer sont nos anémones de mer, un zoophyte dont le nom scientifique est l'actinie [1]. Fréquemment on ajoute à toutes ces herbes et condiments des dattes, des figues, du vin de raisins secs, obtenu en ajoutant au moût des grappes auparavant séchées au soleil sur des claies. A noter que la plupart des vins, largement utilisés en cuisine, étaient déjà par eux-mêmes doux, additionnés de miel; c'étaient souvent des vins cuits, des vins aromatisés, parfumés aux fruits (coings, dattes, grenades) ou même aux pétales de fleurs, roses ou violettes.

Deuxième caractéristique des recettes d'Apicius : les mets préférés des Anciens, répétons-le, sont de loin des poissons (Apicius personnellement mettait au-dessus de tout le rouget), et, pour la viande, le cochon de lait, avec le chevreau et l'agneau. La viande de boucherie (bœuf et veau) n'était

Un boucher débite une tête de porc. *Détail du bas-relief funéraire du boucher Titus Giulius Vitalis. v. milieu IIe s. apr. J.-C. Villa Albani, Rome.*

1. *On en mange encore à Marseille. Reboul dans sa* Cuisinière provençale *écrite à la fin du XIXe siècle, donne une recette d'orties de mer frites, et d'une omelette aux orties de mer que donne déjà Apicius.*

pas dans l'Antiquité de bonne qualité. Nous avons déjà mentionné le goût accentué pour les oiseaux sauvages que d'ailleurs on élevait en volière : grives, gélinottes, perdrix, auxquels il faut ajouter d'autres que nous ne consommons plus guère : l'autruche, le flamant, le perroquet, la grue. Bien entendu, la volaille de basse-cour, poulet, canard, chapon, pintade, figurait au menu. Voici une recette de perdrix, qui ne devait plus laisser subsister beaucoup de saveur dans sa chair :

« Cuisez la perdrix à l'eau, avec ses plumes; vous la plumerez ensuite. Si la perdrix est coupée en morceaux, on peut la cuire dans son jus, jusqu'à ce qu'elle soit à demi cuite; il faut ensuite la cuire à l'eau, puis l'assaisonner quand elle aura bouilli. »

Il fallait donc assaisonner la bête :

« *Pour la perdrix, la gélinotte et la tourterelle :* Poivre, livèche, menthe, graine de rue, garum, vin pur et huile. Faites chauffer le tout. »

Voici une bonne recette de grives :

« *Grives salutaires :* Triturez du poivre, du silphium et des baies de laurier avec du garum au cumin. Vous en farcirez les grives par le cou et vous les recoudrez. Vous les ferez cuire alors avec de l'huile, des sels, de l'eau, de l'aneth et des têtes de poireaux. »

Voici maintenant deux recettes, l'une pour le poulet, l'autre pour le cochon de lait :

« *Poulet de Varius Héliogabale :* Faites cuire le poulet dans une sauce composée de garum, d'huile et de vin, que vous assaisonnerez avec un bouquet de vert de poireaux, de coriandre et de sarriette. Quand le poulet sera cuit, vous broierez dans un mortier du poivre et des pignons de pommes de pin; versez sur ces épices deux cyathes du jus de la cuisson, dont vous aurez enlevé les bouquets : ajoutez du lait, amalgamez soigneusement, puis versez cette sauce sur le poulet et faites bouillir. Liez avec des blancs d'œufs battus. Dressez le poulet sur un plat et arrosez-le de sa sauce. Cette sauce se nomme *sauce blanche.* »

« *Cochon de lait doublement farci :* Nettoyez-le, videz-le par la gorge et parez-le. Faites-le saisir sur un feu vif; mais auparavant, incisez-lui délicatement une oreille, puis remplissez de farce térentine [1] une vessie de bœuf, et fixez au col de cette vessie un chalumeau d'oiselier par où vous ferez pénétrer dans l'oreille le plus de farce possible. Enveloppez de papyrus, ficelez, puis préparez une autre farce. Pour ce, broyez du poivre, de la livèche, de l'origan avec un peu de racine de silphium; mouillez le tout de garum; ajoutez des cervelles cuites, des œufs crus, de l'épeautre cuit, du jus provenant de la première cuisson de la bête, des petits oiseaux, si vous en avez, des pignons de pomme de pin et du poivre en grain; amalgamez le tout avec du garum. Remplissez la bête de cette farce, enveloppez-la dans du papyrus, ficelez et mettez au four. Quand le cochon de lait sera cuit, vous le débarrasserez du papyrus qui l'entoure. Arrosez-le (d'huile), puis servez-le. »

Ces deux dernières recettes sont nettement savantes; on y notera la présence de pignons de pin, qu'il faut ajouter à notre liste de condiments car les Romains les mêlent volontiers à de nombreux plats, et de bulbes, dont les Anciens cueillaient toutes sortes dans les champs, ou qu'ils cultivaient, et préparaient notamment à l'huile, au garum et au vinaigre. Mangeons des oignons de tulipe!

Troisième remarque : les Anciens étaient fort experts dans la confection des hachis, boulettes de viande, paupiettes, croquettes de poisson, galantines. C'étaient de bons charcutiers : on trouve chez eux jambons, jambonneaux, boudins, saucisses, andouillettes; on trouve déjà en Gaule de la hure de sanglier (la charcuterie gauloise était fort réputée); on connaissait la quenelle de crustacés et la crépinette. On ne

1. *Farce aux amandes, du nom d'une espèce d'amandes.*

faisait pas de la cuisine seulement avec de la viande, mais avec des fruits de mer : l'auteur du présent livre ayant récemment mangé dans un restaurant parisien un saucisson de morue dont le patron était très fier se permet d'attirer l'attention sur la recette apicienne des saucisses de spondyles (les spondyles sont des sortes d'huîtres, dites huîtres épineuses, le *Spondylus gaedoropus* de Linné) :

« *Saucisses de spondyles :* Faites bouillir des spondyles, broyez-les et dénervez-les. Broyez ensuite, avec les spondyles, de l'épeautre bouilli et des œufs. Assaisonnez ce hachis de poivre, divisez-le en boulettes que vous envelopperez dans des crépines, puis ferez griller. Vous les arroserez de garum au vin et les servirez comme si c'étaient des crépinettes. »

Une raison de la préférence des Grecs et des Romains pour la nourriture coupée en petits morceaux, réduite en croquettes, en paupiettes, ou en boulettes, ou encore en purée, tenait à leur position en mangeant : il est malcommode de trancher lorsqu'on dîne allongé sur le côté

Les poissons de la mer.
Au centre, combat entre un homard et une seiche.
Mosaïque de Pompéi, sans doute d'après un original hellénistique.
Musée national, Naples.

et appuyé sur le coude. Il faut pouvoir prendre de tout avec une seule main. Cela conduit donc à des mélanges assez complexes, auxquels invitent naturellement les hachis.

« *Galantine :* Poivre, menthe, ache, pouliot sec, cannelle, pignons de pomme de pin, miel, vinaigre, garum, jaunes d'œufs. Rassemblez dans une marmite en terre du pain frais, trempé dans de l'eau vinaigrée et exprimé, du fromage de vache, des concombres. Faites alterner ces couches d'ingrédients avec des pieds de porc et semez de-ci de-là des morceaux de porc et des foies de volaille. Versez là-dessus votre sauce et faites cuire, après quoi vous mettez à refroidir dans un vase contenant de l'eau froide, puis vous servirez. »

« *Plat aux asperges crues :* Nettoyez des asperges, broyez-les dans un mortier, arrosez-les d'eau, broyez-les très finement et passez au tamis. D'autre part, faites cuire des becfigues après les avoir nettoyés et parés. Broyez alors dans un mortier six scrupules [1] de poivre, ajoutez du garum, broyez; délayez le tout avec un cyathe de vin, un cyathe de vin de raisins secs et trois onces d'huile; versez ce mélange dans une petite marmite en terre et faites-le bouillir. Huilez largement un plat; cassez-y six œufs auxquels vous mélangerez du garum au vin, puis notre parée d'asperges. Mettez alors le plat sur la cendre chaude, versez-y la sauce que l'on vient de décrire, disposez-y vos becfigues. Faites cuire, saupoudrez de poivre et servez. »

« *Plat aux roses :* Prenez des roses, effeuillez-les, enlevez-en le blanc, mettez-les dans un mortier, puis broyez-les. Versez sur les pétales un cyathe et demi de garum et passez le suc au tamis. Prenez quatre cervelles, dénervez-les, puis broyez-les avec huit scrupules de poivre. Répandez-y le suc des roses, malaxez bien; cassez ensuite huit œufs sur ce mélange, mouillez d'une coupe de vin, d'une coupe de vin de raisins secs et d'un peu d'huile. Huilez alors largement un plat,

1. Mesure équivalant à 1 gramme.

posez-le sur la cendre chaude et garnissez-le de la préparation qui vient d'être décrite. Quand ce mets sera cuit, vous le saupoudrerez de poivre moulu, puis vous le servirez. »

Cuisine romaine. *Batterie de cuisine en bronze sur grilles de fer. 62/68 apr. J.-C. Maison des Vetii, Pompéi.*

Le cyathe est une mesure équivalant à 0,045 litre, donc très petite. Nous dirions aujourd'hui une cuiller à entremets.

Voici un délicieux hachis de fruits de mer, qui n'a que le tort de ne pas être gratiné, et une recette pour les crépinettes fumées :

« *Hachis de mer :* On les fait avec des crevettes et des homards, des calmars, des seiches, des langoustes. On assaisonne le hachis avec du poivre, du cumin, de la racine de silphium. »

« *Voici comment on fait les crépinettes :* Faites rôtir un foie de porc, puis dénervez-le. Auparavant, vous aurez broyé ensemble du poivre, de la rue et du garum; vous répandrez le tout sur le foie, vous broierez et mélangerez, comme l'on fait pour la viande. Vous confectionnerez alors vos crépinettes; vous enroulerez chacune d'elles dans une feuille de laurier, et vous les suspendrez à la fumée où vous les laisserez aussi longtemps que vous voudrez. Quand vous voudrez les manger, vous les enlèverez de la fumée et vous les ferez rôtir. »

« Taverne » à Herculanum. *Comptoir en marbre et vases en terre encastrés tenant au chaud plats ou boissons.*

Mais malgré leur préférence pour la nourriture hachée menu, pilée au mortier, réduite en purée, qui conduisit à un grand développement des farces, les Anciens pratiquaient bien sûr tous les autres modes de cuisson. Ils connaissaient parfaitement le court-bouillon, puisque Pline donne une recette de poisson « saxatile » (de roche) qui est l'ancêtre de

Scène de banquet. *Mosaïque de Carthage, IV*[e] *s. apr. J.-C. Musée du Bardo, Tunis.*

la bouillabaisse ; ils avaient toutes sortes de ragoûts, et Apicius ne dédaigne pas d'indiquer le simple et succulent rôti au four, en recommandant, il est vrai, de l'arroser de miel au moment de servir ! De nombreuses sauces étaient préparées à part, et versées sur les mets à la dernière seconde, ce qui donnait peut-être un certain nivellement des goûts, comme lorsqu'on abuse aujourd'hui du Tomato Ketchup, de la Worcestershire sauce, ou de la sauce vinaigre-échalotes pour les huîtres. Voici quelques exemples. On y notera le mélange de doux et d'acide, de salé et de sucré, d'herbes et de fruits, toujours baignant dans le garum :

« *Sauce au cumin pour les huîtres et les coquillages :* Poivre, livèche, persil, menthe sèche, folium, malobathron, un peu plus de cumin, miel, vinaigre, garum.

Autrement : Poivre, livèche, persil, menthe sèche, un peu plus de cumin, miel, vinaigre, garum. »

« *Sauce au silphium :* Faites dissoudre dans de l'eau tiède du silphium de Cyrénaïque ou du silphium des Parthes; ajoutez-y du garum mélangé de vinaigre.

Ou bien : poivre, persil, menthe sèche, racine de silphium, miel, vinaigre, garum (mélangez le tout).

Autrement : Poivre, carvi, aneth, persil, menthe sèche, silphium, folium, malobathron, nard indien, un peu de costus, miel, vinaigre, garum. »

« *Eleogarum ou garum à l'huile pour les truffes :* Poivre, livèche, coriandre, rue, garum, un peu de miel et d'huile.

Autrement : Thym, sarriette, poivre, livèche, miel, garum et huile. »

« *Oxyporon :* Deux onces de cumin, une once de gingembre, une once de rue verte, six scrupules de nitre, douze scrupules de dattes charnues, une once de poivre, neuf onces de miel. Faites macérer dans du vinaigre du cumin d'Éthiopie, de Syrie ou de Libye; égouttez et broyez le cumin avec les autres ingrédients, liez ensuite avec le miel et, s'il le faut, avec du garum au vinaigre. »

Ces sauces servaient notamment à accommoder les légumes, parmi lesquels on consommait surtout les choux, les raves, les bettes, les laitues, carottes, navets, poireaux, les potirons, les courges, les concombres (dont Tibère était si friand qu'il arrivait à s'en faire cultiver toute l'année et ne se déplaçait jamais sans en faire emporter une provision) et

Scène de marché. Un esclave achète des fruits.
A g., marchand de gibier.
Bas-relief. Extrait de « la civilisation romaine » par Pierre Grimal.

les fonds d'artichauts, que les Romains aimaient beaucoup et faisaient cuire à l'eau ou au vin. En voici une recette qui demande un certain travail :

« Cuisez à l'eau des fonds d'artichauts, ôtez les fibres, puis broyez les fonds d'artichauts avec de l'épeautre bouilli, des œufs, du garum et du poivre. Confectionnez-en des boulettes que vous garnirez de pignons et de poivre. Enfermez-les dans des crépines. Faites griller. Mouillez d'un filet de garum au vin et servez comme si c'étaient des crépinettes. »

Dernière remarque, enfin : certains plats dénotent incontestablement un esprit de recherche et d'investigation qui caractérise les périodes où la gastronomie se fixe en art conscient. Citons-en quelques exemples, et commençons par donner la parole à l'auteur de l'*Ars magirica* lui-même.

« *Plat d'Apicius :* Voici comment vous le préparerez. Prenez des tétines de truie cuites et coupées en morceaux, de la chair de poisson, de la chair de poulet, des becfigues ou des ventres de grives cuits et toutes sortes de choses excellentes. Hachez le tout, excepté les becfigues, et mélangez les chairs avec des œufs crus et de l'huile. D'autre part, broyez du poivre et de la livèche; mouillez de garum, de vin et de vin de raisins secs; faites chauffer dans une marmite en terre et liez avec de l'amidon. Mais auparavant jetez-y votre hachis, et portez à ébullition. Quand ce sera cuit, vous enlèverez la marmite du feu avec son jus; et, vous servant d'une louche, vous transporterez la farce, par couches, dans une lèchefrite, après y avoir incorporé des grains de poivre entiers et des pignons de pomme de pin. Sur le fond, tapissé d'une abaisse assez épaisse, versez une louche de farce, puis faites alterner de minces abaisses et des couches de farce de la valeur d'une louche. Recouvrez le tout d'une abaisse amincie au rouleau, faites cuire le pâté, puis saupoudrez-le de poivre. Les chairs auront été liées avec des œufs avant d'être placées dans la marmite. »

On a beaucoup épilogué sur ces tétines de truie, et aussi

sur la vulve de truie, objet d'une autre recette. Mais ces mets ne paraissent extraordinaires que faute d'habitude : nous consommons la tête de veau, que négligeaient les Anciens. D'ailleurs la tétine est encore servie en Italie, parmi les viandes bouillies du *bollito misto con salsa verde.*

Parmi les recettes belles, rares ou curieuses signalons encore :

« *Ragoût au fromage :* Vous le préparez avec le poisson salé qui vous plaira. Cuisez le poisson à l'huile et enlevez les arêtes. Prenez alors des cervelles de porc cuites, la chair des poissons, de petits foies de volaille, des œufs durs et du fromage mou ébouillanté; faites chauffer le tout dans un plat allant au feu. D'autre part, broyez du poivre, de la livèche, de l'origan, une gousse de rue avec du vin, du vin miellé et de l'huile; versez cette sauce dans le plat et faites cuire à feu doux. Liez avec des œufs crus; disposez votre mets avec goût, parsemez-le de petites graines de cumin et servez. »

« *Estomac farci :* Videz complètement un estomac de porc, lavez-le avec du vinaigre additionné de sel, lavez-le ensuite à l'eau et farcissez-le de la préparation suivante : mélangez ensemble de la chair de porc hachée et broyée, trois cervelles de porc dénervées et des œufs crus; ajoutez des pignons de pomme de pin et du poivre en grains, puis travaillez le tout avec une sauce. Cette sauce sera composée de poivre, de livèche, de silphium, d'anis, de gingembre et d'un peu de rue broyée avec du garum de la meilleure qualité et un peu d'huile. Farcissez légèrement l'estomac de porc pour qu'il n'éclate pas pendant la cuisson. Fermez-le, en le ficelant à ses deux extrémités, et plongez-le dans une marmite d'eau bouillante. Retirez-le ensuite et piquez-le avec une aiguille pour qu'il ne crève point. Quand il sera à moitié cuit, vous l'épongerez et le suspendrez à la fumée pour qu'il se colore. Enfin, vous le ferez bouillir, jusqu'à complète cuisson, dans du garum, du vin pur et un peu d'huile. »

« *Sauce bouillante pour un rôti de sanglier :* Poivre, cumin grillé, graine d'ache, menthe, thym, sarriette, fleurs de carthame, pignons ou amandes grillés, miel, vin, un acétabule de garum, un peu d'huile. »

Cette dernière sauce peut être considérée comme un ancêtre plus complexe et moins homogénéisé de la moderne sauce poivrade ou du « saupiquet » médiéval de Taillevent.

« *Cochon de lait de Vitellius :* Nettoyez et parez le cochon de lait comme on fait un sanglier, saupoudrez-le de sel et rôtissez-le au four. Broyez dans un mortier du poivre et de la livèche; versez-y du garum et mélangez le tout avec du vin et du vin de raisins secs. Faites bouillir cette sauce dans une marmite en terre avec très peu d'huile; vous en arroserez le cochon rôti, assez abondamment pour que les chairs s'imbibent à souhait. »

Si nous avons terminé cet aperçu des recettes antiques par celle de Vitellius, c'est que cet empereur, nous rapporte Suétone, était un glouton réputé, qui non seulement se faisait inviter à dîner dans cinq ou six maisons à la fois le même soir et honorait toutes ses invitations, mais, lorsqu'il assistait à des sacrifices, ne pouvait se retenir de se précipiter sur les animaux en train de rôtir pour les dévorer en plein milieu de la cérémonie! Cette boulimie a naturellement peu de rapport avec l'art gastronomique. Elle indique néanmoins un penchant de l'époque pour la goinfrerie, la surabondance, le plaisir d'accumuler, voire d'éblouir, tendance que l'on a souvent reprochée aux recettes d'Apicius.

Comment juger cette cuisine? On l'a souvent considérée comme trop lourde, véritablement indigeste. Mais cette objection, à mon sens, repose sur une illusion d'optique, je veux dire de lecture : ouvrez n'importe quel livre de cuisine savante, et n'importe quelle recette vous y paraîtra trop lourde, d'une complication effroyable, simplement parce que vous lisez l'*énumération* de produits faits pour être finalement *combinés*, et d'opérations dont vous recueillez le bénéfice sans en voir la trace quand vous mangez. En outre, les recettes écrites sont nécessairement les plus subtiles : on ne se donne pas la peine de publier un livre pour y enseigner ce que tout le monde sait faire. Les traités de cuisine expriment donc nécessairement une certaine recherche, qui sous-entend une pratique plus courante et vise à donner des idées pour des repas sortant de l'ordinaire.

Cependant, l'Antiquité avait-elle mis au point l'art de la combinaison ? Il ne le semble pas. Elle ne connaissait, pourrait-on dire, que la *juxtaposition* et la *superposition* des aliments, des saveurs et des parfums. Elle n'avait pas compris que ce n'est pas la quantité des épices et des herbes qui compte, mais leur mariage, et que leurs arômes finissent par se neutraliser mutuellement, si on en bourre tous les plats; que le degré de cuisson auquel il faut introduire une herbe pour qu'elle donne vraiment son odeur est la chose importante, et que, par exemple, peu de poivre suffit si on le met juste avant de retirer un ragoût du feu — car ni le poivre ni le safran ne doivent cuire plus d'une minute. Pas plus en cuisine qu'en chimie le *mélange* n'est la vraie combinaison. Mais en fait, pour atteindre le degré de raffinement où, à travers une succession d'opérations, le cuisinier saura recueillir les saveurs et les essences, en imprégner les viandes et les poissons au lieu de les en embarrasser, il faudra patienter jusqu'à la grande révolution gastronomique du XVIIIe siècle et même, pour que cette révolution soit complète, jusqu'au XIXe siècle, avec Antonin Carême. Jusque-là, la cuisine oscillera souvent entre la surcharge et le retour à la simplicité rurale prônée périodiquement par les poètes.

Pourtant, il est tentant de réaliser certaines recettes d'Apicius, dans lesquelles on pourra avantageusement remplacer l'universel et fatidique garum par un peu de sel marin. Mais ne perdons pas de vue que l'intérêt de ces recettes, comme de celles du Moyen Age et de la Renaissance que nous étudierons plus loin, provenait en grande partie de la saveur naturelle des produits, des légumes et des fruits comme des animaux, saveur aujourd'hui bien éteinte par la culture maraîchère aux engrais et l'élevage plus ou moins chimique. Nous aurons du reste à nous pencher sur cet aspect du problème en conclusion de ce livre.

Mais il faut croire qu'Apicius a réussi à codifier l'une des constantes de la gastronomie, puisqu'il n'a pas cessé d'être lu et étudié depuis l'Antiquité, et qu'en plein XIXe siècle il est l'objet d'attaques passionnées aussi bien de la part de Carême, qui méprisait profondément la cuisine romaine et en avait le droit, que de la part d'un esthéticien et historien de l'art comme von Rumohr, l'un des auteurs cités par Hegel avec le plus d'éloges dans son *Esthétique*. Ce grand historien d'art allemand du début du XIXe siècle attaque les idées d'Apicius comme étant le comble de ce qu'il appelle la « cuisine destructive », laquelle réduit tout à des ragoûts, à des gelées, à des pâtés, toujours submergés de sauces composites, et n'admet les produits naturels qu'à condition qu'ils soient méconnaissables *. C'est là un reproche en partie injuste, nous l'avons vu, d'autant qu'il pourrait s'appliquer aussi bien à la meilleure cuisine chinoise.

* Geist der Kochkunst, *von Joseph Konig, überarbeitet und herausgegeben von C.F. von Rumohr. Stuttgart und Tübingen, 1822. Joseph Konig était le cuisinier de von Rumohr, auquel celui-ci attribue son livre par manière de plaisanterie.*

Et pourquoi le désir de déconcerter et d'éblouir, qu'Horace et Juvénal stigmatisaient inlassablement, serait-il forcément haïssable ? N'est-ce pas l'une des formes de l'hospitalité, dans une civilisation où l'art de recevoir ne se borne pas à l'art de nourrir mais doit s'étendre à l'art de distraire, d'amuser, de surprendre ? On ridiculise tout au long de l'histoire littéraire le héros du *Satiricon* de Pétrone, Trimalcion, comme le type même du nouveau riche vantard. Mais quel mal s'est donné Trimalcion pour offrir à ses hôtes un festin qui soit une fête, et non pas un triple buffet ! Non seulement il a longuement médité et élaboré ses féeries gastronomiques, mais il feint la naïveté, l'ignorance et la colère pour que ses hôtes aillent de la déconvenue à la divine surprise, soit qu'il leur distribue des œufs de paon dans la coquille desquels se trouvent des becfigues cuits dans du jaune d'œuf poivré — ce qui ne doit pas être détestable — soit encore qu'il fasse comparaître pour le tancer un cuisinier prétendument coupable de n'avoir pas vidé un cochon : mais lorsqu'on l'a vidé, le cochon éventré laisse échapper un flot de saucisses et de boudins! Soit enfin qu'il mette en scène son illustre sanglier. Relisons ce texte célèbre :

« Admirable! crions-nous en chœur, et, levant les mains vers le plafond, nous jurons qu'Hipparque et Aratus n'auraient pu lui être comparés; sur ces entrefaites, des serviteurs arrivèrent et placèrent sur les lits des couvre-lits où étaient brodés des filets, des chasseurs à l'affût avec leurs épieux et tout un attirail de chasse. Nous ne savions encore de quel côté diriger nos hypothèses, lorsqu'en dehors du triclinium il s'éleva une clameur énorme, et voici que des chiens de Laconie se mirent à courir dans tous les sens autour de notre table. A leur suite vint un dressoir, sur lequel reposait un sanglier de première grandeur et coiffé d'un bonnet; à ses défenses pendaient deux corbeilles tissées de bifres de palmier, l'une remplie de dattes de Carie, l'autre de dattes de la Thébaïde. Tout autour, de petits marcassins faits de croûtes de pâté, qui semblaient suspendus à ses mamelles, faisaient entendre que c'était une laie qui gisait là. Ils nous furent d'ailleurs donnés pour être emportés. Et, pour découper le sanglier, on ne vit pas s'approcher le *Carpus* (Coupe), qui avait dépecé les poulards, mais un grand barbu, dont les jambes étaient enveloppées de bandelettes et qui portait une veste de chasse damassée. Il tira son couteau de chasseur, et, en portant un coup violent au flanc du sanglier, il y fit un trou d'où s'envolèrent des grives. Il y avait là, tout prêts, des oiseleurs avec des gluaux, qui eurent tôt fait d'attraper les oiseaux voltigeant autour du triclinium. » Puis, ayant fait remettre à chacun son oiseau, Trimalcion ajouta : « Vous voyez comme ce porc sauvage a mangé une délicate glandée. » Aussitôt des esclaves s'approchèrent des corbeilles qui pendaient aux défenses de la bête et distribuèrent aux dîneurs en portions égales les dattes de la Thébaïde et les dattes de Carie. »

Au fait, avec le lièvre d'Aristophane ou le sanglier de Pétrone, que buvait-on ?

3.

Le pain
et
le vin

Crapulatus a vino...
Grégoire de Tours

Laquais, fringue[1] bien ce verre :
Fais que l'éclair du tonnerre
Soit moins flamboyant que lui,
Ce sera le cimeterre
Dont j'égorgerai l'ennui.
Saint-Amand, *La Crevaille*

1. *Fringuer : rincer.*

Le petit déjeuner des Grecs consistait en pain trempé dans du vin, ou, si l'on préfère, de pain émietté puis mouillé de vin pur. C'est d'ailleurs le seul moment de la journée où les Grecs absorbaient du vin à l'état pur, car ils coupaient toujours d'eau le vin qu'ils buvaient pendant et après les autres repas. Mais le petit déjeuner était à ce point associé à l'idée de vin pur que le nom même de ce premier repas en dérive : il s'appelait *acratismos*, substantif formé sur l'adjectif *acratos*, qui signifie « non mélangé », pur, et, redevenant substantif à son tour, désigne tout simplement le vin pur. Un « acratos » était en quelque sorte un coup sec, un « canon ». Quant au verbe de même souche, *acratidzomai* (ἀκρατίζομαι) il veut dire à la fois « boire du vin pur » et « prendre son petit déjeuner ». L'usage est donc on ne peut mieux établi.

Ces deux produits, le pain et le vin, resteront jusqu'au XXe siècle après Jésus-Christ les deux colonnes de la consommation dans la civilisation occidentale. Bien après la fin du monde antique, une chanson française dira encore : « Marie, trempe ton pain — Marie trempe ton pain — dans ton vin. » Tremper la soupe, c'est verser le bouillon sur des tranches de pain, et en plusieurs régions (Vosges, Franche-Comté, Gascogne) les paysans mélangent du vin à ce bouillon. Ce n'est qu'au XXe siècle que la place prépondérante du pain sera prise par la viande comme nourriture solide de base, dans toutes les classes de la société. Mais, aussi longtemps que la viande demeura, pour la majeure partie des populations, un produit trop cher, un mets réservé aux jours de fête, et jusqu'à ce que la consommation de la pomme de terre, importée d'Amérique en Europe au XVIe siècle, se fût généralisée, c'est-à-dire tout à la fin du XVIIIe siècle seulement, le blé resta, pendant quarante siècles, le principal support de l'existence humaine, dans une zone qui comprend le Proche et le Moyen-Orient, l'Afrique du Nord, de l'Égypte au Maroc, toute l'Europe. (Nous examinerons ultérieurement le cas de l'Amérique.)

De toutes les céréales plus ou moins panifiables — riz, (dont l'histoire est tout à fait particulière), millet, avoine, orge, seigle, plus tard maïs, d'origine américaine — c'est le blé qui se prête le mieux à la panification. Il partage cette disposition avec l'orge et le seigle, mais il est plus nourrissant qu'eux, en raison d'une contenance supérieure en matières azotées [1]; cela explique que le blé ait pu souvent dispenser de la viande et du poisson, ce que ne peut pas faire la pomme de terre. Longtemps le seigle, plus résistant et venant aisément dans les terres les plus pauvres et les climats assez froids, fut la céréale dominante en Europe. Et le recul progressif du seigle devant le blé est une des manifestations du progrès des techniques agricoles et du niveau de vie en Occident. Le retour à l'orge et au seigle se produisait pendant les périodes de famine, de mauvaises récoltes.

1. Le blé contient essentiellement des glucides (amidon et sucre), des protides, peu de lipides ; des éléments minéraux, du calcium, du phosphore et du fer ; les vitamines B1, B2, PP, E.

Encore fallait-il savoir tirer parti de cette céréale reine. On commença par l'absorber sous forme de bouillies, puis de galettes grillées ou rôties, qui n'étaient autres que de la bouillie déshydratée par la cuisson. *Pulte, non pane vixisse longo tempore Romanos manifestum*, lit-on dans Plaute : « Il est notoire que pendant longtemps les Romains ont vécu non de pain, mais de bouillie. » *Pulte*, ablatif de *puls, pultis*, signifie en latin bouillie ou purée, et l'on reconnaît là le mot ancêtre

Battage du blé.
Égypte.
XVIIIe dynastie.
Peinture de la tombe de Menna, nécropole de Gourna, Thèbes.

de la *polenta* italienne, et plus particulièrement piémontaise, d'aujourd'hui. La polenta est faite avec du maïs, de même qu'un aliment bourguignon et surtout franc-comtois, les gaudes. Mais celles-ci sont passées au four, alors que la polenta est séchée à l'air. Les gaudes, à vrai dire, n'ont

jamais dû être considérées comme un bien grand régal, puisque dans une histoire folklorique franc-comtoise, on voit un paysan dire à un passant : « Voulez-vous des gaudes ? Mes cochons n'en veulent plus. » Le couscous nord-africain est une utilisation du blé également en marge de la panification, et dont toute la finesse consiste à conjuguer la cuisson à la vapeur et la consistance ferme d'une semoule ni humide ni collante quoique bien cuite. Ainsi que l'a dit avec force Léon Isnard dans *L'Algérie gourmande* (travail classique paru à la fin du XIXe siècle à Oran), la bonne manière consiste, tout d'abord, à « rouler » le couscous légèrement humecté entre les mains pour qu'il ne s'y forme aucun grumeau, ensuite à faire en sorte que l'eau ne touche jamais la semoule et que seule la vapeur opère durant l'ébullition.

Les céréales peuvent donc se prêter à des préparations très délicates sans aucun recours à la panification, et il ne faut pas s'imaginer qu'il existe nécessairement un « progrès »

La cuisson du pain. *Manuscrit hébreu fin XVe s. : « Recueil de prescriptions rituelles concernant les observations religieuses. » Bibl. nat., Paris.*

en gastronomie, pas plus que dans les autres arts. Si la panification est un incontestable progrès technique dans l'histoire de l'alimentation humaine, cela n'implique pas que l'art gastronomique n'ait pas réussi à s'affirmer à chacun des stades antérieurs. Toute bouillie n'est pas forcément grossière, pas plus que ne le sont les galettes. Il faut se représenter celles-ci soit sous forme de pain non fermenté, c'est-à-dire de farine pétrie sans levain mais cuite au four, soit de crêpe, c'est-à-dire de pâte cuite en plein air. Nous avons l'exemple d'un peuple qui se nourrit essentiellement aujourd'hui encore de ces galettes souples, faites de maïs celles-là, ce sont les Indiens du Mexique et d'Amérique centrale. Leurs *tortillas* (c'est le nom que les Espagnols donnèrent à ces crêpes de maïs qui leur servent de pain) possèdent un pouvoir nutritif supérieur à celui du pain blanc que l'on trouve dans le commerce mexicain, à l'usage des Européens et des Américains du Nord, et elles sont plus savoureuses.

On a retrouvé dans les stations préhistoriques d'Europe

occidentale des galettes de céréales à l'état carbonisé (ce qui leur a permis de se conserver, comme plus tard les pains de Pompéi). Elles sont faites des diverses céréales connues, du millet au froment, et la totalité du grain, y compris l'enveloppe, y est incorporée. C'est dans le Proche-Orient, semble-t-il, et plus particulièrement par les Hébreux, que fut découvert le phénomène de la fermentation. « La fermentation panaire est une fermentation alcoolique provoquée par l'action des ferments qui transforment les sucres présents dans la pâte en alcool et en gaz carbonique. » * Les ferments ou levures qui la provoquent sont ou bien des levures dites sauvages qui peuplent les levains de pâte, ou bien des levures de bière, employées en boulangerie industrielle. La fermentation traditionnelle, due à la première catégorie de levures, est plus lente que la seconde, mais donne un pain plus savoureux et qui sèche moins vite. C'est le pain « paysan » ou « de campagne », auquel, par un de ces circuits dont l'histoire de la gastronomie nous rend plusieurs fois témoins, reviennent aujourd'hui les boulangeries de luxe.

* *Raymond Calvel (professeur à l'École française de meunerie)*, Le Pain, *Paris, 1964. Le gros ouvrage de H. E. Jacob,* Sechstausend Jahre Brot *(Hambourg, 1964. Trad. fr.* Histoire du pain depuis *6 000* ans, *Paris, 1958), est surtout une histoire* autour *du pain. L'information boulangère y est minime.*

Il semble que ce soient les Hébreux qui aient été les premiers à savoir fabriquer le pain levé. Il est possible qu'un mélange pétri de farine et d'eau, abandonné sans être immédiatement cuit, et ensemencé accidentellement par des ferments en suspension dans l'air, se soit mis à travailler et à augmenter de volume à la faveur de la chaleur et de l'humidité. Dès lors l'idée devait naître d'incorporer à la pâte ce levain transformé par la fermentation alcoolique, afin d'obtenir le pain levé, moins bourratif et plus digeste que les galettes. Toutefois le pain sans levain (azymi) reste le pain rituel, alors que le pain proprement dit, pourvu de levain (zymi) devient le pain « profane ». La Bible atteste la connaissance du pain non seulement chez les Hébreux, mais chez les Égyptiens, ce que nous confirment d'ailleurs de nombreuses peintures égyptiennes relatives à la culture du

Servante pétrissant la pâte. *Figurine en calcaire peint. Égypte, VIe dynastie. Musée du Caire.*

blé, à la moisson, comme au broyage entre deux pierres, au pétrissage, à la cuisson, qui se faisait dans des moules en terre cuite, semblables aux « diables » actuels, c'est-à-dire formés de deux poêlons en terre cuite poreuse appliqués l'un sur l'autre, permettant la cuisson sans eau, à même le feu. On retourne l'instrument au milieu de la cuisson. C'est en somme une sorte de four en miniature. Les Égyptiens, qu'Hécatée de Milet appelle en 500 av. J.-C. le peuple « mangeur de pain », un peu comme les Anglais et les Allemands virent les Français au XIXe siècle ap. J.-C., donnèrent à leur aliment principal toutes sortes de formes et furent ainsi les inventeurs de la boulangerie d'art.

→

Offrande funéraire. Dix pains de formes différentes, oignons, fruits, jarres de vin. *Détail d'un sarcophage en calcaire, Égypte, XIe dynastie. Musée du Caire.*

Mais c'est avec les Grecs que l'histoire du pain rejoint l'histoire, non plus seulement de l'alimentation, mais de la gastronomie. Au début du premier millénaire, toutes les conditions se trouvent réunies pour permettre d'atteindre dans la fabrication du pain un progressif raffinement, à savoir : 1) la maîtrise de la mouture, ou du blutage, c'est-à-dire la possibilité de séparer l'enveloppe et les déchets du blé de la partie consommable, et en outre d'obtenir ainsi à volonté des farines plus ou moins blanches, appropriées à des usages divers, allant du gros pain noir à la fleur de farine pour pâtisserie; 2) l'adoption et la mise au point définitive du grand four (par opposition au « petit four » qui sera plus tard adapté à la pâtisserie fine). Le four de boulangerie est, encore aujourd'hui, à peu près semblable à ce qu'il était dans l'Antiquité, au VIe siècle av. J.-C.; 3) enfin et surtout, l'idée de mêler au pain toutes sortes d'herbes ou graines odoriférantes, d'huiles et de fruits aux parfums ou aux goûts subtilement modulés et d'une gamme très étendue.

Les Grecs de l'époque classique comptaient, au dire d'Athénée, soixante-douze espèces de pain. Citons entre autres le *daraton*, pain thessalien sans levain, le *phaios*, c'est-à-dire le « brun », le *bromite*, de *bromos*, qui veut dire avoine folle; le *syncomiste*, pain grossier, fait de déchets de farines. (Le mot *syncomiste* signifie « apporté de divers côtés et mis ensemble » : il peut désigner aussi un repas en commun où chacun apporte quelque chose — un pique-nique — ce qui prouve l'ancienneté du pique-nique. Appliqué au pain — *artos* — il désigne ce que nous venons de dire.) Le *crimnitès* était fait de farine d'orge grossière (*crimnos*), le *sémidalitès* était le pain noble, fait avec la fleur de la farine de froment. Le *cribanitès*, qu'Aristophane — toujours attaché aux vieux mets paysans — préfère par principe au « pain fantaisie » de la ville, était un pain cuit à l'ancienne manière, dans un petit four de campagne ou un moule. Le mot vient de *cribanos*, qui signifie four à griller l'orge, ou, plus exactement, ce

Boulanger assis devant son four. *Figurine en terre cuite de Tanagra, dernier quart du VIe s. av. J.-C. Musée du Louvre, Paris.*

qu'en français on appellera plus tard une tourtière. Tous les types de céréales, de farines et de cuisson ont donc subsisté simultanément. A Athènes, on n'a jamais cessé de vendre la *matza*, farine d'orge pétrie en galette, moins coûteuse que l'*artos*, le pain proprement dit. On utilisait la *matza* exactement comme un Indien d'aujourd'hui, au Mexique, se sert des *tortillas* de maïs, comme support de viande, poisson, piment etc. Tout ce qui se mange avec la *matza* à Athènes se nomme *opson :* c'est en somme « l'intérieur » du sandwich, et, le plus souvent, c'est d'ailleurs du poisson.

De même, au Moyen Age, au moment de la Renaissance, et jusqu'au début du XIXe siècle en Europe, continua d'exister une galette pâtissière nommée en France *fouace* ou *fougasse*, faite de fine fleur de froment non levée et cuite sous la cendre ou bien au four de campagne. Les fameux fouaciers de Lerné, mis en scène par Rabelais dans le *Gargantua*, formaient une corporation distincte. Dans certaines vieilles maisons du bourg de Lerné existent encore des fours à fouaces, parfois creusés dans le roc, dont quelques-uns remontent au XIe siècle. Rabelais nous donne même la recette : « Fleur de farine délayée avec beaux moyeux d'œufs et de beurre, beau safran et belles épices et eau... Notez que c'est viande céleste manger à déjeuner raisins avec fouace fraîche. » On le sait, « viande » a signifié très longtemps en français toutes espèces d'aliments, et non pas seulement la nourriture carnée. Il faut penser à l'italien *vivanda*, de même racine, et l'on parle jusqu'au XVIIIe siècle de « viande de carême » pour désigner le poisson. De la même manière que « viande » a fini par s'identifier en français à nourriture carnée, le mot grec *opson* était le plus souvent de la sardine ou de l'anchois. Au point que « poisson » en grec moderne se dit *psari*, qui dérive d'*opson*. L'évolution du vocabulaire est souvent une indication très claire de l'évolution des habitudes alimentaires d'une société.

Pour en revenir à la fouace, on voit donc se maintenir ou ressurgir *comme friandise* une forme de cuisson de la farine qui est antérieure à la découverte de la panification et aux raffinements que les Grecs avaient su y introduire.

C'est qu'en effet la diversité du pain grec tenait non seulement à l'emploi, qui se poursuivait dans sa diversité, de farines provenant de toutes les céréales connues, y compris le riz, dont on faisait un pain nommé *orinde*, mais encore à la gamme très étendue des moutures et des mélanges qu'elles permettaient, à l'utilisation de toutes les sortes de cuisson, récentes ou préhistoriques, et enfin à l'art de savoir parfumer le pain. Nous avons vu que Rabelais introduit du safran dans sa fouace : on en mettait déjà dans le pain grec, au même titre que, selon le cas, du cumin, des graines de pavots, du fenouil, de la coriandre, de l'anis, des raisins secs, du fenugrec, de la nigelle, de la marjolaine, du romarin, des câpres, de la sauge, des feuilles de chou, de l'ail ou de l'oignon. De nos jours, on ne fait plus guère que du pain au cumin et aux raisins secs, simples curiosités d'ailleurs. Les Grecs étaient à ce point passés et reconnus maîtres en boulangerie que les boulangers de Rome, même sous l'Empire et le Bas-Empire, étaient presque tous grecs. Ils avaient mis au point le pain au lait, à l'huile et bien d'autres. L'introduction de la boulangerie grecque en Italie vers la fin de la République est comptée au nombre des facteurs de décadence qu'attribue à l'influence hellénique le gâteux Caton le Censeur, qui exigea en vain le retour des Romains à la bouillie. L'apport latin à l'art boulanger ne consiste guère

Le four. *Mosaïque gallo-romaine, 1re moitié du IIIe s. apr. J.-C. Détail d'un Calendrier rustique. Musée des antiquités nationales, St-Germain-en-Laye.*

qu'en un seul pain particulier, le célèbre pain du Picenum ou picentin, composition bizarre dans laquelle il entre une céréale nommée *zéa* à laquelle on mêlait — chose stupéfiante — de l'argile, et même une espèce particulière d'argile, la *creta*, recueillie entre Naples et Pouzzoles. Auguste versait, paraît-il, aux Napolitains une redevance annuelle de vingt mille sesterces pour s'assurer la propriété exclusive de cette argile. Bref, en mélangeant la *zéa* et la *creta*, on obtenait un produit nommé en latin *alica*, matière première du pain du Picenum [1]. Écoutons Pline l'Ancien : « Le peuple du Picenum garde encore la réputation pour le pain qu'il a inventé, et qui se fait avec l'alica; on fait tremper l'alica

Meules à grain et boulangerie. *Pompéi.*

1. *Guégan traduit* alica *simplement par « épeautre », qui est une espèce de froment. Nous ne saurions le suivre.*

pendant neuf jours; le dixième jour on la pétrit, en donnant à la pâte une forme allongée, avec du jus de raisins secs; puis on la cuit au four dans des pots de terre qui doivent s'y casser. On ne mange ce pain qu'après l'avoir humecté, ordinairement dans du lait miellé. » (Pline, XVIII, 27.) On voit que le pain du Picenum est une pâtisserie plutôt que du pain à proprement parler. Quant au pain même, il était devenu à Rome comme à Athènes l'aliment du petit déjeuner — le *jentaculum* — si l'on en croit entre autres Martial : « *Surgite! Jam vendit pueris jentacula pistor* », « Debout! voilà le boulanger qui a commencé à vendre le petit déjeuner aux enfants. » Les *pistores* grecs savaient donner à leurs pains les formes les plus échevelées : formes de champignons, de tresse, de croissant, quadrillé, etc., illustrant ainsi par avance le propos que devait tenir Carême deux mille ans plus tard lorsqu'il écrivit : « Les beaux-arts sont au nombre de cinq, à savoir : la peinture, la sculpture, la poésie, la musique, l'architecture, laquelle a pour branche principale la pâtisserie. »

Et comme il ne nous est précisément pas possible de traiter de la farine sans traiter des gâteaux, le moment est venu pour nous de nous demander en quoi consistait la pâtisserie dans l'Antiquité, de quoi elle avait l'air et comment on la faisait. La perte déplorable du grand *Traité de boulangerie* de Chrysippe de Thyane, qui comprenait la recette détaillée de plus de trente gâteaux, entièrement différents les uns des autres, nous laisse quelque peu démunis d'informations sur cet important sujet. Mais divers recoupements permettent néanmoins — sans compter le recours à Apicius lui-même — de nous figurer assez bien ce que les Anciens confectionnaient en ce domaine.

Allons donc droit au fait : le gâteau gréco-romain ignorait les subtilités de la pâte, qu'il s'agît de la pâte à baba, à beignet, à brioche, à savarin, à chou, de la pâte feuilletée, levée, sablée. On attribue aux Grecs l'invention d'un équivalent oriental du pudding. Mais de façon générale, la pâtisserie grecque ressemblait fort à tout ce que l'on trouve encore aujourd'hui en Afrique du Nord, au Proche-Orient et dans les Balkans : miel, huile et farine, plus aromates divers, notamment du poivre, tel était le mélange de base. Le procédé de cuisson le plus fréquent était la friture, mais on pratiquait aussi la cuisson sous la cendre. Intervenaient également dans la pâtisserie les pignons, noix, dattes, des amandes, des graines de pavot. Les gâteaux prenaient l'aspect principalement de galettes plates [1] et aussi de beignets. On utilisait éventuellement pour les pétrir de la farine de sésame, du vin doux, du fromage blanc. Voici une recette d'Athénée :

« Prenez des noix de Thase du Pont, des amandes, de la graine de pavot que vous ferez griller avec attention. Broyez-les bien ensuite dans un mortier propre, mêlez ces trois fruits ensemble, triturez-les en y jetant du miel écumé, du poivre, et amalgamez bien le tout; cela deviendra noir à cause du poivre. Aplatissez cette pâte au carré, broyez ensuite du sésame blanc, malaxez-le avec de la farine et du miel écumé, pour en faire deux galettes entre lesquelles vous placerez la pâte noire précédente, en l'ajustant bien au milieu. »

La *pâtisserie romaine* ne semble pas avoir beaucoup innové par rapport à la grecque. Apicius nous donne quelques recettes qui permettent de se figurer assez bien en quoi consistaient les douceurs de son temps :

« *Gâteaux domestiques :* broyez des dattes, des noix ou des pignons de pomme de pin avec de l'épeautre cuit à l'eau. Travaillez cette bouillie avec du poivre en poudre et du miel; façonnez-en des boulettes, dont vous salerez légèrement la surface. Vous les ferez frire à l'huile, puis vous les arroserez de miel écumé. »

1. *Le mot grec* plax, *qui sert à désigner toute surface plate et par extension les galettes, est le terme global pour désigner les gâteaux*, plakous.

Une boutique de pâtissier-confiseur. *Bas-relief d'un monument funéraire. Art gallo-romain. Musée archéologique, Metz.*

« *Autres gâteaux :* Ayez d'excellent pain d'Afrique au vin doux; ôtez-en la croûte et faites-le tremper dans du lait. Façonnez-en des boulettes que vous pousserez au four. Faites-les cuire à peine, retirez-les et arrosez-les de miel tant qu'elles sont chaudes : vous les aurez piquées au préalable, en de nombreux endroits, pour qu'elles s'imprègnent bien de miel. Poivrez et servez.

« *Autres gâteaux :* Ayez du pain de gruau; enlevez-en la croûte, et découpez-le en bouchées assez grandes que vous ferez tremper dans du lait, puis frire à l'huile. Arrosez de miel et servez.

« *Gâteaux :* Broyez du poivre avec du garum, du miel, du vin pur, du vin de raisins secs, de la rue, des pignons, mêlez à ces ingrédients de l'épeautre bouilli et des noix concassées; ajoutez des noisettes grillées...

« *Autres gâteaux :* Broyez du poivre et des pignons de pomme de pin avec du miel, de la rue et du vin de raisins secs. Travaillez le tout avec de la pâte à nouilles et du lait, et formez-en des boulettes que vous enduirez d'œuf battu pour les dorer. Cuisez, arrosez de miel et servez.

« *Autres gâteaux :* Ayez de la fleur de farine; cuisez-la à l'eau, et faites-en une bouillie très épaisse. Vous étendrez cette bouillie sur une planche à pâtisserie, et vous la découperez en cubes dans la meilleure huile, comme si c'étaient des gâteaux. Enlevez-les de la poêle, nappez-les de miel, saupoudrez-les de poivre, puis servez-les. Ces gâteaux seront meilleurs si vous remplacez l'eau par du lait.

« *Tripatina :* Choisissez un plat creux assez grand et versez-y votre lait; mêlez du miel au lait, comme pour les entremets au lait; ajoutez cinq œufs crus pour un setier de liquide, trois œufs pour une hémine. Battez bien le tout afin d'obtenir une masse homogène; versez ce mélange dans une terrine de Cumes, et faites cuire à feu doux. Quand votre mets aura pris de la consistance, poivrez-le, puis le servez.

« *Œufs spongieux au lait :* Battez quatre œufs avec une hémine de lait et une once d'huile. D'autre part, faites chauffer un peu d'huile dans une poêle en terre; versez-y votre préparation. Renversez votre mets sur un plat rond avant qu'il ne soit cuit tout à fait; arrosez de miel, saupoudrez de poivre et servez. »

Cette dernière recette est très exactement l'acte de naissance de l'omelette, qui fait ainsi son entrée dans l'histoire sous forme d'omelette sucrée tout d'abord. Comme le remarque très justement Bertrand Guégan dans une note de sa traduction d'Apicius, celui-ci recommande déjà l'omelette

« baveuse ». Notez que l'entremets dont la recette précède immédiatement celle de l'omelette, la *tripatina*, ainsi nommée parce qu'elle comprend *trois* éléments : lait, œufs et miel, ressemble beaucoup aux crèmes renversées d'aujourd'hui, dans lesquelles toutefois le sucre a remplacé le miel.

Nous avons déjà remarqué à diverses reprises le penchant des Grecs pour les aromates et le sucré. Nous allons le retrouver dans le vaste domaine des vins, que fort souvent les Anciens se plurent à mélanger aussi avec du miel, ce miel que l'on retrouve partout; mais on aurait tort d'en conclure, comme certains auteurs le font trop rapidement, que l'Occident hellénique et romain n'a connu que des vins doux.

Que furent les vins de l'Antiquité? Comment se forme et comment évolue le vignoble européen entre l'aube de la civilisation grecque et la chute de l'Empire romain? Quels furent les crus les plus célèbres et dans quelles circonstances les buvait-on? Comment pouvons-nous imaginer le goût, la consistance, la saveur des breuvages avec lesquels s'enivrent les convives d'Agathon dans le *Banquet* de Platon, ou les bonnes bouteilles qu'Horace extrait précautionneusement de derrière ses fagots pour honorer le passage d'un ami, ou même pour les boire seul? Tels sont les points que nous allons traiter maintenant, et notre propos nous conduira jusqu'à l'acte de naissance du vignoble occidental moderne, à la pénétration de la vigne en Gaule et jusqu'en Germanie, sur les bords du Rhin et de la Moselle.

Le vin existait à Babylone, il est mentionné en maints passages de la Bible. Les Égyptiens eux-mêmes, grands buveurs de bière, le célèbrent pourtant, et leur sculpture nous fait assister à des scènes de vendanges et de vinification. Bien mieux, tous les fruits, toutes les baies, tous les sucs fermentescibles ont été utilisés par l'homme pour la confection de boissons alcooliques. Poires sauvages, pommes, framboises, mûres, fraises, également à l'état sauvage, raisins de vignes

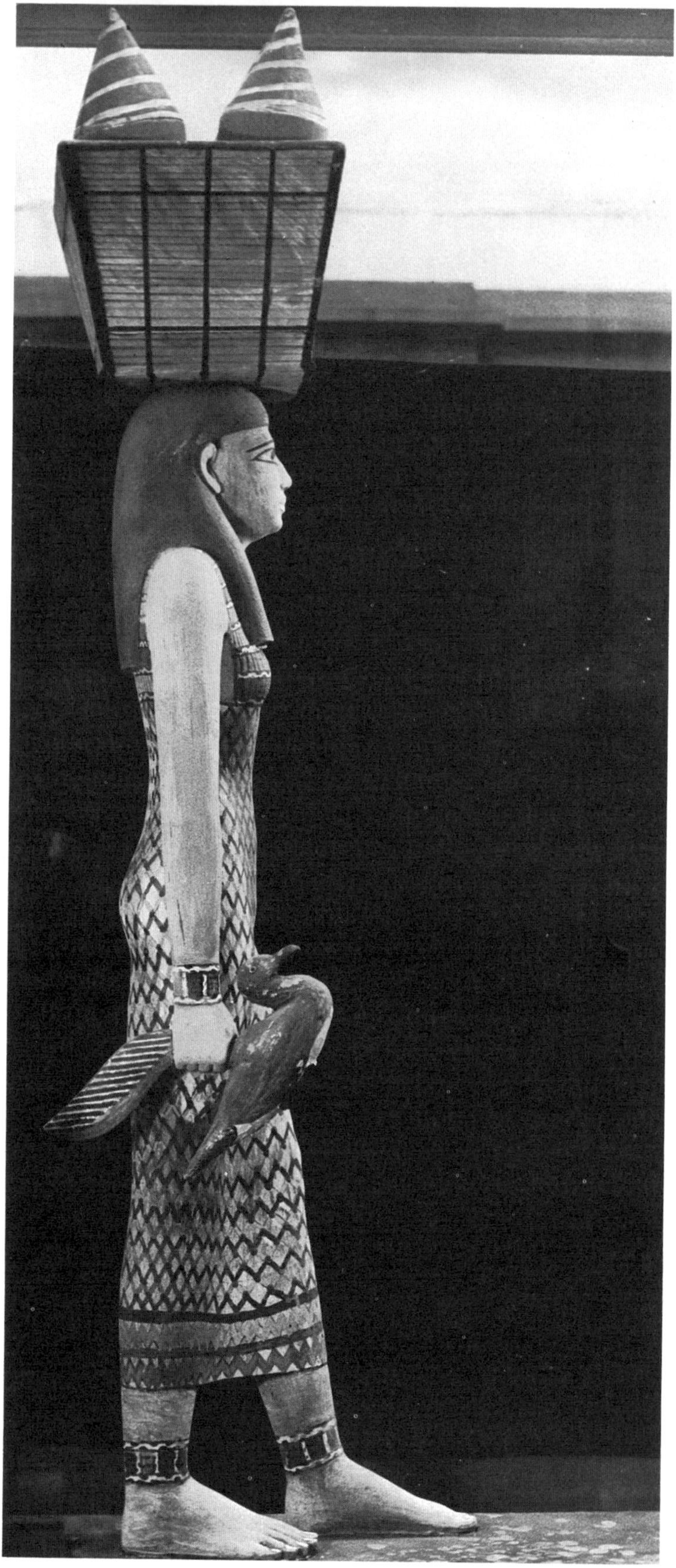

Porteuse d'offrandes. Quatre jarres de vin bouchées et un canard vivant. *Modèle en bois peint, Tombe de Meketré, Deir el-Bahari. Égypte, XIe dynastie. Musée du Caire.*

sauvages ont été écrasés, puis absorbés au bout du temps nécessaire à leur fermentation. Apicius mentionne le vin de dattes, de figues, de grenades.

Rien de ce qui peut être le siège de la transformation du sucre en alcool n'a échappé à l'attention de l'*Homo sapiens*, à commencer par le miel lui-même — toujours lui! — puisque la plus ancienne des boissons grecques est l'hydromel, tout simplement du miel qui a fermenté dans environ dix à douze fois son volume d'eau. La sève des plantes peut

Scène de vendanges, pressage du raisin.
Égypte, XVIIIe dynastie, v. 1425 av. J.-C. Tombe de Nackht à Thèbes.

fournir, elle aussi, des boissons fortes : le *pulque* mexicain est du jus de *maguey* (sorte de grand cactus) aspiré, à l'aide d'une paille, hors du cœur de la plante, où il se reconstitue environ tous les trois jours. On le laisse fermenter : au terme d'une première phase il donne ce que les Indiens appellent par erreur l'hydromel (*agua-miel*), c'est-à-dire une boisson blonde, douce, très légèrement alcoolisée, transparente. Après une fermentation plus prolongée, le liquide devient opaque, blanchâtre, il prend l'aspect du lait, dégage une forte odeur (qui souvent en détourne les Européens et les Américains du Nord) : c'est le *pulque* proprement dit, qui titre environ 8° à 9°, visqueux, très désaltérant, un peu acidulé, sans aucune capacité de se conserver et de voyager, en sorte qu'il est prudent de le consommer sur place, à la campagne, et non point à la ville où il risque d'être avarié et où, du reste, on n'en trouve pour ainsi dire jamais.

Si tout jus de fruit fut « vin », pourquoi cette destinée exceptionnelle du vin de vigne? Au cours de la préhistoire et de la protohistoire, le raisin était une baie parmi d'autres. Mais, à partir du moment où la vigne fut cultivée, le raisin révéla sa supériorité sur tous les autres fruits producteurs de boissons fermentées, et cette supériorité tient essentiellement à trois propriétés : l'extrême variété de goût du vin suivant les plants, le terroir et le climat où croît la vigne; son don de vieillir, de se modifier, de faire l'objet d'un « élevage », de se prêter à toutes sortes d'expériences selon les conditions dans lesquelles on le conserve et, dès lors, pour certains vins du moins, la possibilité de voyager.

C'est pourquoi le vin est devenu la seule boisson alcoolique à la fois de rayonnement universel et d'une extrême diversité, puisque les alcools de distillation sont bus dans le monde entier mais sont à peu près uniformes chacun dans leur genre, et que les autres boissons fermentées sont tout au plus des rafraîchissements folkloriques, liés aux conditions locales. Malgré les différences, sur lesquelles nous reviendrons, que les fervents de la bière observent entre les diverses versions de cette boisson, il faut avouer que l'éventail des saveurs y est assez limité. A dater surtout de la civilisation grecque, la vigne impose donc rapidement sa loi *. Elle l'impose d'autant plus qu'elle ne cesse de poser des problèmes à la perspicacité de l'agriculteur et de mettre à l'épreuve la mémoire du connaisseur. La multiplicité de ses réactions, selon les lieux et les cépages, les nuances infinies de ses résultats font de la viticulture et de la dégustation une partie d'échecs aux solutions innombrables, jamais épuisées. Aussi, dès l'origine, on constate que l'amateur de vins, une fois envoûté, est presque incapable de tourner son esprit vers

* *Sur toutes les boissons antérieures à la royauté de la vigne, on lira Maurizzio,* Geschichte der gegorenen Getränke *(« Histoire des breuvages disparus »).*

autre chose. Le vin est associé à l'amour et au manque d'amour, il accompagne la joie et la tristesse, le succès et l'échec, il préside à l'amitié, il imprègne profondément la culture de l'esprit, le négoce, la guerre et la paix, le repos du travailleur. Ne plus boire de vin, dans certaines civilisations, c'est quasiment devoir renoncer à toute activité, à tout échange avec autrui, renoncer à penser même, et les implications sociales, sentimentales et morales du vin font qu'il crée un réseau d'habitudes débordant largement le besoin d'alcool proprement dit. Certains pays à vins, comme l'Italie contemporaine, sont des pays d'où l'ivrognerie manifeste (sinon l'alcoolisme, en tant que maladie et fléau social) est presque totalement absente, et d'où pourtant le vin ne pourrait pas être supprimé sans que soit affectée gravement la vie quotidienne.

La culture de la vigne était connue dans la région égéenne dès les temps minoens. Culture savante, que les îles de l'Égée ont reçue, vraisemblablement, des riverains du sud-est de la Méditerranée, et sans doute des Sémites de la région syrienne. C'est peu à peu que Dionysos devient le dieu du vin, qu'il sera essentiellement dans la poésie alexandrine et romaine. Rien ne montre plus fortement les résonances affectives du vin dans les civilisations méditerranéennes que le mot grec *ganos* qui sert à désigner, entre autres, le vin nouveau. Le *ganos*, c'est l'éclat d'un liquide limpide et brillant. Cela convient à l'eau d'une source qui coule à l'ombre des buissons, en été, cela convient aussi au cours des fleuves, au miel, à une grappe de raisins mûrs, au vin lui-même. Plus généralement encore, *ganos* veut dire « aspect riant et joyeux ». C'est l'aspect même de Dionysos — chante Euripide dans les *Bacchantes* —

« *qui, dans la joie des festins qu'égayent*
les couronnes, est le premier des bienheureux.
C'est à lui que revient de mener les processions

avec les choeurs de danses,
de mêler à la flûte l'éclat du rire,
de dissiper les chagrins, lorsque, de la grappe
l'éclat doré et joyeux (ganos) paraît dans
les festins solennels, et que
dans les banquets où l'on se pare de lierre,
vous puisez dans le cratère la vapeur enveloppante
du sommeil...
... Le dieu fils de Zeus
donne également au riche et au misérable
la jouissance apaisante du vin ».

Depuis trois mille ans, l'Europe méditerranéenne est bien moins une aire géographique plantée de vignes qu'un territoire suspendu à un vignoble. Cependant le vin n'était pas au même point qu'aujourd'hui dans les pays grecs et latins la boisson normale des repas. L'habitude est aujourd'hui de boire du vin à table et de n'en point boire, du moins en quantité, sauf ivrognerie avérée, entre les repas. Dans la Grèce ancienne, c'était exactement l'inverse. On buvait peu en mangeant (sauf ce coup de vin pur au petit déjeuner, semblable à la « goutte » de gnole du paysan d'aujourd'hui), et, par contre, pour boire, on se réunissait spécialement. C'est la glorieuse habitude hellénique du *symposion*, terme qui évoque de nos jours des colloques savants peu en rapport avec son origine. Car si le *Symposion* de Platon est un des grands textes de la philosophie occidentale, si celui de Xénophon montre aussi que des questions dialectiques et morales y étaient abordées dans la conversation, ne perdons pas de vue qu'elles l'étaient toujours sur le ton du badinage élégant, sans aucun pédantisme, même lorsque, Socrate aidant, ce badinage était poussé jusqu'à la métaphysique. Il avait d'ailleurs souvent pour accompagnement et pour fond ce que nous appellerions aujourd'hui des numéros de cabaret. Dans le *Symposion* de Xénophon, l'hôte, Callias, a engagé un imprésario syracusain avec ses deux « artistes » : un jeune homme et une jeune fille tous deux très beaux, qui exécutent des danses, des acrobaties et des exercices d'adresse, et qui, à la fin, offrent un ballet-pantomime des amours de Dionysos et d'Ariane d'un tel réalisme que, nous dit Xénophon, les convives en perdent complètement la tête : « Ceux qui étaient célibataires se jurèrent de prendre femme au plus tôt et ceux qui étaient déjà mariés se levèrent en grande hâte pour bondir à cheval et courir chez eux rejoindre leurs épouses afin de les posséder [1]. »

A quel moment se plaçait le *symposion*, mot que nous renonçons à traduire, puisque ce n'est ni la « beuverie » française, ni la party anglaise ? Il s'agit chez les Grecs d'une cérémonie réglementée, nous allons voir comment. Après l'*acratismos* les Grecs prenaient au milieu du jour un repas sur le pouce, l'*ariston*. Le principal repas de la journée, le seul qui donnât lieu à des réunions amicales, était le dîner, *deipnon* (que l'on retrouve dans le titre de l'ouvrage d'Athénée *les Deipnosophistes*, ou « dîner des savants ») ; il avait lieu très tard et même à la nuit tombée. Ce qui explique l'intercalation fréquente d'un casse-croûte en fin d'après-midi, *l'hespérisma*. Le dîner, en cas de fête ou réunion amicale particulière, se prolongeait précisément par un *symposion*. La réunion se scinde en deux parties distinctes; au cours de la première on mange; au cours de la seconde on boit, ce qui n'interdit nullement de continuer à grignoter fruits secs, amandes, raisins frais. Pendant le dîner, on « apporte les tables », car les serviteurs grecs ne posaient pas les plats sur

→ Symposion. *Détail d'un cratère peint de Campanie, IVe siècle av. J.-C. Musée national, Naples.*

1. Les femmes n'assistaient jamais à ces réunions. La société grecque était entièrement faite par et pour les hommes, et Socrate énonce comme un paradoxe, en voyant la dextérité de la jeune jongleuse amenée par le Syracusain, qu'après tout, si ce n'est par une force physique moindre, la femme n'est pas inférieure à l'homme.

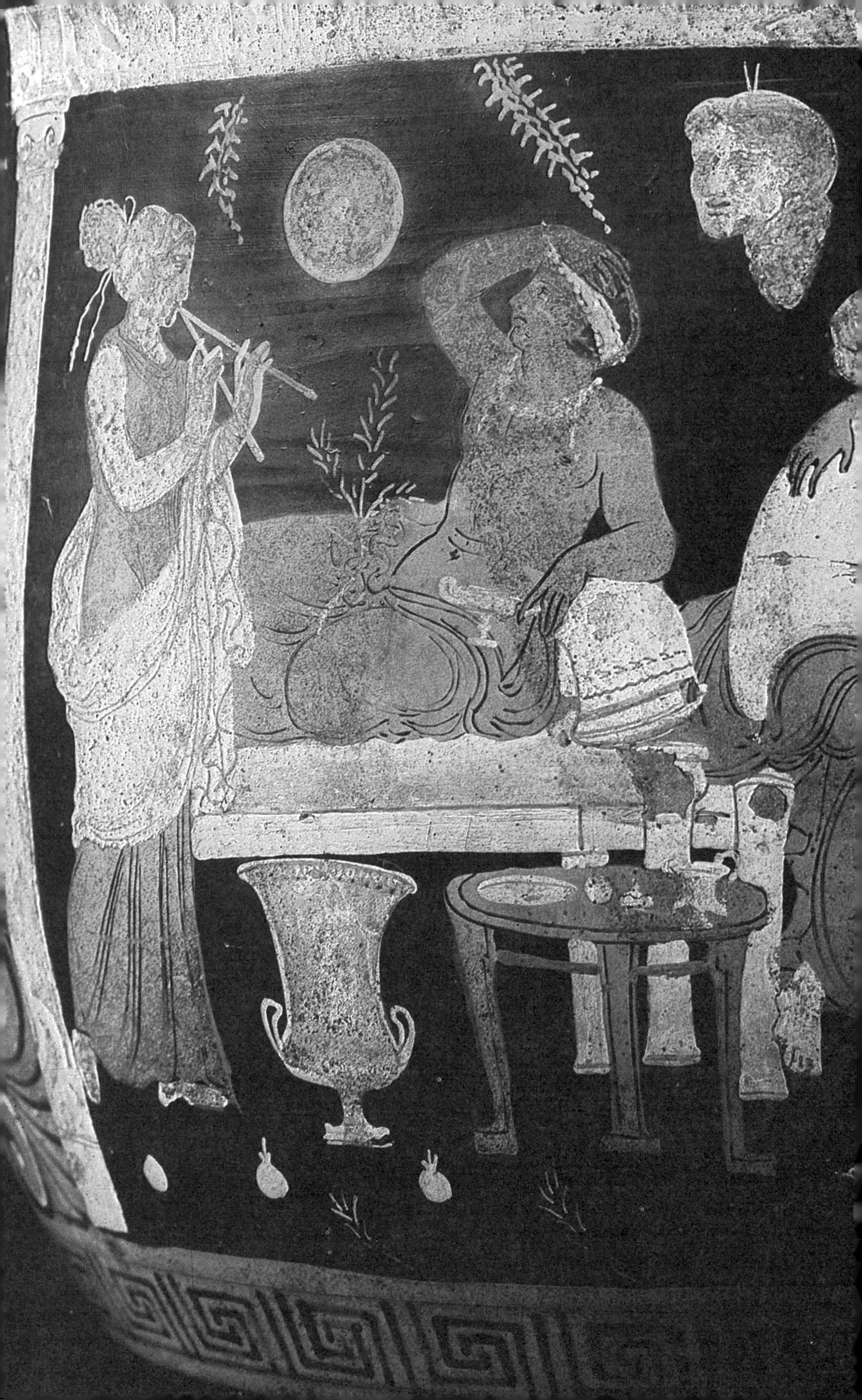

les tables mais apportaient les tables toutes servies et les posaient devant les convives allongés sur les lits, puis ils les remportaient pour en apporter d'autres lorsqu'elles étaient dégarnies. On parlait de « premières tables », « secondes tables » pour désigner le premier et le second service. La même organisation du service eut cours chez les Romains. Au cours d'un dîner privé (*coena recta*) ou *comessatio* (festin en musique, orgie), on présentait d'abord l'*ante coenam* (voir l'italien *antipasto*) : poissons, légumes, coquillages, puis l'*in coena* : gibier, sanglier, chevreuil, pain du Piceum. C'était la seconde table, *secunda mensa,* suivie de la table des fruits, *mensa pomorum*, agrémentées de compotes (*bellaria*).

Dans la Grèce classique, une fois enlevées les dernières tables, s'ouvrait officiellement le *symposion.* Le dîner avait même tendance à être quelque peu expédié et, bien que somptueux, c'est « en silence » (au dire de Socrate) qu'il est absorbé par les convives de Callias dans le texte de Xénophon. Ensuite, on enlève les dernières tables, on apporte le vin dans son cratère et les coupes, les invités se mettent debout, le maître de maison fait libation d'un peu de vin, ce qui consistait, on le sait, à répandre du vin en l'honneur de la divinité, puis tous entonnent le « péan symposiaque » ou hymne en l'honneur de Dionysos par lequel la séance est enfin définitivement ouverte. Alors on nomme un « chef de symposion », ou symposiarque, lequel fixe le nombre des coupes qui seront absorbées — car les convives ne boivent que tous ensemble sur l'ordre du symposiarque —, la quantité de vin qu'elles contiendront et, ce qui est plus important encore, le dosage d'eau et de vin, le mélange plus ou moins enivrant, donc, qu'auront à exécuter les esclaves. Usage ancien, car dans *l'Iliade* déjà, quand Achille reçoit les ambassadeurs d'Agamemnon, il se tourne vers Patrocle et lui dit : « Prends le plus grand cratère, ô fils de Ménoetios, fais un plus fort mélange et donne à tous des coupes. »

On constate par ce texte que le cratère n'était point du

tout le récipient d'où l'on buvait (l'étonnement du public, dans les musées, devant l'énormité des cratères, est injustifié), mais le récipient où l'on effectuait le mélange d'eau et de vin et où l'on puisait ensuite à l'aide d'une sorte de louche, le cyathe, pour remplir les coupes individuelles. Comme chacun buvait le même nombre de coupes, on pouvait

Éphèbe puisant du vin dans un cratère.
Coupe attique à figures rouges dite « de Lysis », Ve s. av. J.-C. Musée du Louvre, Paris.

mesurer le degré de pochardisation des convives d'après le nombre de cratères vidés dans la nuit. Chaque nouveau cratère donnait lieu à une nouvelle libation, et l'on « bénissait » de la sorte, pour ainsi dire, le premier cratère, le deuxième... le vingtième cratère. Il appartenait au symposiarque d'ordonner à l'esclave de diluer davantage le vin à mesure que la nuit passait, s'il était sage; mais la coutume était, au début, de « matraquer » les participants en leur faisant avaler, coup sur coup, plusieurs rasades le vin presque pur, pour « créer l'ambiance », dirions-nous. C'est cela, d'ailleurs, que Socrate, dans le *Symposion* de Xénophon, demande avec grâce que l'on évite :

« Boire, mes amis, j'y suis aussi pour ma part pleinement disposé. Car il est bien vrai que le vin en arrosant les âmes endort les peines, comme la mandragore endort les gens, tandis qu'il éveille la joie, comme l'huile stimule la flamme. Mais il me semble qu'il en est du corps humain comme des plantes. En effet, quand la divinité les abreuve trop copieusement, elles ne peuvent se dresser ni se laisser pénétrer par le souffle des brises; mais lorsqu'elles ne boivent qu'autant qu'il leur plaît, elles croissent tout à fait droit, fleurissent et produisent des fruits. Il en va de même pour nous : si nous nous faisons verser de larges rasades, nous ne tarderons pas à vaciller de corps et d'esprit, et nous ne pourrons même pas retrouver notre souffle, encore bien moins proférer quelque parole. Mais si les serviteurs font tomber pour nous dans de petites coupes une pluie fine et fréquente — pour m'exprimer moi aussi à la façon de Gorgias * — nous n'en viendrons pas à l'ivresse sous la contrainte du vin, mais sa douce persuasion nous amènera à plus de gaîté. * »

** Gorgias, rhéteur célèbre, qui a fourni le titre d'un non moins célèbre dialogue de Platon.*
** Trad. François Ollier, les Belles Lettres, Paris.*

Il existe de nos jours, dans les collèges anglais, un type de réunion après dîner qui fait penser tout à fait au *symposion* antique. Après avoir dîné en général devant les étudiants dans la grande salle à manger du collège, les professeurs se retirent dans une petite salle à manger où ils trouvent une table garnie de fruits secs et autres friandises. Ils s'assoient tout autour, cependant qu'un « chef de beuverie » (d'ordinaire celui des professeurs du collège chargé de la direction de la cave et de l'achat des vins) fait circuler la bouteille de porto et la bouteille de madère, dont il annonce préalablement les caractéristiques (Porto 1890, Madère 1910, etc.) et que chacun se passe de main en main dans le sens inverse des aiguilles d'une montre. On devise, sans aborder les sujets professionnels, rigoureusement interdits, et on se livre à l'une des grandes distractions anglaises : les paris. Un cahier destiné à les enregistrer circule autant que les bouteilles, et l'on y consigne les engagements pris par les présents entre eux à propos du résultat des prochaines élections ou d'une compétition sportive.

Éphèbe jouant au cottabe.
Coupe attique à figures rouges. Ve s. av. J.-C. Musée du Louvre, Paris.

C'est à un autre type de paris que s'adonnaient les Grecs, une sorte de pari amoureux connu sous le nom de cottabe et qui, avec les chants, les danses, la musique et la conversation, était l'un des divertissements des buveurs assemblés. Le cottabe consistait à imiter la libation, c'est-à-dire à jeter du vin, mais en visant une soucoupe placée à distance et en prononçant non pas le nom du dieu, mais celui de l'être aimé. Si le vin tombait au bon endroit, c'était de bon augure pour l'amant. Ce jeu d'origine sicilienne, très en vogue dans les parties de plaisir des jeunes Athéniens, a été plus qu'une mode passagère, puisque la langue grecque a créé toute une famille de mots pour « jouer au cottabe », « action de jouer au cottabe », « coupe pour jouer au cottabe » (*cottabis*) et bassin de métal pour jouer au cottabe (*cottabeïon*) — le métal, dans ce cas, devant rendre un certain son en cas de présage favorable —, enfin « prix du vainqueur au jeu du cottabe » (*cottabion*).

Le vin, la consommation du vin, la libation du vin, le cottabe, le chant qui ouvre le *symposion*, le fait que les convives étaient couronnés de fleurs et de lauriers, tout indique la persistance au moins vague d'un contexte religieux et magique dont la tragédie d'Euripide, *les Bacchantes*, nous a laissé le témoignage. A Rome, plus tard, si la libation reste de règle, l'ivrognerie se sécularise. De plus en plus l'absorption du vin se fait non seulement au cours de banquets retentissants, mais en privé, dans l'intimité. Certes l'usage des banquets subsiste, et même se développe, sous l'Empire, mais la distinction entre le dîner et le *symposion* s'efface : on se soûle en mangeant, comme dans le *Satiricon*, et d'autre

Vaisselle à boire en argent. *Détail d'une fresque de la tombe de C. Vestorius Priscus, à la Porte du Vésuve. Pompéi.*

part on voit naître avec Horace le personnage de l'amateur de bon vin, qui se plaît à savourer un grand cru avec un ami dans sa maison de campagne. De collective et cérémonielle qu'elle était dans la Grèce classique, la consommation du vin devient personnelle, privée, marquée par l'individualisme et l'esprit critique. Avec les *Odes* d'Horace l'esthétique du poivrot moderne fait son entrée dans l'histoire de la sensibilité occidentale.

Un serviteur puise du vin dans un cratère à volutes.
Détail d'une fresque de la tombe de la chasse et de la pêche. Tarquinia, v. 520/500 av. J.-C.

Si les mœurs bachiques sont assez faciles à reconstituer à travers les textes, il est moins aisé de deviner ce que pouvaient être les saveurs des vins anciens. Le grand problème est de savoir s'il existait dans l'Antiquité l'équivalent de ce que nous appelons aujourd'hui le vin sec, c'est-à-dire un vin dont toute dominante sucrée a disparu. Cela paraît probable, puisque les Anciens distinguent, aussi bien en grec qu'en latin, le sec, le doux et « l'intermédiaire ». Mais « sec » (auquel correspond le même adjectif dans les deux langues : *austêros* et *austerus*) signifie-t-il en l'occurrence « fort en alcool » ou le contraire de doux? Cela peut s'interpréter tantôt d'une manière, tantôt de l'autre. Par exemple « l'intermédiaire » (le *mésos*, dit Athénée) pouvait être soit du « demi-sec » soit du vin « de force moyenne », puisqu'on l'appelait aussi « autocratos », ou vin « mélangé avec lui-même », c'est-à-dire que l'on n'a pas besoin de couper ni pour l'étendre d'eau, ni pour le renforcer de vin plus fort. (En italien aussi, notons-le, *secco* veut dire fort en alcool; on dit *asciutto* pour « non doux »). Il n'est pas invraisemblable que les procédés de vinification encore imparfaits des Anciens les aient empêchés de fabriquer des vins totalement secs, dans le sens où nous l'entendons pour un pouilly-fuissé ou un muscadet. Parfois certains cépages dans certains terroirs et sous certains climats semblent avoir produit des raisins fournissant d'eux-mêmes des vins blancs secs et légers pareils aux nôtres ; c'est le cas, semble-t-il, du vin maréotique, vin égyptien de la région d'Alexandrie.

Autre problème : pourquoi le coupage? L'habitude de mêler de l'eau au vin avant de le servir peut s'expliquer par le souci de ne pas provoquer une ivresse trop rapide chez les convives d'un *symposion*, mais elle semble découler d'autres nécessités. Les vins anciens étaient sans doute assez épais et devaient titrer jusqu'à 16 ou 18°. N'oublions pas que la vigne était alors dans l'ensemble beaucoup plus méridionale qu'aujourd'hui. Aucun vignoble n'existait au nord des régions méditerranéennes. Le principal vignoble italien était situé dans la région de Naples. Le vin le plus anciennement célèbre est, au témoignage d'Homère, celui de Maronée, sur la côte de Thrace. Homère nous dit qu'on devait mêler au maronée, le vin avec lequel Ulysse enivre Polyphème, dans l'*Odyssée*, vingt fois sa quantité d'eau. Sans doute y a-t-il là quelque exagération épique, dont le sens est l'équivalent de « vin d'une force prodigieuse ». En effet, on admettait comme vin d'une force normale celui auquel on devait ajouter trois parties d'eau contre une de vin. Cratinos (auteur cité par Athénée) nous montre un amateur surveillant attentivement l'évolution d'un vin de Mendê (Mendaios, en Macédoine) : « Qu'il voie un petit vin de Mendê encore tout jeune, il le suit, il l'accompagne, et il dit : Ciel ! qu'il est joli et blanc. Tolérera-t-il trois quarts d'eau ? » Ce qui signifie : « Deviendra-t-il assez fort, prendra-t-il suffisamment de corps, pour permettre le mélange normal ? » Ce mélange devait donc titrer environ 5 à 6° — d'où l'endurance des buveurs, dans les *symposia*. Mais plus tard, en Italie, au fur et à mesure que certains grands crus se précisent et acquièrent leur personnalité, il est de moins en moins question de les allonger. Pour rien au monde Horace n'aurait admis de l'eau dans du falerne, et, à partir de l'époque impériale, les auteurs ne parlent pas seulement de vin, mais emploient expressément le mot *merum*, vin pur [1].

Pline par exemple, dans le livre XIV de son *Histoire naturelle*, consacré à la vigne et au vin, estime au nombre d'environ quatre-vingts les crus réputés de son temps et de cent quatre-vingt-cinq les variétés de vin. Parmi les vins grecs, les plus célèbres sont les vins des îles : le lesbos, le thasos, le chio. Le vin de Cos était coupé d'eau de mer, pratique fréquente dans les îles grecques et qui, paraît-il, permettait aux vins de voyager plus facilement. Les meilleurs vins grecs étaient en effet exportés en direction de la Méditerranée occidentale. Selon certains textes, le coupage à l'eau de mer est considéré comme bonifiant le vin, selon d'autres comme réservé aux vins inférieurs. En Italie, on ne commence à distinguer les crus qu'à partir de la fin du deuxième siècle avant J.-C. César fit sensation, en 45 avant J.-C., lorsque au banquet

1. Dissolve frigus ligna super foco large reponens, atque benignius deprome quadrimum Sabina, O Taliarche, merum diota. (*Horace*, Odes, *I*, *9*).

offert à l'occasion de son quatrième consulat il fit servir quatre crus différents. Auparavant, on se borne à désigner l'année d'après le nom du consul alors en fonction. L'une des années les plus louées est l'an 121 avant J.-C., sous le consul Lucius Opimius.

« Telle fut la température [on dit la cuisson] sous l'effet du soleil, nous dit Pline, [que] l'on conserve encore de ces vins, vieux de près de deux cents ans, réduits en une sorte de miel amer. »

L'expression « vin opimien » devient synonyme de « très grande année ».

Les crus italiens, encore inconnus de Plaute et de Caton, s'affirment au cours du Ier siècle avant J.-C. : d'abord le cécube, d'un vignoble planté au milieu des Marais pontins, puis les vins de Campanie : le falerne, mentionné pour la première fois par Catulle, clos strictement localisé, situé à proximité de Capoue, au lieu dit aujourd'hui San Giovanni à Ponte Campano. Autour du falerne proprement dit, un plus vaste vignoble recevait l'appellation falerne au sens large. On y distinguait le massique, loué par Horace, qui fait également l'éloge des vins d'Albe. La Sicile avait un cru apprécié, le mamertin. Il provenait de la région de Messine. La classification des crus, d'après Pline, était, en ordre décroissant de valeur : cécube, falerne, albe, mamertin. Il faudrait citer de nombreux autres crus : tarente, ancône, etc., si l'impossibilité de se faire une idée précise de leurs qualités ne devait pas rendre quelque peu vaine et fastidieuse cette énumération de noms.

Il est pourtant intéressant de mentionner le vignoble espagnol (Tarragone, Valence) déjà gros producteur et gros exportateur, et le vignoble gaulois, sur lequel nous reviendrons, puisque son évolution tout à la fin du monde antique et au début du Moyen Age est une étape capitale de la progression de la viticulture vers des latitudes plus froides.

A l'époque gallo-romaine, deux régions seulement ont,

sur notre territoire, quelque importance : le Viennois — c'est-à-dire ce que nous appelons aujourd'hui les côtes du Rhône — et la Narbonnaise, la région de Béziers, grosse productrice, dès ce temps-là. On regrette d'avoir à dire que la réputation des viticulteurs du midi de la France n'était pas supérieure au début de notre ère à ce qu'elle est maintenant. « La réputation des vins de Béziers, dit Pline, ne dépasse pas les Gaules. Des autres vins de la Narbonnaise, on ne peut rien affirmer, car il s'en est monté des fabriques où on les maquille à la fumée; plût au ciel que ce ne fût pas aussi avec des herbes et des ingrédients nocifs, puisque les négociants usent même d'aloès pour en altérer le goût et la couleur! » Il faut préciser, à la décharge des viticulteurs gaulois, que ces tristes pratiques n'étaient pas en usage seulement chez eux. Columelle signale en Italie et en Grèce des procédés tout aussi malhonnêtes pour frelater le vin. Hélas! les Gaulois étaient tenus à la fois pour des viticulteurs peu scrupuleux, pour d'effroyables ivrognes (« race goulue de vin », *vini avidum genus*, dit Ammien Marcellin) et aussi pour des commerçants insatiables, spécialisés déjà dans le « coup de fusil ». Parlant du prix des vins vieux, Pline déclare : « Rarement on a vu jusqu'ici, et seulement par prodigalité, la *testa* (amphore de 40 litres) se payer mille sesterces. Seuls les Viennois, semble-t-il, demandent un prix supérieur pour leurs vins poissés, mais sur le marché intérieur et par amour-propre national. »

Mais laissons les tricheries gauloises pour nous pencher, précisément, sur la question du vieillissement des vins. Étant donné la déficience des procédés de vinification dans l'Antiquité, l'ignorance de la fermentation en cuve, du moins assez poussée, on pourrait s'attendre à voir les Anciens boire leurs vins jeunes, puisque ces vins étaient nécessairement fragiles. Mais c'est tout le contraire qui se produit, au moins pour les crus célèbres. Les auteurs ne parlent que de vins à boire seulement au bout de cinq ans, sept ans, quinze

Poissage des jarres à vin. *Mosaïque gallo-romaine, 1re moitié du IIIe s. apr. J.-C. Détail d'un calendrier rustique. Musée des antiquités nationales, St-Germain-en-Laye.*

ans, vingt-cinq ans. Quinze ou vingt ans sont des chiffres courants; or on sait que seuls les crus actuels tout à fait exceptionnels gagnent à attendre cet âge. Selon R. Billiard, auteur de la plus sérieuse étude existant sur le sujet, *La Vigne dans l'Antiquité* [1], les vins des Anciens prenaient en vieillissant une consistance sirupeuse. « L'amertume des vins rances est la conséquence des casses diverses, du vieillissement et des maladies bactériennes, spécifiques des grands crus. » Pline,

1. Lyon, 1913. Citons également les remarquables commentaires de J. André, dans son édition de Pline l'Ancien, Les Belles Lettres, dont nous utilisons le texte et la traduction.

nous l'avons vu, parle de « miel amer » pour le vin opimien. La question se complique du fait que les auteurs anciens ne précisent jamais s'il s'agit d'un vin sec ou doux, d'un vin doux naturel ou artificiel, d'un vin de liqueur ou d'un vin cuit. Dans ce dernier cas, en effet, la longue conservation se comprenait plus aisément. Le vin blanc était plus prisé que le rouge, ce qui n'a pas grand sens si l'on n'ajoute aucune autre précision, et Apicius donne même une recette pour transformer « le vin noir en vin blanc ». Notons à ce propos que si les Anciens parlent de vin rouge et de vin noir, il ne faut pas s'imaginer, comme le font certains commentateurs modernes, qu'il existait alors un vin « noir » disparu depuis. Il suffit de penser à la langue italienne actuelle, qui dit indifféremment « vino rosso » ou « vino nero » pour vin rouge. Un serveur de trattoria italien vous demande : « Bianco o nero ? » pour savoir si vous prenez du blanc ou du rouge. Les vins vieux étaient souvent utilisés dans l'Antiquité pour couper les vins jeunes, ce qui est aussi incroyable que si l'on versait un demi-litre de pommard dans un rouge ordinaire 11° pour donner du goût à ce dernier !

Mais ce n'est incroyable que si nous raisonnons en termes de vins modernes. Les Anciens considéraient le vin moins comme un produit à différencier le plus possible dans l'originalité spécifique de chaque cru que comme le support, le point de départ de toutes sortes de breuvages où entraient l'eau — salée ou non — le miel, la poix, la résine, et toutes sortes de parfums. Parfumer les vins, notamment avec des fleurs, était un aspect capital de l'art des vins, au point qu'il existe en grec un terme spécial pour désigner le vin « à senteur de fleurs », *l'anthosmias*. Apicius parle de vin parfumé à la rose, à la violette. Pline parle de « vin aromatique préparé presque comme les parfums, d'abord de myrrhe, puis aussi de nard celtique, de roseau, de bitume, en boulettes jetées dans le moût ou le vin doux ». Parmi les autres parfums, il mentionne la cannelle, l'absinthe, le safran, la lavande, la gentiane. Le parfum choisi était introduit soit dans le moût même en cours de fermentation, soit au moment de la mise en jarre, soit au moment de servir. Certains vins aux herbes semblent avoir été l'équivalent de nos vermouths [1]. Lorsqu'on mêlait du miel au vin pendant la fermentation, il s'agissait moins de le parfumer que d'un équivalent moderne du « sucrage », destiné à monter sa force en

Transport du vin sur le Rhône. *Bas-relief gallo-romain. Musée Calvet, Avignon.*

1. A signaler également le vin de raisins secs, le passum, *très prisé dans le monde aussi bien hellénique que romain, vin doux, puisque Martial l'appelle « le vin miellé du pauvre ». Il était permis aux femmes d'en user. En principe, le vin était en effet interdit aux femmes, et les historiens rapportent des cas de maris, au IIe siècle avant J.-C., ayant tué leur femme parce que celle-ci était allée boire en cachette dans le cellier! La coutume paraît s'être rapidement adoucie, puisque Livia Augusta, femme d'Auguste, morte en 29 après J.-C., à l'âge de 86 ans, « disait devoir ses 86 ans au vin de Pucinum, le seul dont elle eût usé ». (Pline.) Il s'agissait d'un vignoble de l'Adriatique, à Procecco ou à Duino. Nous avons un équivalent du « passum » : c'est* le vin de paille *du Jura.*

alcool. Souvent les Anciens fumaient leurs vins en les faisant séjourner dans *l'apotheca*, pièce à l'étage où passait la fumée du foyer. Le vin résiné grec qui subsiste actuellement est cité par Pline comme un vin parfumé caractéristique, et bien que Pline écrive au Ier siècle de notre ère il en parle comme d'une production traditionnelle et il semble indiquer que la méthode consistant à mêler de la résine au moût en fermentation ait été connue des vignerons grecs très anciennement. Bref, le vin était presque toujours utilisé dans l'Antiquité comme une sorte de matière première, destinée à recevoir des adjuvants divers, allant de l'eau de mer à la fumée.

Cette habitude de parfumer les vins se conservera très longtemps, jusqu'à la fin du Moyen Age [1]. Mais déjà sous l'Empire, de nouveaux vignobles naissent, qui préfigurent les crus modernes, et produiront des vins à la fois moins alcoolisés et doués de qualités propres, rendant superflue l'addition d'ingrédients étrangers. Un nouveau plant, *l'allobrogique* — ainsi nommé parce qu'il passait pour une création de ces Viennois du Dauphiné, créateurs du vignoble des côtes du Rhône, ou côtes rôties dont Pline dit tant de mal — se fit remarquer par sa résistance au froid. Alors que jusque

1. On trouve de nos jours le vin blanc-cassis (le « Kir ») et moins souvent le rouge-cassis (dit « cardinal » ou « communard » ou « rouge-gorge ») qui, au fond, découlent de la vieille école des mixtures. Jusqu'à la guerre de 1914-1918, on servait le « vin blanc gommé ». La « gomme » était une sorte de sirop douceâtre qu'on utilisait pour masquer le goût des vins de qualité inférieure. La nécessité de « mettre toute la gomme » signifiait que l'on avait affaire à une vinasse particulièrement sinistre. Enfin, toujours issu de la tradition ancienne des associations de saveurs, qui s'oppose à l'œnologie moderne visant au contraire à affirmer la personnalité de chaque type de vin, signalons « l'argenteuil », mélange de vin rouge et de vin blanc, que nous avons encore vu servir en 1966 dans certains estaminets parisiens très populaires. Ajoutons-le, si le mélange de vin et d'eau fait aujourd'hui se récrier d'horreur, c'est à tort dans le cas de certains vins : les vins sans bouquet, type chianti ou beaujolais, ne perdent rien qu'un peu de concentration alcoolique à être coupés d'eau, ce qui est évidemment à proscrire pour les vins de grand bouquet.

vers le IIe siècle, aucune vigne ne poussait au nord des Cévennes, on vit se constituer à partir de cette date les vignobles de la Côte d'Or, le Pagus Arebrignus, nom que portait alors le pays de Nuits et de Beaune. Parallèlement, les Bicturiges de Bordeaux faisaient venir d'Espagne un plant qui résista si bien au climat atlantique océanien qu'au IVe siècle le vignoble bordelais acquit une réputation équivalente à celui de Bourgogne. Au même moment se créent, chez les Parisii, le vignoble de Lutèce qui restera important jusqu'au XVIIIe siècle, et le vignoble de la Moselle, que chante Ausone dans le poème qui porte le nom de cette rivière.

Mais déjà nous quittons alors l'Antiquité pour entrer dans le Moyen Age. Le tonneau gaulois succède à l'amphore grecque.

4.

Enfin Taillevent fut...

Nous avons insisté sur la cuisine de l'Antiquité pour plusieurs raisons : la première est que c'est la cuisine des temps les plus reculés que nous avons le plus de mal à nous représenter; la deuxième est que les textes qui en portent témoignage sont la plupart du temps difficiles à consulter, ce qui n'est pas le cas pour les époques plus récentes (or, rien ne vaut la lecture d'une recette précise et concrète pour évoquer approximativement un certain style gastronomique); enfin, la cuisine de l'Antiquité s'est en réalité prolongée bien au-delà de l'Antiquité elle-même.

Il existe en effet une thèse suivant laquelle, après la cuisine compliquée et savante d'Apicius, on serait revenu à une nourriture plus barbare et plus primitive pour s'élever ensuite par paliers insensibles à certains perfectionnements. Puis une révolution gastronomique se serait produite en Italie à l'époque de la Renaissance, aurait pénétré en France au milieu du XVIe siècle, au moment du mariage de Catherine de Médicis avec Henri II, et aurait donné lieu ainsi à une première forme de cuisine moderne.

Nous verrons dans le chapitre suivant, consacré à la Renaissance, ce qu'il convient de penser de ce deuxième point.

Tenture de la Reine Mathilde, vers 1080. Musée de l'Évêché, Bayeux.

RANDIVM: ET hIC·EPISCOPVS:CIBV:ET
POTV: BE NE DIC IT·

hIC·EPISCOPVS:CIBV:ET
TV: BE NE DIC IT·

En ce qui concerne le premier, nous allons voir que le différences entre la cuisine du Moyen Age et celle de l'Anti quité sont beaucoup moins substantielles que les ressem blances. Les différences tiennent tout d'abord à ce que l Moyen Age connaît, tout au moins au début, une moin grande variété de procédés de cuisson. Jusqu'au XIIIe siècl à peu près, les fourneaux étaient en pratique inconnus. L principal moyen de cuisson était constitué par d'immense cheminées devant lesquelles tournaient des broches pou la viande et à l'intérieur desquelles étaient suspendues à de crochets des marmites destinées à faire bouillir les légumes Cela excluait par conséquent la cuisine au four, dont nou avons vu toute l'importance dans l'Antiquité, et cela exclua également les ragoûts et viandes en sauce, puisque aucu foyer de chaleur modérée n'était prévu. Toutefois, nou voyons un point commun entre le mode de préparation de viandes, c'est que, au Moyen Age comme dans l'Antiquité on ébouillante généralement dans l'eau les volailles, gibie

Préparatifs culinaires. *Miniature du XIVe s. extraite du « Roman d'Alexandre ». Bibl. nat., Paris.*

→

Cuisson des mets : four ouvert et tourne-broche; en haut, le repas. *Miniature, école lombarde du XVe s., extraite du « De Sphaera ». Bibl. Estense, Modène.*

et rôtis de boucherie avant de les embrocher. Les chenêt (qu'on appelait des landiers) de ces immenses cheminée comportaient cependant, il faut le signaler, à leurs extrémité extérieures, outre des branchages complexes destinés à sup porter tout l'édifice des broches, également des réceptacle creux pouvant contenir de la braise, et sur lesquels on posai éventuellement des poêlons.

Ce n'est pourtant qu'à la fin du XIIIe siècle que la cuisin médiévale rejoint tout à fait le niveau de celle de l'Antiquit

en retrouvant l'art des ragoûts, des sauces, la cuisson au four, généralement le four de boulangerie. On constate chez elle, en outre, autre ressemblance, un abus persistant des épices, et le goût de déguiser les aliments en autre chose que ce qu'ils sont, par exemple l'habitude du « paon revêtu » ou du « cygne revêtu », c'est-à-dire d'oiseaux cuits et réornés de toutes leurs plumes; le goût aussi des amusettes, des farces et attrapes, que nous verrons du reste se perpétuer jusqu'à l'extrême fin du XVIe siècle. Le Moyen Age a, tout au plus, un sens légèrement inférieur à celui de l'Antiquité du mélange des ingrédients. Il se contente généralement de les juxtaposer. Il se délecte visuellement des grandes accumulations de viandes. Son idée de la fête est que, sur d'énormes plats d'argent, on apporte des rôtis gigantesques, veaux, chevreuils, cerfs, sangliers, servis entiers, entourés d'oies, de perdrix, de coqs de bruyère. Très fréquemment, on brûle aussi des parfums dans la salle du festin. Cette habitude également se conservera jusqu'au début du XVIIIe siècle.

L'alimentation de la classe riche, on s'en rend compte, était donc extraordinairement carnée. Le mélange du poisson et de la viande était normal : ainsi on nous parle sous Dagobert II d'un ânon rôti, farci de petits oiseaux, d'anguilles et d'herbes aromatiques. Dans les repas plus simples, on posait sur la table deux vastes vaisseaux, l'un contenant toute sorte de produits carnés, viandes et poissons ensemble, l'autre les « herbes », c'est-à-dire les légumes verts bouillis. Le mélange du sucré et du salé, l'utilisation, à partir du XIVe siècle, du sucre dans les sauces, remplaçant le miel antique, l'intervention de fruits frais associés aux viandes dans les ragoûts, constituent de même des pratiques générales et qui le resteront, là encore, jusqu'au milieu du XVIe et même du XVIIe siècle, voire au-delà. On note également l'habitude de consommer des fruits frais au début des repas, habitude que les historiens croient en général caractéristique de la seule Renaissance. Ce qui est inexact, puisque nous trouvons par exemple, dès le VIIe siècle, un texte où Venance Fortunat, l'auteur de l'*Ave Maris Stella*, écrit à l'abbesse de Poitiers : « J'ai mangé tant de bonnes choses que j'ai le ventre gonflé comme un ballon. Les plats remplis jusqu'au bord de mets exquis s'élevaient sur la table comme des collines; on me présenta d'abord les doux fruits que le vulgaire appelle des pêches, » etc. On notera, avec l'image des collines, la hantise tenace de l'accumulation, qui continuera à se manifester jusqu'au cœur de la cuisine moderne, mais chez celle-ci avec seulement les « montagnes de fruits » et les pièces montées de la pâtisserie d'apparat. On retrouve les fruits au début de repas sous Saint Louis. Voici le menu

L'abattage du cochon. *Miniature extraite d'un Codex provençal du XIIIe s. : « Le Bréviaire d'Amour » d'Ermengol de Béziers, Bibl. royale de l'Escurial.*

d'un dîner maigre offert par le roi dans le réfectoire d'un couvent de Sens, dîner raconté par un religieux italien : « Nous eûmes d'abord des cerises, puis du pain très blanc, on nous servit quand et quand [1] d'excellent vin et en grande abondance, comme il convenait à la magnificence royale, et, selon la coutume des Français [2], plusieurs s'empressaient d'inviter et de pousser à boire ceux qui ne le voulaient pas. Ensuite on nous donna des fèves nouvelles cuites dans du lait, des poissons et des écrevisses, des pâtés d'anguilles, du riz au lait d'amandes, saupoudré de cannelle, des anguilles rôties, accompagnées d'une fort bonne sauce, des tourtes et de la caillebotte, enfin une quantité de fruits [3].» La caillebotte est du lait caillé et égoutté. Quant aux vins, ce peuvent être soit des vins de la région parisienne, alors entièrement plantée de vignes, soit des vins de Grèce, de Palestine, du malvoisie de Chypre, fort prisé comme vin de luxe, soit des vins aromatisés dont le Moyen Age faisait grande consommation : vins parfumés à l'absinthe, à l'aloès, à l'hysope, à la myrrhe, à l'anis, au romarin, girofle, muscade, gingembre, cannelle, sauge, etc. Les vins considérés comme les meilleurs étaient néanmoins les vins de Bourgogne, et en 1395 une ordonnance de Philippe le Hardi s'efforce d'en prévenir la falsification.

On notera la fréquence de l'anguille dans l'alimentation médiévale (dans le *Roman de Renart*, Renart est toujours en train d'essayer de pêcher quelque anguille dans la rivière) et l'importance du hareng. Le poisson de rivière et les écrevisses, en général, étaient abondants et faciles à attraper, étant donné qu'ils étaient peu chassés et que la population était extrêmement clairsemée. A cet égard du reste, on est frappé par le fait qu'il n'y a pas autant de différence entre

⟶ Banquet royal. *Miniature française du XIV*e *s. extraite de « Histoire romaine » de Tite-Live. Bibl. publique et universitaire, Genève.*

1. *A foison.*
2. *C'est-à-dire habitants de l'actuelle « Ile-de-France ».*
3. *L'intervention d'entremets sucrés entre deux plats de viande ou de poisson était de règle.*

l'alimentation du peuple et celle des classes dirigeantes au Moyen Age qu'il en existera plus tard, à la fin du XVIIe et au XVIIIe siècle. Précisons d'ailleurs que lorsqu'on dit des paysans du XVIIe siècle qu'ils vivaient de racines, il s'agit là d'un terme désignant les carottes, navets, céleris-raves, etc. Encore au début du XIXe siècle, le mot racine est employé

dans les livres de cuisine pour désigner tout ce qui pousse sous la terre. Le plat de fête du peuple au Moyen Age était la galimafrée, sorte de soupe, moitié soupe moitié ragoût, dans laquelle entraient de la viande hachée, du poulet, du lard, du vin, des épices, du verjus et de la cameline.

Ces deux derniers termes méritent qu'on s'y arrête car le *verjus* tenait alors une grande place en cuisine. On en met et on en trouve partout. L'Hôtel-Dieu, à Paris, en consommait encore quarante muids par an en 1660, ce qui prouve que, tout comme la philosophie scolastique, la cuisine médiévale a persévéré jusqu'au cœur de l'âge classique. (Un muid égale 268 litres.) Le verjus est un fond acide que l'on préparait à l'avance de diverses manières, soit avec une herbe acide comme l'oseille, soit avec du citron, soit, lorsque le citron était trop cher, avec du jus de raisin vert. Quant à la *cameline*, c'est une sauce à base de cannelle, gingembre, girofle, poivre et vin aigre ou encore verjus.

←
Le Banquet du tournoi de Sandricourt. *Ce banquet dura dix jours... en septembre 1493. Dessin.*

Pour la plus grande partie du Moyen Age, nous ne disposons malheureusement d'aucune source écrite, d'aucun traité de gastronomie proprement dit, et nous en sommes réduits aux récits des repas de fête, ce qui n'est pas une source d'information suffisante. A partir du XIVe siècle, les choses changent, car nous voyons apparaître les premiers livres de cuisine rédigés depuis Apicius. En 1306 paraît un *Traité où l'on enseigne à faire et à appareiller et assaisonner toutes viandes selon divers usages de divers pays*. Nous y lisons par exemple une recette d'anguille bien caractéristique de l'époque, la sarraginée, où l'on trouve mélangés outre l'anguille, préalablement frite, du pain, du sucre, du vin, du verjus, le tout bouilli ensemble et additionné de force épices, cannelle, lavande, girofle, etc. Notez que le sucre était précisément considéré comme une épice. Découverts sur le territoire de Tripoli par les croisés, « les roseaux miellés » ou cannes à sucre du Moyen-Orient fournissaient alors le seul sucre accessible à l'Europe occidentale. Le sucre remplace à partir du

←
Marchand de poisson. *Miniature v. 1407 extraite des « Comédies de Térence ». Bibl. nat., Paris.*

Mel.

G[...]amur. c. 7. s. i. 2°. meli[us] ex eo q[uod] est i[n] fauo. [I]uuamentu[m]. mondificat lavat et prohibet corruptione[m] carnium. et aliorum humectat. n[ocu]mentu[m]. sitim efficit et [com]mouet. remotio [noc]u[menti] cu[m] pomis mur[i]is.

XIIIe siècle, nous l'avons dit, le miel comme édulcorant. La Crète, la Sicile, Madère, l'Andalousie tenteront avec succès par la suite d'acclimater la canne à sucre.

Vers 1350 paraît un autre livre, le *Grand Cuisinier de toute cuisine*, ouvrage anonyme dont des manuscrits tout d'abord circulèrent et qui fut imprimé pour la première fois au milieu du XVIe siècle par un cuisinier d'alors, Pierre Pidoulx. Mais tout comme le *Traité* de 1306, le *Grand Cuisinier* de 1350 était familier au XIVe et au XVe siècle aux chefs de cuisine, puisqu'on retrouve des recettes tirées textuellement de ces deux ouvrages dans les manuels ultérieurs. Deux autres ouvrages capitaux paraîtront encore au cours de la seconde moitié du XIVe siècle : tout à fait à la fin, le *Ménagier de Paris*, composé au cours de la dernière décennie du siècle par un bourgeois parisien et qui est surtout un traité d'économie domestique. Mais, se détachant de tous ces livres, le grand document synthétisant la cuisine médiévale est le *Viandier* de Taillevent, paru en 1490.

Guillaume Tirel, dit Taillevent, né vers 1310, est la première vedette chrétienne de la gastronomie. Il préfigure la longue série des chefs qui jusqu'à Carême et à Guérard sauront associer la théorie à la pratique, imprimer leur marque sur la cuisine de leur temps et se transformer en personnages semi-légendaires et en maîtres à penser. François Villon, dans le *Grand Testament*, cherchant comment faire une fricassée, se reporte à son Taillevent :

Si allé veoir en Taillevent
ou chappitre de fricassure.

Le titre complet du recueil de recettes, au reste relativement bref, de Taillevent est « *Ci apres sensuyt le viandier pour appareiller toutes manieres de viandes que Taillevent queulx du roi nostre sire fist tant pour abiller et appareiller boully, rosty, poissons de mer et d'eaue doulce, saulces, espices et aultres choses à ce convenables et necessaires comme cy après sera dit...* » Le roi dont il s'agit est Charles VI; rappelons d'autre part que « vian-

← Le miel. *Miniature italienne fin XIVe s., extraite du Tacuinum Sanitati, in Medicina. Bibl. nat., Paris.*

dier » concerne tous les aliments car « viande » ne désigne alors pas seulement la nourriture carnée mais en général les subsistances; habiller signifie préparer une volaille ou un gibier, ou une pièce entière quelconque (poisson ou viande); appareiller désigne l'art de mélanger plusieurs produits.

En quoi consistent l'apport, la nouveauté de Taillevent? Selon la tradition, ils consistent essentiellement dans l'importance accordée aux sauces. Outre la cameline, déjà mentionnée mais dont il perfectionne la consistance onctueuse en en passant les ingrédients par l'étamine (ce qui semble préfigurer le grand Antonin Carême), il est l'inventeur des trois « dodines » : la dodine blanche, la dodine de verjus, et la dodine rouge [1]. La première est une sauce à base de lait, jaunes d'œufs (« moyeux » d'œufs, selon le vocabulaire de l'époque), sucre, sel, persil. La deuxième est à base de verjus, de moyeux d'œufs durs, foies de volailles, bouillon, herbes, un peu de sucre. La dodine rouge est à base de pain grillé (dit pain « hâlé ») trempé dans du vin rouge, avec des oignons frits dans du lard, cannelle, muscade, clous de girofle, sucre et sel, graisse de canard. Ces trois sauces sont préparées *sous* le rôt en train de tourner, ce qui signifie que des gouttes de jus de viande y tombent. A cette époque, les roux, à base de farine et de beurre, n'ont pas encore été inventés, et c'est le pain « hâlé » qui servait à donner du corps à ces diverses sauces d'accompagnement.

Les inventions de Taillevent ne se bornent pas à l'introduction de nouvelles recettes, elles comportent l'amélioration, l'affinement des anciennes : les populaires garbures, sorte de soupes épaisses avec des légumes et du pain, nom que porte encore aujourd'hui un admirable potage béarnais, le chaudumer, ancêtre de notre matelote d'anguilles, les

1. *Ce mot ne désigne nullement, on le voit, une variante de la terrine. La dodine de canard est un canard* en sauce dodine.

LE liure de tail=
leuent grant cuy=
sinier du Roy de
France

Guillaume Tirel, dit Taillevent.
Page de titre de « Le Livre de Taillevent, grand cuisinier du Roi de France, Paris, v. 1520. Bibl. nat., Paris.

ragoûts, dont nous voyons alors l'apparition ou la réapparition. On trouve en outre, dans le *Viandier*, plusieurs recettes de soupes claires très simples, par exemple au gingembre, à l'ail et au verjus qui font penser à la soupe à l'ail provençale d'aujourd'hui ou au tourin du Périgord. Une des habitudes praticiennes de Taillevent consiste également à « verdir », c'est-à-dire à mêler à la dernière minute un jus de légumes verts au plat qui vient d'être préparé.

Un gâte-sauce. *Détail d'une miniature d'Évrard d'Espingues, XVe s., extraite du « Livre de la Propriété des choses », de Barthélemy l'Anglais.*

Il est difficile d'apprécier pleinement l'originalité du *Viandier* par rapport au *Grand Cuisinier de toute cuisine* antérieur. Ces deux ouvrages représentent un même moment de la gastronomie et on doit les étudier ensemble car ils forment un tout. Mais ce qui frappe dans ces deux livres, c'est à quel point ils sont l'un et l'autre, à bien des égards, proches de l'Antiquité. La liste des épices en usage au XIVe et au XVe siècle reproduit à peu près textuellement celle que l'on trouvait placée dix ou douze siècles auparavant en tête des extraits d'Apicius. Lorsque nous jetons un coup d'œil d'autre part sur les cuisines européennes du même moment, nous constatons que la cuisine était alors très internationale. Certes, des particularités locales apparaissent et l'on voit

L'absinthe.
Miniature italienne fin XIVe s., extraite du Tacuinum Sanitatis in Medicina. Bibl. nat., Paris.

naître en Italie, timidement, le macaroni et le vermicelle, toutefois servis uniquement comme accompagnement dans des ragoûts. Mais on pourrait trouver chez Taillevent telle recette de thon aux poires, assaisonné à l'origan et au citron, qui fait partie de la cuisine toscane du *Quattrocento*, ou encore telle recette anglaise d'œufs aux tripes et au safran (le safran avait été introduit en Espagne par les Maures et fut très apprécié pendant tout le Moyen Age), recette qui fut inventée en 1390 par l'un des cuisiniers de Richard II.

Taillevent lui-même donne du reste la recette d'un brouet d'Allemagne avec bouillon, vin, lard, oignons, amandes, cannelle, gingembre, girofle, graine de paradis (la cardamome ?), safran, verjus. Toutes ces épices définissent un certain style de cuisine qui se situe exactement dans le prolongement de l'Antiquité. On en trouve les jalons au VIIIe siècle avec une recette, par exemple, dite « cerf à la Charlemagne », consistant en une marinade de cerf ou de chevreuil dans laquelle entraient notamment des framboises, du citron, du miel, outre ce qui figure encore dans toute marinade moderne, l'oignon, la carotte, le céleri et le persil. Mais, bien entendu, il ne faut pas négliger, pour expliquer cette cuisine à base d'épices, de tenir compte de l'influence orientale et notamment arabe, celle de l'Espagne musulmane, et aussi celle de la Sicile : nous avons une recette de gratin de poulet, aux pistaches et aux amandes, due à Ibnath-Thumma, émir de Catane, et une autre de croquettes de viande au cumin, due au calife de Palerme, auxquelles on ne rend plus assez hommage, mais qui circulèrent dans tout l'Occident, notamment au niveau des cuisines de cour, ce qui est compréhensible.

Par la suite, à partir du XVIIe et surtout du XVIIIe siècle, l'utilisation des épices se réduisit considérablement. Alexandre Dumas, dans son *Dictionnaire de cuisine*, parle du safran avec le plus grand mépris. C'est que là nous avons bien affaire à deux prototypes de cuisine : celui où les épices sont entassées, d'abord chacune individuellement en grande quantité, ensuite toutes mélangées sans souci de leur compatibilité, et un autre qui consiste à réduire au minimum l'usage des parfums violents, ou plutôt à ne les utiliser que pour renforcer, fouetter la saveur naturelle de l'aliment. Dans cette dernière perspective, on utilise donc les épices à doses presque homéopathiques et on se garde de mariages barbares où toutes les senteurs risquent de se neutraliser et de détruire la saveur essentielle de l'aliment de base. Les adeptes de cette seconde école sont parfaitement défendus par Curnonsky lorsque celui-ci écrit par exemple : « La cuisine, c'est quand les choses ont le goût de ce qu'elles sont. »

Selon la conception moderne, ce ne seront pas seulement les épices qui serviront à parfumer d'autres aliments, mais les produits naturels eux-mêmes. L'idée d'utiliser une décoction d'écrevisses pour parfumer un filet de sole, ou une purée de morilles pour imprégner une aile de poulet, élimine naturellement le besoin de recourir à l'excès de noix muscade ou de clous de girofle afin de relever la fadeur des mets. Nos contemporains reviennent actuellement aux épices. On en retrouve en quantité, fraîches ou séchées en poudre, dans les libres-services comme dans les épiceries de luxe; de nouveau le piment, le safran, le thym en abondance, l'aneth, le paprika, le romarin, la sarriette, la sauge (dont l'usage n'a jamais disparu en Italie) sont employés surabondamment aussi bien par les cuisiniers amateurs qu'en cuisine commerciale. Il faut s'en réjouir dans un sens, car c'est une preuve d'imagination, mais point lorsque l'abus qui en est fait masque la faiblesse et le caractère primitif de la préparation de base que ces épices recouvrent. Les herbes et tous les parfums extérieurs sont souvent une solution de facilité et leur abus pourrait bien marquer, à notre époque, une certaine régression de l'art culinaire. La « nouvelle cuisine française » née depuis 1970 environ l'a bien compris et a réagi dans le sens des nuances.

A cet égard, touchant l'art de combiner les arômes tout en ne les utilisant que dans la proportion idéale et sans excès, on ne peut s'empêcher de comparer la cuisine occidentale à une autre cuisine, que l'Occident découvrira beaucoup plus tard : la cuisine chinoise.

Notons d'abord que la cuisine, qui avait en Chine déjà quelque 3 500 ans derrière elle à la fin de notre Moyen Age, a toujours été considérée par les Chinois comme un art. Mille ans avant notre ère ils expérimentaient, inventant des plats nouveaux, essayant des aliments jusqu'alors non consommés, écrivant leurs recettes sur la soie et le bambou.

Scène de banquet.
Détail d'un coffre peint, œuvre toscane du XVe s., anonyme. Musée Correr, Venise.

En 1115 avant J.-C., la cour impériale engagea un diététicien qui était en même temps un chef de cuisine. Il existe en Chine une vaste littérature gastronomique. Pendant 4 000 ans les écrivains et les poètes furent dans cette civilisation des gourmets. Bien qu'en Occident et particulièrement en France, il ne soit pas mal vu pour un auteur littéraire de montrer qu'il s'intéresse à la gastronomie, il ne serait pourtant pas considéré comme sérieux de sa part d'écrire des traités de cuisine proprement dits. Le *Grand Dictionnaire de cuisine* d'Alexandre Dumas fait exception, mais Alexandre Dumas n'est précisément pas considéré comme appartenant à la littérature dans ce qu'elle a de plus pur. Au contraire, la Chine est peut-être le seul pays au monde où des savants, des philosophes, des moralistes, des penseurs politiques et des poètes ont écrit personnellement des traités sur la nourriture et composé des recueils de recettes de cuisine.

Cela explique peut-être que la cuisine chinoise se soit réclamée de l'expérience esthétique aussi bien par la combinaison des arômes et des saveurs que par celle des couleurs. En outre, les Chinois ajoutent un élément supplémentaire à ces harmonies, celui qui tient au contraste des consistances : bien des plats, en effet, juxtaposent et opposent des légumes craquants et des légumes fondants, des sauces âpres et des condiments onctueux. Mais le souci de ne jamais dépasser une sorte de musique de chambre de la cuisine aboutit parfois à des plats qui peuvent apparaître à des palais peu exercés comme dépourvus d'odeur et de saveur. C'est qu'en réalité chaque plat a ses propres proportions, son propre élément dominant et que, les Chinois l'ont montré les premiers avec leurs huit mille recettes codifiées, la cuisine dépend autant et presque plus de l'éducation du goût des *consommateurs* que du talent des maîtres queux.

Les Chinois ne manquaient certes pas d'imagination gastronomique, puisque bien avant l'Occident, et souvent au-delà de ce qu'il a connu, ils ont exploré toutes les ressources de la terre et de la mer, allant jusqu'à inclure dans leur cuisine les pétales des fleurs. Néanmoins, l'évolution de leur art gastronomique se fait en direction d'une *complexité croissante dans la conception et d'une simplicité croissante dans le résultat.* L'intérêt de la cuisine offrant autant de possibilité de raffinement aux pauvres qu'aux riches, à la cuisinière domestique qu'aux cuisiniers impériaux. Ce n'est certes pas exact pour toutes les recettes, mais c'est vrai pour une grande partie d'entre elles. Or, la marque du grand art, en cuisine, est précisément de mettre en œuvre un certain nombre de *principes* applicables à des plats simples et bon marché comme à des plats coûteux, utilisables en temps de disette comme aux époques de prospérité. (L'ouvrage du docteur Edouard de Pomiane, *Bien manger quand même*, publié pendant la guerre de 1939-1945, est un bon exemple d'application de principes gastronomiques élaborés à une matière première monotone et raréfiée par les difficultés de ravitaillement.) N'oublions pas non plus que la cuisine chinoise est essentiellement conditionnée dans ses méthodes de cuisson par une pauvreté précise : la pauvreté en combustible. Celle-ci a conduit les cuisiniers chinois à élaborer des procédés permettant de cuire un plat en dix ou quinze minutes sur la braise ou le feu. Ils passaient donc plus de temps à penser au mélange préalable des ingrédients qu'à la cuisson proprement dite. On ne pouvait jamais corriger. Capital était donc l'art des proportions.

Or, ce qui frappe dans la cuisine médiévale, par contraste avec la cuisine chinoise que nous venons d'évoquer brièvement, et par contraste avec la cuisine occidentale plus tardive, c'est que les proportions n'y sont que sommairement indiquées ou même ne le sont pas du tout. Quand on songe au « dosisme » parfois délirant d'un Carême ou d'un Ali Bab au XIXe ou au XXe siècle — 12 grammes de sel, 8 grammes et demi de poivre de Hongrie, etc. — qui confine souvent à de simples vues de l'esprit, on est surpris du peu d'importance que Taillevent ou Pidoulx semblent attacher à ce genre d'indications.

Faut-il conclure que la cuisine médiévale n'était pas un art? Les commentateurs gastronomiques ultérieurs, à partir du XVIIIe siècle, lui ont toujours dénié cette dignité. Il n'est pas de discipline comme la cuisine où l'on croit davantage et aussi naïvement au progrès, autant d'ailleurs qu'à la décadence. Carême professe un souverain mépris pour la quasi-totalité de ceux qui l'ont précédé. Mais par contre, on trouve dès le XVIIIe siècle, précisément, des récriminations contre la « nouvelle cuisine », d'où est sortie ensuite la grande cuisine moderne. Le maréchal de Richelieu déclarait : « C'est principalement à dater de la mort de Louis XV que le véritable savoir gastronomique et par conséquent la science du cuisinier s'en sont allés en dégringolant. » Or, pour nous, c'est au contraire officiellement à partir de ce moment-là que la cuisine moderne a pris naissance. Comme on proposait au maréchal de Richelieu d'épouser la veuve de Monsieur de Brunoy, il répondit : « Nous nous disputerions continuellement sur les salades à la crème et les sultanes au sucre filé qui s'attache aux dents; elle est entichée de cette nouvelle cuisine qui est d'une bêtise amère et toute chose à manger est historiée chez elle au point qu'on n'y saurait démêler ce qu'on mange. C'est la femme aux macédoines, et que le diable l'emporte! »

Il y a deux raisons en réalité pour lesquelles parler de décadence ou de progrès en cuisine est difficile. La première est que toute qualité apportée par un style neuf risque de faire disparaître certaines qualités anciennes très positives qui étaient possibles à l'intérieur d'un autre style. Il est vraisemblable que la cuisine médiévale qui rend le dernier soupir à l'époque de la Régence mettait en valeur certaines saveurs naturelles, dans la verdure notamment, qui furent sacrifiées dans la cuisine plus savante, dite cuisine des Financiers. Quant aux saveurs artificielles, certains ragoûts, dont la recette nous paraît brutale, possédaient peut-être un charme, une personnalité originale, que certains amateurs se désolaient de voir disparaître. En outre, les novateurs sont toujours portés à passer sous silence les aspects les plus raffinés de leurs prédécesseurs. C'est aussi vrai en cuisine qu'en philosophie. C'est ainsi qu'on est généralement persuadé que tous les ragoûts fins sont d'invention moderne. Or, rien n'est moins vrai. On voit dans les dispensaires* du XVIe siècle qu'on servait à la table de François Ier des langues de carpes et des foies de lotte étuvés au vin d'Espagne. Notre potage à la Reine, fait de purée de blanc de poularde et d'avelines, variété de noisettes, était servi tous les jeudis à la cour des Valois et plaisait particulièrement à la reine Marguerite, d'où son nom. On voit que la subtilité n'était pas non plus totalement absente de la cuisine ancienne.

** Nom ancien des recueils de recettes.*

La deuxième raison pour laquelle il est difficile d'en juger, c'est qu'il y a fort loin de la recette écrite à son exécution. Entre les deux, il y a le domaine indéfinissable et toujours sous-entendu des tours de main et des goûts communs qui ne sont jamais expliqués parce que les livres s'adressent à des gens qui parlent le même langage. N'importe quelle recette de cuisine lue dans un manuel ménager en vente actuellement dans les librairies évoque pour son lecteur un registre de goûts bien précis. Lorsqu'on nous parle d'ajouter tel ou tel condiment rare aux moules marinières, nous voyons tout de suite ce que cela peut donner parce que l'expression « moules marinières » évoque immédiatement pour nous une saveur bien précise. Lorsque au contraire on nous parle de langues de carpes et de foies de lotte étuvés au vin d'Espagne, nous ne pouvons être sûrs de la réalité gastronomique impliquée par cette expression, puisque d'abord nous ne savons pas si le vin était doux ou sec et combien de temps avait duré la cuisson.

En effet, ce qui distingue également les anciens livres de cuisine des nouveaux est que dans les premiers les temps de cuisson ne sont pas plus précisés que les proportions; mais cela tenait peut-être à ce qu'ils étaient supposés connus.

On a essayé à l'époque moderne d'offrir des repas cuisinés selon les recettes anciennes. En 1888, Pierre Loti tenta l'expérience en son hôtel de Rochefort en Aunis et en 1926, ce fut le cas de Prosper Montagné. Mais on ne nous dit pas si cet illustre chef satisfit son monde et on ne nous le dit pas non plus à propos du romancier. Il est à craindre que ce « gothic revival » culinaire fut loin des originaux, malgré une fidélité littérale.

Ces banquets archéologiques nous conduisent à examiner la question de la composition des repas et des menus, examen que nous ferons, groupé avec celui des menus et des banquets de la Renaissance.

5.

Le fantôme des Médicis

On peut dire sans flatterie posthume qu'aux yeux de l'Histoire officielle le XVIe siècle culinaire est presque entièrement dominé par la famille des Médicis. Depuis le pontificat de Jean de Médicis, devenu pape sous le nom de Léon X, et qui marqua au début du siècle la civilisation des bords du Tibre d'un épicurisme ostentatoire et spirituel, jusqu'au mariage de Marie de Médicis avec Henri IV en 1600, en passant par celui de Catherine de Médicis avec le futur Henri II en 1533, la famille des Médicis influence fortement une grande partie de la vie de cour en Europe et, par conséquent, une grande partie de l'art de la table en Occident. Ces faits ont conduit les historiens de la gastronomie et plus particulièrement ceux de la gastronomie française à supposer, au XVIe siècle, une révolution gastronomique due à l'irruption de la cuisine italienne dans le reste de l'Europe. Les Français d'ordinaire xénophobes font dater — une fois n'est pas coutume — de l'arrivée de Catherine de Médicis en France avec ses cuisiniers florentins les débuts de l'art culinaire moderne et les origines de la « grande cuisine ». J'ai entendu Raymond Oliver lui-même m'exposer ce dogme. Que faut-il en penser ?

Si l'on se reporte aux ouvrages de l'époque consacrés à l'art de la table, on constate effectivement que l'ouvrage qui eut le plus d'influence au XVIe siècle, tant en Italie qu'en France, est un livre dû à Platine de Crémone, pseudonyme de Bartolommeo Sacchi, membre d'une illustre famille italienne, et qui occupa d'importantes fonctions à la cour de Rome. Cet ouvrage, paru à la fin du XVe siècle, en 1474 exactement, fut originellement écrit en latin. Son titre dans cette langue est : *De honesta voluptate et valetudine.* La première traduction française parut en 1505 à Lyon sous le titre : *Le Livre de l'honneste volupté.* De nombreuses rééditions se succédèrent tout au long du siècle et l'on peut dire que « le Platine » servit, aux côtés du fameux *Courtisan* dû à Castiglione, de manuel de savoir-vivre et d'art de vivre à l'Europe humaniste.

C'est en effet au livre d'un humaniste que nous avons affaire, d'un homme qui se réclame d'Épicure, qui a étudié les auteurs anciens, Varron, Columelle, Pline l'Ancien, Apicius et les médecins grecs. Son but, et le titre du livre l'indique, est à la fois de permettre de jouir des plaisirs de la table sans violer certaines règles morales et esthétiques (double signification de « honestas ») et de donner des conseils de bonne santé. Ce dernier aspect du reste n'est jamais absent des manuels de gastronomie amateurs presque jusqu'au XIXe siècle. La médecine ancienne consistant pour une grande part dans une diététique fortement imprégnée de magie, tout traité de cuisine se devait d'indiquer les propriétés réelles ou supposées des divers aliments et des divers modes de préparation, tant au point de vue physiologique qu'au point de vue psychique. Tous les livres de cuisine grecs prétendent être en même temps des livres de médecine. Au Moyen Age l'école médicale dite école de Salerne se prolonge en école alimentaire: au XIIe siècle Jean de Milan, médecin fameux, composa en vers latins, sous ce nom même d'école de Salerne, des aphorismes qu'il adressait au roi

Ustensiles de cuisine italiens en cuivre.
Musée des Arts et Traditions populaires, Rome.

d'Angleterre. Ce sont des préceptes médico-gastronomiques, reprenant de nombreux préjugés antiques sur les propriétés des diverses viandes, des divers vins, des divers farineux. Il est notable qu'encore au début du XIXe siècle, Brillat-Savarin dans la *Physiologie du goût*, dominé qu'il est par une longue tradition, n'arrive pas à séparer entièrement l'aspect médical (bien que n'étant nullement médecin lui-même) de l'aspect purement hédoniste de l'art culinaire. Il donne des recettes de divers « magistères restaurants », c'est-à-dire de breuvages supposés reconstituants, il prête des propriétés aphrodisiaques à la truffe [1]. Certes, avant l'ère pasteurienne, les affections dues à l'absence d'hygiène provoquaient tant de maladies soudaines et apparemment inexplicables qu'il est compréhensible que l'on ait sans relâche

1. Si la théorie de Brillat-Savarin est exacte, on frémit à l'idée des débordements auxquels on risque d'assister si le tubercule pouvait être réellement un jour cultivé et produit en quantités industrielles.

IL TRINCIANTE DI M. VINCENZO CERVIO,

Ampliato, e ridotto à perfettione dal Caualier Reale Fuſorito da Narni,

TRINCIANTE DELL'ILLVSTRISS. & Reuerendiſs. Sig. Cardinal Farneſe.

CON PRIVILEGIO.

IN VENETIA, M. DC. X.

Appreſſo Aleſſandro de' Vecchi.

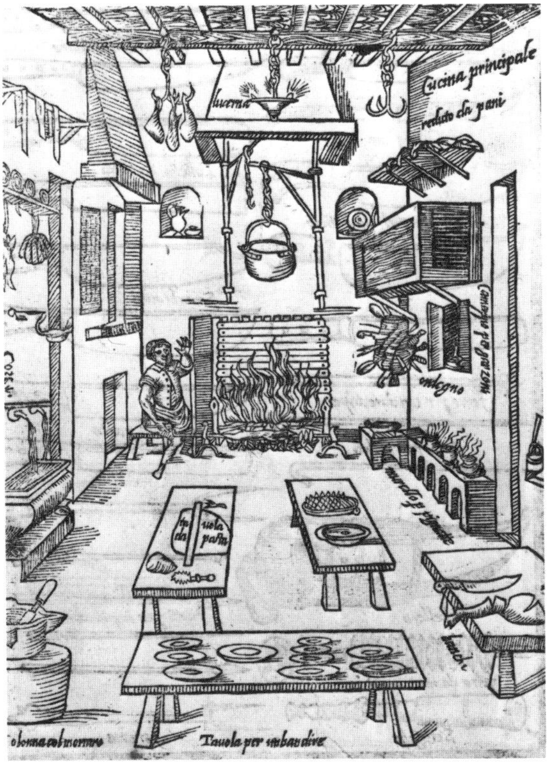

L'installation culinaire idéale. *Planche extraite des « Œuvres » de Bartolomeo Scappi, cuisinier secret du Pape Pie V, Venise 1570. Bibl. nat., Paris.*

fait travailler son imagination pour découvrir aux aliments des propriétés intrinsèques relatives à la santé.

L'autre aspect du livre de Platine de Crémone relève de la bonne éducation, de l'art de vivre, de l'art de mettre la table et de se tenir à table. C'est dans ces questions d'étiquette et d'ornement, de bon ton et de raffinement, que son influence s'exerça souverainement et c'est à elles que son traité est principalement consacré. *Le Livre de l'honneste volupté* n'est que dans une très faible mesure un livre de cuisine. Exactement comme, plus tard, la *Physiologie du goût*, à laquelle nous venons de faire allusion, c'est par erreur que l'on y a vu un ouvrage gastronomique. Dans les deux cas, il s'agit de livres dus à des hommes cultivés et qui sont

←

Frontispice de : « *Il Trinciante* », de Vincenzo Cervio, écuyer-tranchant du Cardinal Farnèse. *Venise, 1610. Bibl. nat., Paris.*

Cuisine en forme de cloche.
Planche extraite des « Œuvres » de Bartolomeo Scappi, Venise 1570. Bibl. nat., Paris.

plutôt des peintres ou des précepteurs des mœurs de la classe mondaine de leur temps qu'ils ne sont des techniciens allant chercher au fond des casseroles une nouvelle ou ancienne vérité. Les recettes proprement dites que l'on trouve chez Platine sont en très petit nombre et parfaitement médiévales. Parfois ce sont de simples divertissements littéraires empruntés à l'Antiquité. Ce n'est donc pas dans le *Livre de l'honneste volupté* qu'il faut chercher les principes de la « révolution gastronomique » qui se serait produite au XVIe siècle.

Mais peut-être faut-il chercher la source de cette révolution non point dans un livre mais bien dans les faits? Ce seraient, dit-on, les cuisiniers et les pâtissiers emmenés par Catherine de Médicis en France qui auraient complètement révolutionné l'art de la gastronomie, auraient eu pour élèves plusieurs générations de cuisiniers français, lesquels auraient donc appris directement les secrets de la nouvelle cuisine. A tel point qu'au début même du XVIIe siècle, on voit les Italiens s'étonner des réalisations de leurs confrères français et même, amère ironie, déplorer l'influence de la cuisine française sur la cuisine italienne, par exemple à la cour du grand-duc de Toscane au XVIIe siècle.

Ce schéma historique est généralement accepté sans critique, même de la part des esprits les plus critiques. C'est le type même du cercle vicieux, par lequel on suppose prouvée une certaine chose alors qu'elle ne l'est pas, après quoi l'évolution (elle-même problématique) de la cuisine française à partir du milieu du XVIe siècle est entièrement rattachée à ce fait imaginaire.

Cette interprétation classique se heurte à de très fortes objections qui peuvent se résumer de la façon suivante :

1. La cuisine française n'évolue pas à partir du milieu du XVIe siècle, mais seulement à partir du milieu du

Manière de soulever une grande marmite. Divers instruments de pâtisserie. Tourne-broche.
2 planches extraites des « Œuvres» de Bartolomeo Scappi. Venise, 1570. Bibl. nat., Paris.

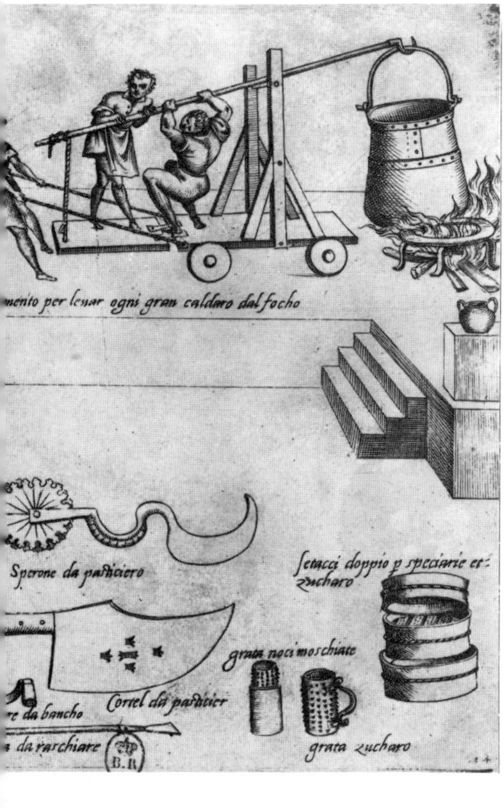

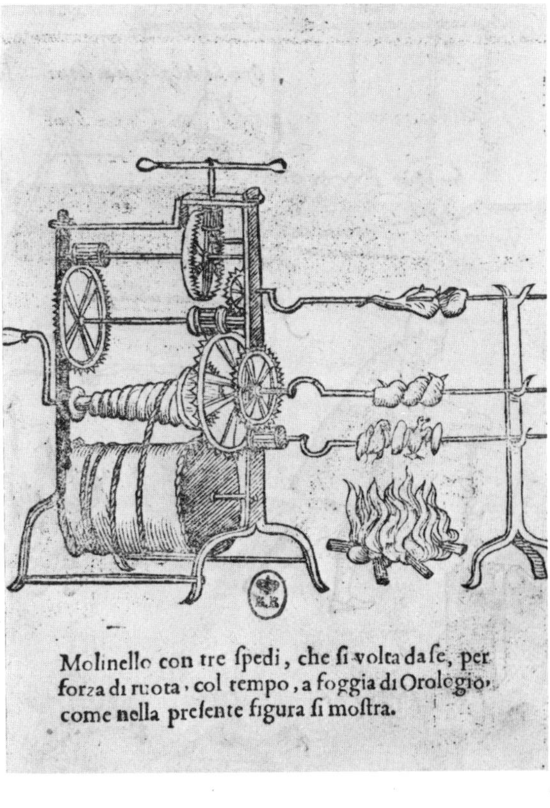

XVIIe siècle, c'est-à-dire un siècle plus tard, et encore bien timidement.

2. Comme nous n'avons aucune preuve concrète, aucune trace dans les documents de la fameuse « révolution de 1533 [1] », le meilleur moyen d'en mesurer l'importance et surtout d'en apprécier le contenu n'est-il pas, en l'absence de tout renseignement sur les effets, de remonter à la *cause* supposée, c'est-à-dire d'examiner l'état de la cuisine italienne au cours du premier tiers du XVIe siècle ? C'est ce que nous allons faire.

Nous allons traiter tout d'abord, dans ce chapitre, le second point puisque aussi bien le premier relève du chapitre suivant.

Bornons-nous pour l'instant, quant à la date de la fameuse mutation, à faire observer un fait historique d'une énormité assez apparente, à savoir qu'entre le *Viandier* de Taillevent paru en 1490 et *Le Cuisinier français* de Pierre La Varenne, paru en 1651, il ne paraît en Europe et notamment en France *aucun livre de cuisine qui soit à proprement parler un livre de cuisine*. Tous les livres que l'on compose alors sur ces sujets traitent en réalité soit de diététique, soit des bonnes manières et de l'art de recevoir, soit de tout cela à la fois, mais supposent en réalité plus ou moins universellement accepté au point de départ un certain type de cuisine. Or, le signe d'une révolution gastronomique c'est précisément la multiplication des livres de cuisine, à laquelle nous assisterons par exemple au cours de la seconde moitié du XVIIe siècle et au XIXe. Bien mieux : le fait que la première édition imprimée due à Pierre Pidoulx, du *Grand Cuisinier de toute cuisine*, voie le jour en 1540 et que ce texte soit *sans cesse réimprimé* jusqu'en 1620, prouve bien la *persistance de la cuisine médiévale* en pleine Renaissance. En effet, le premier manuscrit du *Grand Cuisinier*, rappelons-le, est de 1350, la

1. *Date de l'arrivée de Catherine de Médicis en France.*

conception de la cuisine qui s'y exprime est à peu près identique à celle de Taillevent, et il est frappant qu'on puisse sans être « rétro » donner ce livre comme un manuel pratique *actuel* deux siècles plus tard, au public de la seconde moitié du XVIe !

Pour en revenir au point principal du débat, le meilleur moyen, disais-je, d'éclairer notre lanterne est donc de nous reporter à l'histoire de la cuisine italienne.

Prenons par exemple le récit du banquet offert le 13 septembre 1513 par la ville de Rome aux Médicis, banquet

Verrerie de Murano des XVe et XVIe s. *Musée Poldi Pezzoli, Milan.*

faisant partie des fêtes organisées en l'honneur de Julien de Médicis auquel était conférée l'accession au patriciat romain. Ce banquet eut lieu sur la place du Capitole et réunissait une vingtaine de personnes, toutes assises à la même table. La table elle-même était dressée sur une sorte d'estrade et, tout autour, se trouvaient des gradins sur lesquels était admise la foule désireuse d'assister au festin.

Voici, d'après divers chroniqueurs de l'époque, en quoi consistèrent les festivités. Tout d'abord chaque convive trouva devant lui une serviette de linge très fin dans laquelle était emprisonnés de petits oiseaux vivants. Après qu'on eut présenté aux invités de l'eau pour se laver les mains, ils libérèrent en dépliant leurs serviettes les petits oiseaux qui se mirent à sautiller sur la table en picorant de droite et de gauche. Les hors-d'œuvre étaient préparés sur une crédence à part, disposés sur des soucoupes que les serviteurs apportèrent aussitôt; ils consistaient en gâteaux de pignons, massepains, biscuits au vin de Malvoisie, crèmes sucrées en tasses, figues et vins muscats. Le premier service vit paraître d'énormes plats surchargés de becfigues, de cailles et de tourterelles rôties, de tourtes, de perdrix assaisonnées à la catalane, de coqs cuits et revêtus de leur peau et de leurs plumes et pareillement de poules cuites et revêtues qui se tenaient en outre sur leurs pattes, de chapons bouillis recouverts de sauce blanche, de fouaces de massepain, de pâtés de cailles et d'un bélier à quatre cornes également poché à l'eau et revêtu de sa peau, et dressé sur une vasque dorée, debout, paraissant vivant.

Interminable serait l'énumération des services suivants, qui ressemblent tous étrangement au premier, faisans, pâtés de chevreau, faisans de nouveau, eux aussi revêtus de leur peau et de leurs plumes, veau bouilli servi avec de la moutarde « à suffisance pour toute la table » (on s'en douterait), chapons sucrés recouverts d'or fin, chèvre à la sauce verte, blanc-manger dans l'assiette, jardin de jasmin dressé sur une table avec dedans un aigle tenant dans ses serres un lapin, tonneaux d'où s'échappaient quand on les ouvrait des vols d'oiseaux, etc. Il y eut douze ou treize services de la sorte, tous à peu près composés de la même manière, c'est-à-dire viandes bouillies et rôties, tourtes, avec une grande quantité de plats décoratifs, d'effets de surprise. Vers la fin du repas on apporta un grand vase d'où s'échappait une fumée odoriférante. Comme desserts on servit des confitures de toute sorte, des fruits au sucre, et enfin des cure-dents parfumés. L'abondance des vins de toute provenance fut égale à celle

→ Les Noces de Cana, 1563. *Détail de la peinture de Paul Véronèse (v. 1528-1588) Luxe de la table, Musée du Louvre, Paris.*

des aliments solides. Aussi bien les convives accablés par tant de boustifaille et, nous dit un chroniqueur, « non seulement rassasiés mais incommodés », se mirent à distribuer ce qu'on leur servait aux spectateurs qui entouraient la place du Capitole, lesquels bientôt également rassasiés et oppressés par la mangeaille se mirent à se jeter les portions les uns aux autres de sorte qu'on vit voler à travers l'air chevreaux, lapins, porcelets, faisans, perdrix dont le sol illustre de la place du Capitole fut rapidement entièrement jonché.

On voit qu'un tel banquet obéit à toutes les caractéristiques médiévales, je dirai même aux plus consternantes d'entre elles. On y note l'accumulation des viandes, le mélange du sucré et du salé [1], le goût de la surprise, qui est un héritage des nouveaux riches de la fin de l'Antiquité, exacerbé au Moyen Age, et l'on n'y remarque par contre aucune recette renouvelant quoi que ce soit. Le menu et la cuisine, l'esprit et l'ordonnance ne diffèrent guère de ceux des autres festivités médiévales au nord des Alpes, dont voici quelques exemples pris au siècle précédent.

Au « festin du faisan » à Lille en 1433, paraissait par exemple un pâté dans lequel étaient vingt-huit personnages vivants jouant de divers instruments. On apportait les viandes rôties sur des chariots d'or et d'azur et on y voyait quarante-huit manières différentes de les présenter — mais non, hélas! de les préparer! En 1468, au mariage de Charles le Téméraire avec Marguerite d'York, ce fut une baleine tout entière que l'on hala dans la salle. Elle n'était évidemment pas destinée à la consommation immédiate mais emplie d'attractions. Elle fit le tour de la table au son des clairons et des trompettes. Jamais sans doute la transformation d'un repas en spectacle n'atteignit un degré comparable à celui qui caractérisa ces fêtes offertes à Bruges et à Lille du temps

1. *Le fait de* commencer *par des confiseries est toutefois purement italien, c'est la seule nouveauté, nous allons voir plus loin pourquoi.*

des ducs de Bourgogne. Lorsqu'on en lit le récit dans la chronique d'Olivier de la Marche ou dans l'ouvrage classique de Barante sur les ducs de Bourgogne, on ne peut même plus discerner quelle nourriture pouvait bien se cacher sous ces travestissements compliqués. Revenons donc à des repas plus simples, non sans avoir fait remarquer que le mélange de gastronomie et de spectacle est bien un trait médiéval qui ne fait que se perpétuer au cours de la Renaissance italienne.

Voici par exemple le menu du banquet servi par Taillevent lui-même au roi Charles VI : « *Pour la première assiette :* chapons au brouet de cannelle, poules aux herbes,

La présentation du faisan. *Miniature flamande (1450-1480) extraite de « Livre des Nobles Emprises du Roy Alixandre » par Jean Wauquelin. Musée du Petit Palais, Paris.*

choux nouveaux, et puis la venaison. *Second mets :* rôt le meilleur, paons ou seberereau, pâtés de chapons, levraults au vinaigre rosat et chapons au moût Jehan. *Tiers mets :* perdrix à la trimolette, pigeons à l'étuvée, pâtés de venaison, gelée et leschées [1]. *Quart mets :* pour crèmes, pâtés de poires, amandes, tartes sucrées. »

On remarquera que ce menu est à bien des égards un peu mieux équilibré que celui qui fut offert en 1513 à Rome.

1. *Sans doute* tartines, *selon Montagné.*

C'est le cas également du menu réalisé au XIVe siècle en Allemagne à Weissenfels en l'honneur de l'évêque de Zeiz. Citons-en une partie : « *Premier service :* soupe aux œufs avec safran, poivre et miel; soupe de millet; mouton aux oignons; un poulet rôti avec des pruneaux. *Deuxième service :* morue à l'huile, avec raisins secs; plies frites à l'huile, anguille bouillie, au poivre; bucklinge (harengs à peine salés), rôtis à la moutarde. *Troisième service :* poissons bouillis et rôtis; petits oiseaux frits au saindoux, avec radis; jambons aux concombres. » Ce menu allemand est vraiment assez raffiné, par le dosage entre éléments carnés et éléments végétaux rafraîchissants.

On notera dans le menu servi place du Capitole la présence d'un « blanc-manger », qui est une des plus célèbres recettes de Taillevent, du reste, peut-être, non pas inventée mais simplement codifiée par lui. Le blanc-manger n'est rien d'autre que le potage à la Reine dont nous avons donné la recette au chapitre précédent. Voici comment Taillevent le prépare : il fait d'abord cuire un chapon à l'eau bouillante, enlève les blancs, broie une grande quantité d'amandes avec les blancs du chapon, y mêle du bouillon et passe le tout par l'étamine. Puis il refait bouillir, pour que l'ensemble soit bien lié. Il fait ensuite frire une demi-douzaine d'amandes pelées, verse le potage dans une assiette, y met les amandes frites, y pose des graines de grenade et ajoute du sucre.

Dernière remarque : il faut souligner que l'habitude des fumigations parfumées répondait à une nécessité précise, elles étaient corrélatives de la présence de ces animaux cuits et revêtus de leur pelage et de leurs plumes. Car lesdits animaux, étant donné le temps nécessaire à tous ces préparatifs de revêtement, avaient tendance à se décomposer quelque peu. Si donc ils réjouissaient la vue, ils réjouissaient beaucoup moins l'odorat, et il convenait d'obnubiler celui-ci à l'aide de parfums combatifs. On abusa à tel point de ces

Marchand de fromage et charcuterie. *Fresque italienne (1494-1507). Château d'Issogne (Val d'Aoste).*

brûleurs odoriférants disséminés dans la pièce et parfois sous la table, que l'on cite des cas où plusieurs convives faillirent se trouver mal d'asphyxie à force de respirer de la fumée.

Des documents légèrement postérieurs sur la cuisine toscane montrent néanmoins chez elle un goût plus grand pour la légèreté et pour les crudités. On y voit mentionné l'usage des hors-d'œuvre non plus composés de pâtisseries mais de laitues, de carottes, de radis, etc. On y trouve les charcuteries : saucisses, mortadelles, saucissons, tétines de vache, etc. Nous voyons s'installer à cette époque les éléments originaux de la future cuisine italienne, à savoir les pâtés, polenta, gnocchis, macaronis, lasagnes, ravioli, tortellini, etc. Les sauces sont à peu près les mêmes que celles du Moyen Age, sauce verte, sauce cameline, sauce à l'ail. On utilise toujours comme condiment le sucre, le poivre, le safran, le romarin, la sauge, l'oignon. Rien de bien neuf dans tout cela sinon une réaction certaine contre la cuisine congestionnante des banquets, une certaine volonté de retour à la simplicité. L'Arétin, par exemple, faisant l'éloge d'une salade de radis (il s'agit sans doute du *radicchio rosso di Treviso*, radis rouge de Trévise qui n'est pas un radis mais une sorte de savoureux pissenlit roussâtre), a écrit : « Je crois que l'inventeur d'une telle chose n'a pu être que florentin. » Après quoi l'Arétin poursuit en disant que les Florentins sont passés maîtres dans l'art de disposer la table, de l'orner de roses, de laver les verres, de préparer les petits foies de volailles et les cervelles, le boudin, et il leur attribue une innovation qui en effet était promise à un grand avenir mais qui n'est pas à proprement parler gastronomique : la coutume de servir les fruits à la *fin* des repas (et non pas au début, comme on en attribue gratuitement l'idée aux Italiens).

On pourrait parcourir ainsi indéfiniment des listes de banquets jusqu'à la fin du XVIe siècle tant en Italie qu'en France et en Allemagne sans rien trouver, en dehors de quelques différences tenant à la variété des produits naturels régionaux, qui tranche véritablement sur ce que nous avons déjà vu au XVe et au début du XVIe.

Pourtant il y a deux points à propos desquels les Italiens ont été les éducateurs de l'Europe : le raffinement des manières, puis l'invention de la pâtisserie et de la confiserie. Ce dernier aspect est évidemment le plus important en ce qui concerne l'art de préparer la nourriture.

Les bonnes manières introduites par l'Italie consistent d'abord en une plus grande propreté, notamment, nous l'avons vu, par l'habitude de se laver les mains, ensuite par l'usage de la fourchette et en général en une plus grande élégance, une plus grande discrétion dans la façon de se nourrir. D'autre part, et c'est le second point, les Italiens semblent avoir formé d'excellents maîtres d'hôtel, capables de concevoir une succession de mets [1] et de « penser » la composition d'un repas, encore qu'il n'y paraisse guère au résultat.

1 2 3 4

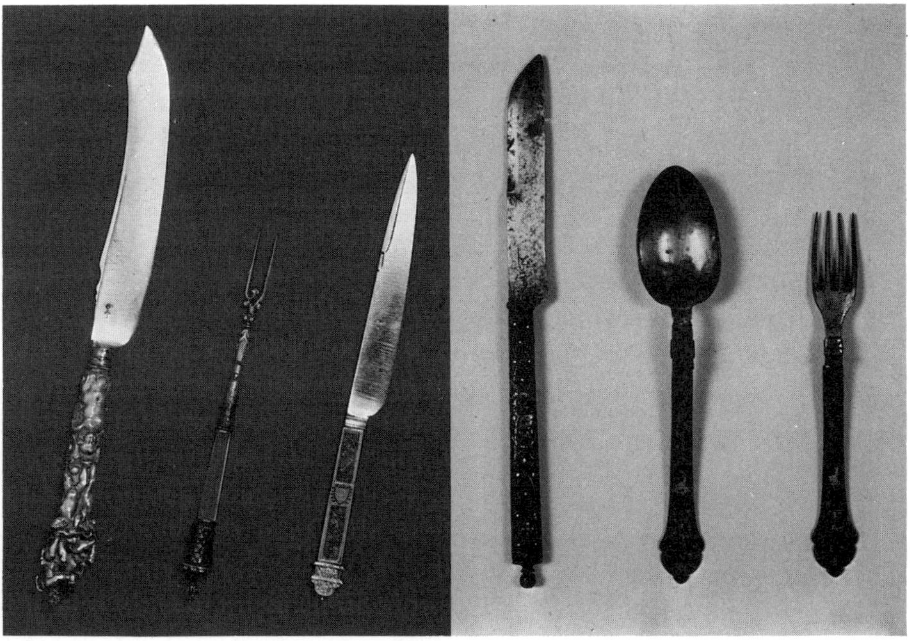

1. Couteau florentin du XVIe s.
2. Fourchette vénitienne du XVe s.
3. Couteau lombard du XVe s.
Musée Correr, Venise.
4. Couvert de table de *1500*. *Musée Poldi Pezzoli, Milan.*

C'est ce dont témoigne un texte de Montaigne : « J'en ay dict ce mot sur le subject d'un Italien que je viens d'entretenir, qui a servy le feu cardinal Caraffa de maistre d'hostel jusques à sa mort. Je lui faisois conter sa charge; il m'a faict un discours de cette science de gueule, avecque une gravité et contenance magistrale comme s'il m'eust parlé de quelque grand poinct de théologie : il m'a déchiffré une différence d'appétits; celui qu'on a à jeun, qu'on a après le second et tiers services, les moyens tantost de luy plaire simplement, tantost de l'esveiller et picquer : la police des saulces; premièrement en général, et puis particularisant les qualités des ingrédients et leurs effects, les différences de salades selon leur saison, celle qui doibt estre reschauffée, celle qui veult estre servie froide; la façon de les orner et embellir pour les

1. Ce mot désigne alors, comme on l'a vu dans le menu de Taillevent, un service *tout entier.*

« Ordre tenu pour la présentation des mets au conclave des cardinaux. » *Gravure extraite des « Oeuvres » de Bartolomeo Scappi, Venise 1570. Bibl. nat., Paris.*

rendre encore plaisantes à la veue. Aprez cela il est entré sur l'ordre du service, plein de belles et importantes considérations :

Nec minimo sane discrimine refert,
Quo gesto lepores, et quo gallina secetur.

Et tout cela enflé de riches et magnifiques paroles, et celles mesmes qu'on employe à traicter du gouvernement d'un empire *. »

Les conseils de bon ton se perpétuent identiques à peu près jusqu'à la fin du XVIIe siècle. Par exemple, un traité des bonnes manières dû à un certain Nolfi, traité destiné aux dames de la noblesse, publié au cours de la deuxième moitié du XVIIe, recommande entre autres et une fois de plus de se laver les mains dans la bassine d'eau présentée au début des repas, non toutefois sans avoir esquissé un geste de refus, d'attendre pour se placer à table que le maître de maison vous ait placée, de commencer à manger en se contentant de prendre ce que l'on trouvera devant soi, de se servir de la cuiller pour absorber tout ce qui est présenté en bouillon, de la fourchette pour prendre les morceaux de viande rôtie

* Essais, I, *51*.

dans le plat, après quoi on doit la poser dans son assiette et la manger avec ses doigts. Ce détail nous rappelle qu'en effet l'usage de la fourchette (que Nolfi nous décrit du reste alors comme étant sur le point d'être abandonné...) resta longtemps limité à la pêche des morceaux dans le plat. Parmi les autres conseils, nous lisons celui de ne pas souffler bruyamment sur les viandes chaudes, de passer aux autres les meilleurs morceaux quand ils vous demandent de les servir et enfin, au moment des sucreries du dessert, de ne pas en emporter pliées dans son mouchoir ou cachées dans son manchon. Très important enfin : de manger en tenant la tête haute et non point le visage enfoui dans l'assiette.

Ces conseils, si primitifs qu'ils nous paraissent, montrent bien à quel point ce qui nous paraît normal a mis du temps à s'implanter. Par ailleurs, la chronologie du repas et les places à table n'avaient nullement la rigidité moderne. Les services ou « mets » étaient en réalité des sortes de buffets successifs, tous les plats étaient posés simultanément sur la table et il est évident que nul n'était supposé goûter nécessairement de *tout* ce qui était mis à la disposition des convives. Chacun était d'abord entravé par la place à laquelle il se trouvait assis et la distance des plats qui étaient à sa portée ou par ce que voulaient bien lui tendre ses voisins, ensuite par les limites de son appétit. Le service « par tête » dans lequel chaque convive mange exactement la même chose que les autres et dans lequel la liste des plats portés sur le menu est, si l'on peut dire, effective, consommée intégralement par l'assemblée, chaque invité se voyant présenter tour à tour chaque plat successif, ce service-là ne commence qu'au XVIIIe siècle. Observons du reste, pour en terminer sur ce chapitre extra-gastronomique, que le raffinement des manières et les conseils qui s'y rapportent se rencontrent également dès les temps les plus reculés dans bien d'autres pays que l'Italie. Des préceptes en vers, circulant en Angleterre au Moyen Age *, recommandaient notamment de ne

* *Cité par Dorothy Hartley,* Food in England, *Londres, 1954.*

pas mordre directement son morceau de pain, de ne pas parler la bouche pleine, de mâcher posément et sans bruit, de ne pas essuyer son couteau sur la nappe, de ne pas manger avec son couteau, de ne pas boire la bouche pleine, de ne pas réclamer les plats qui ont déjà été desservis, de se moucher discrètement, etc. On voit que ces conseils pourraient être donnés à bien des personnes encore aujourd'hui, et du reste l'art des bonnes manières à table semble avoir été beaucoup plus efficacement et depuis fort longtemps incarné par l'Angleterre que par les pays latins.

Pour en revenir à la cuisine, c'est — nous l'avons annoncé — dans le domaine des friandises, des confitures, des pâtes de fruits et des architectures en sucre que les Italiens ont été des novateurs radicaux. Dans ce domaine l'Europe leur doit tout. Leur expérience devait y être très ancienne puisque dans Boccace on voit constamment les gentilshommes et gentilles dames consommer des confitures et des confiseries, la plupart des collations du *Décaméron* ne consistant guère, à vrai dire, que de cela, ce qui indique que les confitures étaient considérées comme des nourritures distinguées, là où de la charcuterie ou une galimafrée eussent évidemment dépoétisé les collations.

En 1541, paraît à Lyon un livre intitulé *Bastiment de recettes*, traduction d'un livre italien publié quelques mois auparavant à Venise. Le *Bastiment de recettes* sera réimprimé régulièrement jusqu'au XVIIIe siècle. Il introduit en France l'art de faire les confitures, les fruits confits, les écorces d'oranges confites, art jusqu'alors totalement inconnu. Au cours de la seconde moitié du XVIe siècle, paraissent plusieurs ouvrages français sur l'art de la confiserie. L'un des plus remarquables est dû au célèbre prophète Nostradamus. Il paraît à Lyon en 1555, sous le titre *Excellent et moult utile opuscule à tous nécessaire qui désirent avoir connaissance de plusieurs exquises recettes*. Tout comme dans le *Bastiment*, on y trouve pêle-mêle des conseils médicaux, des ordonnances de par-

→ Manière de faire les confitures. *Extrait de « Excellent opuscule à tous nécessaire qui désirent avoir connaissance de plusieurs exquises recettes », de Michel Nostradamus. Lyon, 1555. Bibl. nat., Paris.*

La ſeconde partie contenant la façon & maniere de faire toutes confitures liquides, tant en ſuccre, miel, qu'en vin cuit.

Enſemble deux façons pour faire le ſyrop roſat laxatif. Et pour faire le ſuccre candi, penites & tourrons d'Heſpaigne.

Et premierement pour cõfire l'eſcorce, ou la chair du citron auec le ſuccre.

CHAP. I.

VOVS prendres le citron tout entier, & ſelon la groſſeur qu'il ſera en feres ſix ou ſept parts tout du long, que pour le moins chacun cartier ait le large de deux doigts : & quand toutes les pieces ſeront coppees, vous aures la aupres vne fumerie et de fards, enfin des recettes de douceurs. Nostradamus expose « la manière et façon de faire confitures de plusieurs sortes, tant en miel que sucre et vin cuit ». Il enseigne comment s'y prendre « pour confire petits limons et oranges tout entiers, coings en quartiers avec le sucre, pour faire du cotignac[1], du pignolat[2], du sucre candi, des sirops, des poires confites, du touron d'Hespaigne et de la tarte de massapan ». Ou encore, il donne « une mode pour faire gelée de guignes qui est fort délicate mais chère et pour grands seigneurs ». (La *guigne* est le fruit d'une variété de cerisier. Ce fruit est encore employé aujourd'hui pour préparer le *guignolet*, sirop alcoolisé, spécialement de la ville d'Angers).

Ainsi, l'art des confitures et des sucreries de toute sorte est réellement le seul apport véritablement neuf de la Renaissance en matière gastronomique. Sortis de là, tous les ouvrages qui se succèdent au cours de la seconde moitié du XVIe et de la première moitié du XVIIe appartiennent à la catégorie médico-culinaire dont j'ai parlé plus haut. On peut citer parmi eux le *Sommaire traité des melons contenant la nature et l'usage d'iceux, avec les commodités et incommodités qui en reviennent*, par Jacques Pons, paru en 1583, ou encore *Le Trésor de santé* ou *Mesnage de la vie humaine*, ouvrage anonyme paru en 1607. Cependant ce dernier livre donne au passage quelques recettes de cuisine telle que la carpe au four farcie de laitance, de jaunes d'œufs, d'amandes pilées, de beurre et de bonnes herbes. Signe intéressant, l'auteur semble moins prodigue d'épices que ses prédécesseurs des livres de cuisine plus anciens. Mais c'est un signe bien timide, car, au cours de la première décennie du XVIIe siècle, sous Henri IV, on trouve encore dans un autre livre, *Le Portrait de la santé* (1606), des recettes de tourte au lard et de tourte d'herbes dans lesquelles des amandes pilées, le lard,

1. *Confiture sèche.*

2. *Nougat aux pignons.*

les poireaux fricassés, les jaunes d'œufs sont mélangés au sucre et à la cannelle à outrance dans un esprit immuablement médiéval.

De toute manière les recettes en question sont toujours administrées dans une intention diététique. Pour corriger ce que j'ai dit plus haut concernant ce mélange habituel en cuisine ancienne de conseils médicaux et de conseils gourmands, je préciserai qu'un tel mélange n'est jamais le fait des cuisiniers professionnels. Le livre de Taillevent ne prétendait pas, lui, être un livre de médecine, pas plus que ne le prétendra *Le Cuisinier français* de La Varenne.

Le XVIe siècle nous a submergés de manuels de bon ton, de préceptes diététiques forcément absurdes et arbitraires, d'une avalanche de pâtes de fruits et d'un océan de confitures : il ne fut celui d'aucune révolution gastronomique à proprement parler. Tout au plus peut-on le créditer en faisant jouer le bénéfice du doute d'une plus grande sagesse et d'une plus grande modération que le Moyen Age dans l'utilisation des épices, aromates et condiments.

Par contre, le XVIe siècle a vu s'allonger considérablement la liste des légumes utilisés en cuisine. D'abord des légumes de provenance européenne mais jusqu'alors peu cultivés ou peu consommés : les artichauts, que Pline dit originaires de Sicile et qui ne furent cultivés en France qu'à partir de 1560-70, les asperges, déjà cultivées au siècle précédent, mais dont le Moyen Age se méfiait, de même que des épinards et des pois. Ensuite, il faut mentionner surtout les végétaux comestibles importés en Europe à la suite de la découverte de l'Amérique : le maïs, la tomate, le piment, le haricot [1], tous promis à un rôle considérable dans la cuisine occidentale tout entière, sans parler de la pomme de terre découverte mais non consommée, qui ne perdait

1. *Le ragoût de mouton* aux haricots *engendra une confusion persistante avec le mouton* halicoté, *terme médiéval qui signifie* coupé en morceaux.

Ioan. Galle excud.

rien pour attendre. Le jardinage et l'arboriculture furent durant la Renaissance l'objet de soins dont témoignent la peinture et la gravure et c'est de ce moment que datent les progrès du plus civilisé de tous les fruits : la poire, considérée alors comme la reine des vergers. Enfin, c'est durant la Renaissance que l'on assiste à l'apparition de l'eau-de-vie, ou plutôt de l'eau-de-vie destinée à la consommation. Comme elle avait encore mauvais goût, étant donné les procédés primitifs de distillation, on prit l'habitude de masquer ce mauvais goût par des aromates et des sirops, ce qui donna les premières liqueurs, à base de pétales de rose, de fleurs d'oranger, de musc, d'essence d'anis, d'angélique ou de romarin. On fit également des ratafias de fruits dont le plus connu, originaire de Dalmatie, est le marasquin. Ces liqueurs sucrées, comme la pâtisserie et la confiture, furent introduites en France au milieu du XVIe siècle.

Comme nous avons eu souvent l'occasion de le dire, les documents gastronomiques qui parviennent à survivre sont souvent trompeurs, soit parce qu'ils relatent des festivités exceptionnelles, soit parce qu'ils font état d'une cuisine destinée à une seule classe sociale, voire à la cour royale, impériale ou pontificale, soit parce que ce sont des ouvrages éducatifs, visant à créer une mode, à susciter un idéal et non à rendre compte des faits. C'est pourquoi il est assez rare de pouvoir citer un document reflétant l'usage quotidien, les impressions de la rue, la cuisine courante. Pour le Paris du XVIe siècle, nous disposons par chance d'un tel document, dû (comme c'est fréquent en pareil cas) à un ambassadeur vénitien, Jérôme Lippomano, et daté de 1577. Nous citerons *in extenso* ce témoignage assez difficile à trouver :

« Les Français mangent peu de pain et de fruit, mais beaucoup de viande; ils en chargent la table dans leurs banquets. Elle est, au reste, bien rôtie et bien assaisonnée d'ordinaire. On aime en France, plus qu'ailleurs, les pâtis-

←
La distillation. *Détail d'une gravure de Jean Stradan (1523-1605). Bibl. nat., Paris.*

series, c'est-à-dire la viande cuite dans la poêle; dans les villes et même dans les villages, on trouve des rôtisseurs et des pâtissiers qui débitent toutes sortes de mets tout prêts, ou du moins arrangés de manière qu'il ne leur manque que la cuisson. Il y a une chose qui m'a paru longtemps incroyable, c'est qu'un chapon, une perdrix, un lièvre coûtent moins, tout prêts, lardés et rôtis, qu'en les achetant tout vifs au marché ou dans les environs de Paris. Cela vient de ce que les rôtisseurs, les prenant en gros, les ont à bas prix et peuvent les revendre de même; il leur suffit de

Le pâtissier. *Gravure sur bois, anonyme du XVI*^e^ *s. Bibl. nat., Paris.*

gagner huit ou dix deniers, pourvu que leur argent circule et leur rapporte tous les jours quelque chose. Le porc est l'aliment accoutumé des pauvres gens, mais de ceux qui sont vraiment pauvres. Tout ouvrier, tout marchand, si chétif qu'il soit, veut manger, les jours gras, du mouton, du chevreuil, de la perdrix aussi bien que les riches; et les jours maigres, du saumon, de la morue, des harengs salés qu'on apporte des Pays-Bas et des îles septentrionales en très grande abondance. Les magasins de Paris en regorgent. On mange aussi du beurre frais et du laitage. Les légumes y sont à foison, spécialement les pois blancs et verts : ceux-ci sont plus tendres et d'une cuisson plus facile. Quant aux autres espèces de légumes, on n'en fait pas grand usage; en quelques endroits, on mange un peu de lentilles, et des fèves presque jamais.

« Paris a en abondance tout ce qui peut être désiré. Les marchandises de tous les pays y affluent : les vivres y sont apportés par la Seine de Picardie, d'Auvergne, de Bourgogne, de Champagne et de Normandie. Aussi, quoique la population soit innombrable, rien n'y manque : tout semble tomber du ciel. Cependant le prix des comestibles y est peu élevé, à vrai dire; car les Français ne dépensent pour nulle autre chose aussi volontiers que pour manger et pour faire ce qu'ils appellent bonne chère. C'est pourquoi les bouchers, les marchands de viande, les rôtisseurs, les revendeurs, les pâtissiers, les cabaretiers, les taverniers s'y trouvent en telle quantité que c'est une vraie confusion; il n'est rue, tant soit peu remarquable, qui n'en ait sa part. Voulez-vous acheter les animaux au marché, ou bien la viande? Vous le pouvez à toute heure, en tout lieu. Voulez-vous votre provision toute prête, cuite ou crue? Les rôtisseurs et les pâtissiers, en moins d'une heure, vous arrangent un dîner, un souper pour dix, pour vingt, pour cent personnes; le rôtisseur vous donne la viande, le pâtissier les pâtés, les tourtes, les entrées, les desserts; le cuisinier vous donne les gelées, les sauces, les ragoûts. Cet art est si avancé à Paris, qu'il y a des cabaretiers qui vous donnent à manger chez eux, à tous les prix, pour un teston, pour un écu, pour quatre, pour dix, pour vingt même par personne si vous le désirez. Mais pour vingt écus, on vous donnera, j'espère, la manne en potage, ou le phénix rôti; enfin tout ce qu'il y a au monde de plus précieux. Les princes et le roi lui-même y vont quelquefois. »

(Remarquons au passage l'expression « les pâtisseries, c'est-à-dire la viande cuite dans la poêle » qui semble se référer à un usage peu connu du mot pâtisserie, sinon peut-être par référence au mot italien « pasticcio » qui signifie pâté, mélange et aussi gratin; il s'agit peut-être encore d'une sorte de « fritto misto... alla francese. »)

Pour conclure, on peut tirer de ce texte deux leçons : la première est que la cuisine populaire est moins indigente, redisons-le, que les historiens ne nous le laissent d'ordinaire entendre; la seconde, qu'il y a peu de différence entre le bien manger à la fin du XVIe siècle et le bien manger à la fin du XVe siècle. Le spectacle de la rue commerçante tel que l'évoque Villon dans le *Grand Testament* n'est guère éloigné de la description qu'en fait environ un siècle plus tard notre ambassadeur vénitien.

Mais au fil des livres, et quand vous entrez dans la cuisine, les odeurs ne sont pourtant pas les mêmes au XVe et au XVIe siècle : en soulevant les couvercles du Moyen Age, vous sentez monter à vos narines une âpre vapeur carnée, avec des senteurs de girofle, de safran, de poivre, de gingembre et de cannelle mêlées à l'acidité du verjus; en vous penchant sur les bassines de la Renaissance, vous respirez un brouillard doux et fruité de sucre cuit et de jus de poire ou de groseille, en train de bouillonner ensemble, silencieusement. Le Moyen Age fut l'ère des ragoûts assaisonnés, la Renaissance l'âge des friandises.

6.

De la cuisine à la gastronomie

Le mot « gastronome », vocable pédant tiré du grec, n'apparaît qu'au début du XIXe siècle, mais le personnage qui lui correspond prend naissance au XVIIe siècle. Lorsque Tallemant des Réaux écrit de Madame de Sablé : « Depuis qu'elle est dévote, c'est la plus friande qui soit au monde; elle prétend qu'il n'y a personne qui ait le goût si fin qu'elle... Elle invente toujours quelque nouvelle friponnerie. On l'a vue pester contre le livre intitulé *Le Cuisinier français*, qu'a fait le cuisinier de M. d'Uxelles. Il ne fait rien qui vaille, disait-elle; il le faudrait punir d'abuser ainsi le monde », eh bien, en écrivant cela, Tallemant des Réaux nous montre en action l'esprit gastronomique moderne.

Le gastronome n'est ni prisonnier de la tradition, ni impressionné par la nouveauté. Avec la gastronomie, la cuisine cesse d'être collective. Chacun se targue d'exercer son jugement original et d'apporter éventuellement sa création personnelle. J'ignore si M. de Béchameil, secrétaire du roi, financier, amateur de peintures, de meubles et de jardins, est vraiment l'auteur de la sauce béchamel, j'ignore si c'est vraiment à lui qu'il faut attribuer l'invention de cette célèbre et aujourd'hui démodée sauce au roux blanc, si c'est vraiment lui qui eut le premier l'idée de mettre dans une casserole de la farine avec du beurre, du persil, des échalotes et du lait, mais il n'est pas indifférent qu'on la lui attribue.

Il fallait un mot pour désigner cette attitude nouvelle, et, bien que ce mot fort laid survienne plus tard, c'est au cours de la seconde moitié du XVIIe siècle que nous voyons se manifester les premiers indices du phénomène qui signale en cuisine comme en politique l'âge moderne, à savoir le règne de l'opinion.

Le gastronome est à la fois curieux et méfiant, investigateur et craintif, il explore avec pusillanimité. Il recherche les sensations neuves et en même temps les redoute. Il passe la moitié de son temps à évoquer les satisfactions passées et l'autre moitié à supputer avec scepticisme les possibilités à venir. Le maréchal de Richelieu, déjà cité, déclarait : « Je n'ai jamais repoussé les innovations heureuses; mais à l'exception des bisques à la purée de petits crabes, des timbales aux œufs de caille et des glaces au pain bis tranchées de glaces au beurre frais, je puis vous assurer qu'on n'a rien inventé qui fût satisfaisant ni distingué depuis soixante-quinze ans que je mange et que je fais manger les autres. » Et quand le duc de Nivernais avait appris quelque nouveauté qui lui paraissait admissible, « il avait la patience et la conscience de s'en faire servir et d'en goûter huit jours de suite, afin de conduire et faire aboutir la chose au point de sa perfection ».

Il ne faudrait certes pas croire que tous les plats, toutes les sauces et toutes les garnitures appelés « Richelieu », « Conti », « à la Maintenon » ou « à la Colbert », furent effectivement créés par la main même des grands personnages dont ils portent le nom. Mais qu'ils aient été créés à leur intention, peut-être à leur instigation, qu'ils aient été placés sous leur patronage, montre la formation progressive d'un mécénat gastronomique capable de subventionner l'esprit de découverte. Il y a gastronomie lorsqu'il y a permanente querelle des Anciens et des Modernes et lorsqu'il y a un public capable, à la fois par sa compétence et par ses richesses, d'arbitrer cette querelle.

Mais si le XVIIe siècle, et plus particulièrement à Paris, a fait éclore de telles aspirations, il est fort éloigné de les avoir satisfaites, conduites à leur terme et de les avoir réalisées pleinement dans une cuisine nouvelle. On est même frappé par la contradiction qui existe, dans les traités de cuisine dont nous allons parler, entre l'expression assez claire d'un idéal nouveau, dans la partie générale de l'exposé, et le manque d'application de cet idéal dans les chapitres consacrés au détail de l'exécution et de la pratique. Ainsi par exemple, dans le livre intitulé *Les Délices de la campagne* (1654), l'auteur, Nicolas de Bonnefons, s'écrie : « Qu'un potage de santé soit un bon potage de bourgeois, bien nourri de bonnes viandes bien choisies, et réduit à peu de bouillon, sans hachis, champignons, épiceries, ni autres ingrédients, mais qu'il soit simple, puisqu'il porte le nom de santé; que celui aux choux sente entièrement le chou; aux poireaux, le poireau; aux navets, le navet, et ainsi des autres, laissant les compositions pour les bisques, hachis, panades et autres déguisements, dont on doit plutôt goûter que de s'en remplir. Et vous verrez que vos maîtres s'en porteront mieux, auront toujours bon appétit, et que vous et les cuisiniers en recevrez des louanges. Ce que je dis des potages, j'entends qu'il soit commun, et serve de loi pour tout ce qui se mange. » Dans la même introduction générale, Nicolas de Bonnefons se plaint également de ce que la plupart des cuisiniers fassent frire dans le lard toutes les viandes dont ils font leurs potages et leurs ragoûts, ce qui aboutit à donner à tous les plats le même arrière-goût, défaut capital de la mauvaise cuisine. Il prodigue ainsi mille bons conseils, mais, malheureusement, lorsqu'on passe à ses recettes personnelles on s'aperçoit qu'il ne les conforme nullement au programme

Une cuisine XVIIe s. *Peinture de Diego Velasquez (1599-1660). Château de Villandry.*

d'authenticité et de légèreté qu'il prêche aux autres avec tant de conviction.

C'est également le cas de l'auteur, jusqu'à ce jour non identifié et qui signe des initiales L.S.R., d'un livre intitulé *L'Art de bien traiter* (1674). Lorsqu'on lit sa préface à la fois édifiante et polémique, on y constate qu'il condamne l'abondance des ragoûts et des galimafrées (terme qui prend alors la nuance péjorative attachée aujourd'hui au mot *rata*), stigmatise « la compilation extraordinaire des viandes... cet entassement confus de diverses espèces, ces changements redoublés d'assiettes volantes et d'entremets bizarrement servis, où il semble que l'artifice et la nature s'aillent entièrement épuiser... » Le mystérieux L.S.R. qui a servi dans les plus illustres maisons et organisé des collations, selon son dire, dans les plus merveilleux châteaux, prescrit la finesse de l'assaisonnement, le choix exquis des viandes plutôt que leur quantité, déconseille les mélanges barbares. Malheureusement, lui aussi dicte des préparations fort monotones : ses viandes sont toujours mijotées dans du bouillon et toujours avec les mêmes épices : un « paquet » que composent une ciboule, du thym, du cerfeuil, du persil, et deux clous de girofle, le tout roulé et ficelé dans une barde de lard. C'est là l'ancêtre de notre bouquet garni, plus le lard. Le lard est pour L.S.R., antithèse vivante de Bonnefons, « l'âme de presque tous les meilleurs ragoûts ». Il en met partout. Il cuit légumes et poissons à l'eau, mais, innovation méritoire, il propose un brochet dont la moitié est frite et l'autre cuite à la sauce. Le mode de préparation des poissons était à l'époque de les faire à moitié cuire dans l'eau et de terminer la cuisson dans la sauce. Portons au crédit de L.S.R. qu'il serait, dit-on, le créateur des pieds de porc à la Sainte-Menehould. Mais dans l'ensemble, il ne se dégage guère, sinon par ses idées générales, et seulement par elles, de la vieille cuisine.

Nicolas de Bonnefons préconise, nous l'avons vu, un art culinaire essentiellement destiné à dégager la saveur *naturelle* de chaque produit. Même s'il ne l'applique pas, il exprime du moins ainsi le principe juste de tout renouvellement gastronomique. Il y a impasse gastronomique lorsque la complication, l'entassement aboutissent à brouiller les saveurs, à masquer les propriétés naturelles. La cuisine, au lieu d'aider et de compléter la nature, l'efface mais ne la remplace pas. Le remède n'est évidemment alors que dans un retour à la simplicité et à la qualité. Mais très souvent ce retour à la simplicité ou bien reste purement théorique, ou bien n'est suivi d'aucune nouvelle invention gastronomique. C'est le cas le plus fréquent. Mais il faut bien se dire, en tout état de cause, que ce qu'on appellera à partir de 1970 la nouvelle cuisine française est si difficile à réaliser, que cet équilibre entre le naturel et la complexité demande tant de savoir-faire, de scrupule professionnel et d'honnêteté financière qu'il n'est pas étonnant de n'en trouver, au niveau de la restauration commerciale, le plus souvent que le fantôme médiocre, où l'imposture le dispute à la rapacité. Devant ce danger, que présentent la fausse grande cuisine et sa jeune rivale la « nouvelle » cuisine, on comprend que certains pays, certaines provinces se soient vigoureusement accrochés à la simplicité ancestrale.

C'est le cas en particulier de la cuisine italienne et notamment de la cuisine toscane, comme, en France, de la cuisine provençale ou aveyronnaise. Si les Toscans ne sont pas responsables, ainsi que nous l'avons démontré, de la naissance de la cuisine moderne, ils ont par contre le mérite d'avoir fait de leur province un merveilleux conservatoire de recettes anciennes, directement assises sur les ressources naturelles de la contrée. Il existe par exemple une recette, disons plutôt un procédé — dans la mesure où ce mot n'implique même pas l'intervention d'un cuisinier professionnel — d'oiselets en broche, alouettes, grives, becfigues alternant avec des foies de volailles enrobés de lauriers et de petits morceaux de filet de porc piqués de sauge, le tout entrecoupé de croûtons de pain et de tranches de lard et rôti au feu de bois, que l'on trouve dans les livres de recettes du XVe siècle et que l'on peut manger encore aujourd'hui [1], absolument inchangée, en Toscane. L'essentiel est au fond de garder l'intuition claire de ce que l'on veut faire et de rester fidèle à un certain style de cuisine sans tenter d'y introduire d'éléments disparates que ce style n'est pas fait pour intégrer organiquement. « Cuisine légère, écrit Prezzolini dans sa *Vie de Nicolas Machiavel*, maigre, savoureuse, pleine d'esprit et de parfum, faite par un peuple qui a l'intellect éveillé et qui ne veut pas se voir venir le ventre des sédentaires; cuisine qui ne pensa jamais au risotto, qui n'inventa pas les macaronis, qui sut tenir à distance les graisses, qui resta fidèle à la broche et au gril, avec la flamme purificatrice du bois et du charbon de bois, qui voulut

→ Intérieur d'une cuisine.
Frontispice : « Le Pastissier français », 1653. Œuvre anonyme.
Bibl. nat., Paris.

1. Cet aujourd'hui est aujourd'hui un hier : le gibier authentiquement sauvage, aux saveurs et aux senteurs si prononcées, a disparu d'Italie comme de France.

que la friture et le rôti ne s'accompagnent d'aucun jus. » Il existe certes bien d'autres écoles régionales en Italie, souvent supérieures à l'école toscane, mais celle-ci reste un exemple historique extrêmement acéré de « retour » à la simplicité qui ne rebroussa pas aussitôt chemin vers la complication.

Au moment où cette cuisine se fixait dans ses habitudes, l'aventureuse gastronomie, elle, explorait timidement les sentiers inconnus de la nature et s'efforçait d'écrire pour celle-ci de nouveaux rôles. Nous avons déjà cité *Les Délices de la campagne* (1654) et *L'Art de bien traiter* (1674). Il faut y ajouter *Le Cuisinier* de Pierre de Lune (1656), *Le Nouveau et Parfait Maître d'hôtel royal* (1662), du même auteur, suivi, fait notable, d'un *Cuisinier à l'espagnole* donné en appendice. En 1662 également, paraît une *Ecole parfaite des officiers de bouche*, par Jean Ribou, en 1691, *Le Cuisinier royal et bourgeois* de Massialot. Mais de tous les livres de cuisine qui, phénomène révélateur, se succèdent et se répondent les uns aux autres à une cadence rapide, du moins comparée au vide des deux siècles et demi qui précèdent, le plus important, historiquement, celui qui eut le plus de succès et qui domina le marché jusqu'à la Régence, c'est *Le Cuisinier français*, par le sieur de La Varenne, écuyer de M. le marquis d'Uxelles, lequel marquis a laissé son nom aux « cailles à la Duxelles ». (La Duxelles a pour base invariable des champignons hachés avec de l'oignon, de l'échalote, du beurre et de l'huile.) *Le Cuisinier français*, paru en 1651, fut l'objet d'un tel engouement que le titre, comme c'est fréquent en cas de bonne vente d'un livre, servit de prototype à d'autres jusqu'à la mort de Louis XIV : on vit paraître un *Jardinier français*, un *Pâtissier français* (1653), etc.

Encore n'avons-nous cité que quelques livres, dont les auteurs s'efforcent d'apporter une contribution personnelle au débat. De ces livres la valeur révolutionnaire est très inégale. *L'Ecole parfaite des officiers de bouche* est une pure et simple escroquerie (montée par la veuve de l'éditeur Pierre de Lune pour couler le livre de ce dernier, devenu indépendant) où l'auteur se borne à resservir, sans même se donner la peine de les mettre au goût du jour, des recettes médiévales provenant directement de Taillevent et du *Grand Cuisinier de toute cuisine*. Cela n'empêchera pas ce livre exécrable, eu égard à ses prétentions, d'aligner quinze éditions [1], alors que le malheureux Pierre de Lune n'en aura que deux, *Les Délices de la campagne*, de Nicolas Bonnefons, dont nous avons déjà fait la critique, dix. *Le Cuisinier français* de La Varenne aura pour sa part trente éditions.

Les deux auteurs les plus novateurs, Pierre de Lune et Massialot, n'auront pas grand succès auprès du public, mais seront en revanche tenus en grande estime par les maîtres queux professionnels du XVIIIe siècle. Ils exerceront une influence sur l'évolution à long terme de la cuisine, non pas tant parce que lus directement par les consommateurs que pour avoir été médités par les confrères, les chefs de cuisine. Quant à La Varenne, modérément révolutionnaire, il fut, avec moins de talent, ce que la *Cuisine de Tante Marie* ou *La Cuisine pour tous* de Ginette Mathiot devaient être en notre temps pour la bourgeoisie française.

La Varenne, Pierre de Lune, le mystérieux L.S.R. furent tous trois cuisiniers de grandes maisons. La Varenne servit, nous l'avons dit, chez le marquis d'Uxelles, qui mourut au siège de Gravelines en 1658, et il avait du reste dédié son ouvrage à son maître. Pierre de Lune fut écuyer de cuisine chez le duc Hercule de Rohan qui « considérait son cuisinier comme un homme capable de donner de l'âme à sa table » (expression impensable hors de ce que nous avons appelé l'esprit gastronomique), puis il passa chez le marquis de Mauregart, premier président à la Cour des aides, dont Pierre de Lune écrit que c'est en assaisonnant les viandes

1. *Et d'être traduit en anglais !*

qui devaient couvrir la table de ce dernier qu'il avait trouvé le secret de contenter un goût difficile. Nous voyons là s'établir ce dialogue entre l'amateur et le créateur qui permet au premier de trouver un interprète convenable à ses aspirations et au second de réchauffer son imagination à l'idée qu'elle ne travaillera pas sans être comprise.

Quant à L.S.R., auteur de *L'Art de bien traiter*, nous ne savons au juste chez qui il a servi puisque nous ne savons au juste qui il est, mais il nous dit lui-même qu'il connaît les châteaux de Fontainebleau, de Saint-Cloud, de Rueil, de Vaux-le-Vicomte et de Liancourt. Il enseigne à merveille l'art de disposer les collations dans les jardins, d'organiser des « ambigus », repas où l'on servait à la fois la viande et le dessert, et il donne des conseils d'un raffinement extrême sur la façon de disposer les tables, de les orner de fleurs, de faire briller les cristaux remplis de vin à la lumière des torchères, héritier en cela du goût de la mise en scène des maîtres d'hôtel de la Renaissance, mais, cette fois, avec une délicatesse plus raffinée.

Massialot, pour sa part, inspira la table des ducs de Chartres, d'Orléans, d'Aumont et celle de Louvois lui-même, pour n'en citer que quelques-unes. Sa pratique fut bientôt imitée à la Cour.

Les époques de mutation gastronomique sont inévitablement des époques de *polémique* gastronomique. Quand il n'y a pas de polémique, il n'y a pas de recherche, parce que la polémique ne surgit évidemment pas s'il n'y a pas de tension entre la tradition et l'invention ou bien au contraire entre l'invention et l'académisme. Par exemple, la polémique de L.S.R. contre La Varenne, ce dernier étant relativement conservateur et s'adressant à une bourgeoisie prudente, peut être considérée comme une polémique d'avant-garde contre un certain immobilisme, alors qu'au contraire l'attaque de Jean Ribou, auteur de *L'Ecole parfaite*, contre Pierre de Lune, c'est la routine se rebiffant contre la modernité.

→ Collation préparée dans un jardin. *Gravure de Ch. N. Cochin (1688-1754). Bibl. nat., Paris.*

La première de ces deux polémiques est naturellement la plus intéressante puisqu'elle manifeste un effort au moins théorique pour éliminer définitivement la cuisine médiévale. «... Je crois, écrit L.S.R., qu'on ne verra point ici les absurdités et les dégoûtantes leçons que le sieur de La Varenne ose donner et soutenir, dont il a depuis si longtemps leurré et endormi la sotte et ignorante populace, en lui faisant passer ses productions comme autant d'infaillibles vérités et la doctrine du monde la plus approuvée au fait de la cuisine... Ne frémissez-vous point au récit d'un potage de sarcelles à l'hypocras, d'alouettes à la sauce douce? Voyez-vous sans horreur ce potage de trumeau de bœuf au tailladin, cette soupe de marmite? Celle de tête de veau frite ne vous fait-elle pas rire, ou plutôt pleurer de compassion? Allez plus avant, et considérez ces potages de manches d'épaules en ragoût, de citrouille et d'herbes sans beurre, de grenouilles au safran, de son, d'houblon, de panais, de framboises et de plusieurs autres saletés de cette farine... »

Au milieu de ces anathèmes, l'historien doit se garder de prendre parti. Certes, si l'on se place du point de vue du *terminus ad quem*, on est en droit de considérer la cuisine de la fin du XVIIIe siècle comme l'idéal vers lequel tend l'évolution de la gastronomie, de même que les anciens historiens de la peinture italienne considéraient celle-ci, entre le XIIe et le XVe siècles, uniquement comme une suite d'approximations menant à Raphaël ou au Titien. Ainsi que je l'ai indiqué au chapitre précédent, il ne devait pas manquer de gens pour déplorer la disparition partielle de l'ancienne cuisine et pour s'exprimer comme, par exemple, le fait Noël du Fail dans un texte antérieur à la période qui nous occupe, *Le Sire d'Eutrapel :* « Au temps du grand roi François, on mettait encore le pot sur la table, sur laquelle il y avait seulement un grand plat garni de bœuf, mouton, veau et lard et la grande brassée d'herbes cuites et composées

→ Dîner de Louis XIV à l'Hôtel de Ville de Paris, le 30 janvier 1687. *Fêtes pour le rétablissement de la santé du Roi. Gravure anonyme. Bibl. nat., Paris.*

Feste de l'Academie de Peinture
Feste des Fermiers generaux
PAR MESSIEURS DE VILLE
Le Roy

ensemble, dont se faisait un brouet, vrai restaurant et élixir de vie. En cette mélange (*sic*) de vivres ainsi arrangés chacun y puisait comme bon lui semblait et selon son appétit; tout y courait à la bonne foi. » On voit que le gentilhomme campagnard auteur de ces lignes considère comme barbare et malcommode le service compliqué par petites soucoupes qui tendit progressivement à s'imposer. Il veut, lui, les montagnes de rôts dont Boileau se moquera plus tard dans sa satire III, dite *Le Repas ridicule*.

Quant à nous, il nous est bien difficile de voir des différences si grandes entre les recettes des divers auteurs du XVIIe que nous venons d'évoquer. Massialot et L.S.R. sont considérés, nous l'avons dit, comme plus fins que le prolifique La Varenne, qui est non seulement l'auteur du *Cuisinier français*, mais certainement en outre l'auteur anonyme du *Pâtissier français*. Mais si nous parcourons les recettes de ces divers écuyers de cuisine, nous constatons qu'ils abusent tous, par exemple, en cuisine et en pâtisserie, des parfums, de l'eau de rose, du musc et surtout de l'ambre gris qui passait pour aphrodisiaque. Par ailleurs, en vertu d'un curieux retournement, dû à la distance historique, certaines recettes qui paraissaient horriblement analphabètes aux contemporains situés à la pointe du progrès nous paraissent à nous, aujourd'hui, des plus intéressantes, dans le contexte de notre propre académisme gastronomique. Je citerai le potage de framboises de Pierre de Lune, le potage de melon avec petits poulets de Pierre de Lune également. Le premier est en réalité un dessert, car on appelle « potage » à cette époque tout ce qui est fait dans un « pot ». Et cela est vrai aussi bien de certains ragoûts que de certaines sucreries sirupeuses. Mais le second potage, celui au melon et aux petits poulets, se rapproche de certaines expériences actuelles visant à mélanger la viande et les fruits. Il s'agit d'un bouillon de poulet, assaisonné d'un paquet de fines herbes et de sel, couronné d'une purée de melon cuit, passé à l'éta-

→ Un service de viandes à Marly, 1699 (viande ici dans le sens d'aliment en général). *Bibl. des Arts décoratifs, Paris.*

mine avec le jus d'une rouelle de veau. Le tout est garni de tranches de melon frit et servi avec du jus de mouton et du jus de citron. C'est à Pierre de Lune que l'on doit la première recette du bœuf à la mode, et à *L'Ecole parfaite* la première recette de la poularde à la provençale, avec câpres, anchois et olives dénoyautées, mais sans tomates,

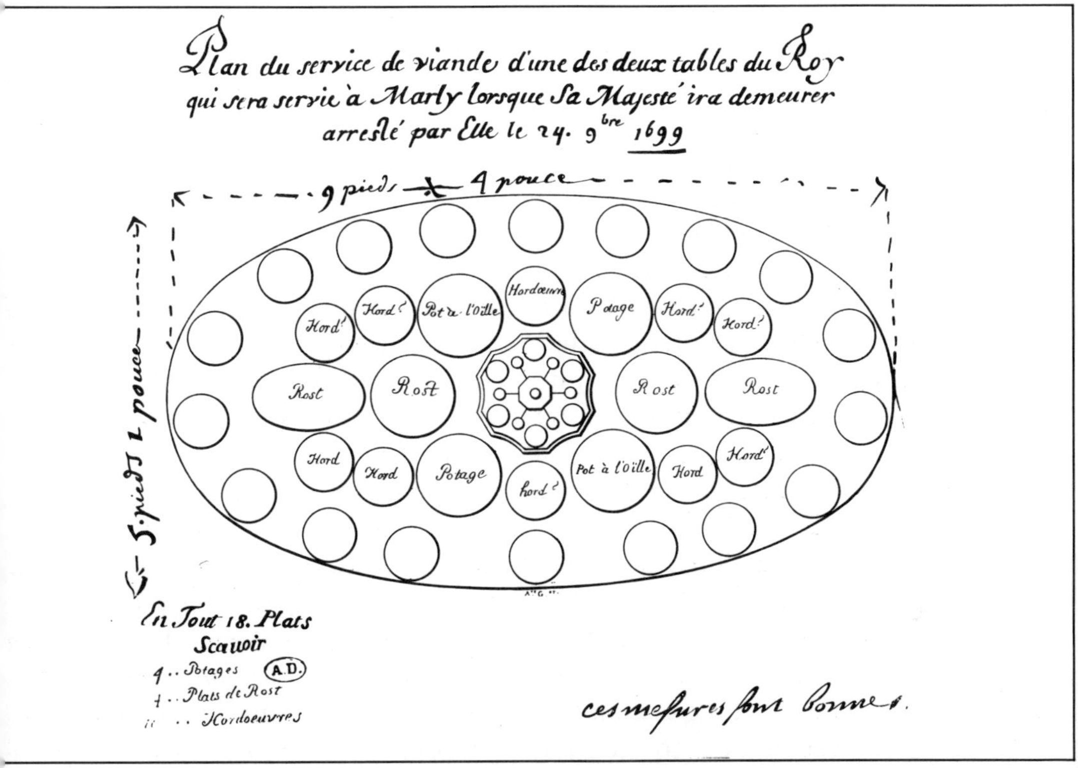

cependant que Massialot nous donne de son côté une recette, fort moderne d'accent, de poularde aux olives avec truffes, citron et foie gras. Faut-il considérer (toujours chez Massialot) le canard aux huîtres comme une survivance médiévale ou une anticipation moderne? On ne sait. Même perplexité devant le pâté à la portugaise de Pierre de Lune, où entrent du blanc de dindon à la moelle de bœuf, des écorces de citron, des dattes, des pistaches, des prunes, des raisins de Corinthe, du lard, du sucre, de la fleur d'oranger et des grains de grenade : est-ce la cuisine du XIIIe ou celle du XXIe siècle? La fricassée d'artichauts au vin blanc de La Varenne honorerait aujourd'hui n'importe quel repas de week-end cuisiné par un bon amateur, cependant que la marmelade de violettes que donne Massialot dans son *Instruction pour les confitures* (1692) remporterait en tout cas aujourd'hui un succès de curiosité, et peut-être davantage.

La pâtisserie, on s'en doute, ne fut pas moins agitée que la cuisine en cette époque frondeuse. On continue au XVIIe siècle à vivre sous le règne de la tourte, appelé à durer encore environ un siècle.

La tourte est, on le sait, un fourre-tout qui permet aussi bien les entrées salées que les desserts sucrés ou, selon la mode des temps, un mélange des deux. On peut y faire entrer du poisson, ou encore du fromage ou des légumes verts. Galette de pâte creuse avec un couvercle également de pâte, de la consistance à peu près de la pâte actuelle des pizze et dans laquelle on mettait à cuire, soit sous la cendre, soit au four, les hachis ou douceurs précités, la tourte est l'ancêtre de nos vol-au-vent et de nos pâtés en croûte. Une des garnitures les plus fréquentes de la tourte était constituée par les godiveaux, sortes de boulettes de viande, dont on faisait des quenelles, et les béatilles, qui sont de menus abats, crêtes de coq, rognons de volaille, ris d'agneau, etc. (On utilise encore à part, aujourd'hui, les béatilles en cuisine toscane, poêlées à la sauge : ce sont les *rigaglie alla salvia*.) Au début du XIXe siècle, le « divin » Carême écrira dans son traité des *Entrées chaudes de pâtisseries*, que la tourte « n'a plus assez de luxe pour paraître sur nos tables opulentes, pour la raison que sa tournure est trop vulgaire; la classe bourgeoise même la dédaigne, et ne mange plus que des

Boutique d'un pâtissier, XVIIe s. *Gravure d'Abraham Bosse (1602-1676). Bibl. nat., Paris.*

pâtés chauds et des vol-au-vent, tandis que les gros marchands d'autrefois se régalaient en famille de la modeste tourte d'entrée ».

Et en effet, lorsque nous lisons le menu du grand repas que Louvois donna le 25 août 1690 en son château de Meudon à Monseigneur, Monsieur, Madame, etc. avec toute la suite de la Cour, repas préparé par Massialot, et auquel ne manquait que le roi, nous y constatons la présence de tourtes de pigeons, de tourtes de pâtes croquantes à la marmelade d'abricot, et autres pâtisseries à la viande ou à la confiture. Car à l'époque on appelait pâtissier celui qui confectionnait n'importe quelle préparation, salée ou sucrée, carnée ou lactée, allant dans une pâte. D'ailleurs ne trouve-t-on pas encore aujourd'hui chez les pâtissiers des vol-au-vent aux champignons ou des chaussons aux anchois ? Les gâteaux de cette époque se nomment *casse-museaux*, ainsi qualifiés à cause de leur dureté, *darioles*, *talemouses*, etc. Les confituriers, pour leur part, s'occupaient non seulement des confitures et gelées, mais des sirops et liqueurs. L'une des liqueurs les plus à la mode était alors le *rossoli*, d'origine piémontaise, à base de pétales de roses, de fleurs d'oranger, de jasmin additionné de cannelle et de girofle, dont l'une des variantes était le *populo*, auquel on ajoutait de l'anis, du musc et de l'ambre. On consomme toujours beaucoup dans ce même temps le vieil hypocras, du vin aromatisé et sucré.

Mais la grande révolution de la fin du XVIIe siècle en matière de desserts, c'est d'abord la généralisation des glaces et des sorbets, venus d'Espagne et de Sicile, ensuite la généralisation du thé, venu de Chine, du café, venu d'Arabie, et du chocolat venu d'Amérique. Il est inutile de rappeler les innombrables sujets de discussion touchant les propriétés du café et du chocolat, depuis la question de savoir si le chocolat, alors préparé à l'eau, rompait le jeûne ecclésiastique, et si le café était bon ou mauvais pour la santé, s'il allait durer ou passer de mode (« Racine passera comme le café », écrit Madame de Sévigné [1]) jusqu'au problème de la vertu curative des trois nouveaux produits, relativement aux maladies vénériennes. Un opuscule publié à Paris en 1687, intitulé *Le Bon Usage du thé, du café et du chocolat*, recommande les nouveaux produits « à tous ceux qui auraient le malheur de se trouver atteints de la plus universelle des maladies galantes ». Hélas! les célèbres alcaloïdes allaient faire, et pour longtemps, très bon ménage avec la syphilis.

Les glaces, le café, le thé et le chocolat ne sont pas les seules denrées nouvelles ou réalisations nouvelles de cette époque. C'est au XVIIe siècle que se répand l'usage du dindon, importé d'Amérique au siècle précédent, celui des petits pois, objets d'une véritable folie dont Madame de Sévigné une fois de plus se fait l'écho : « Le chapitre des pois dure

1. Elle veut dire qu'ils passeront de mode l'un et l'autre, car alors on ne « passait » pas le café, on l'infusait, à la turque.

toujours, l'impatience d'en manger, le plaisir d'en avoir mangé et la joie d'en manger encore sont les trois points que nos princes traitent depuis quatre jours. » L'asperge également est de plus en plus consommée : on trouve chez Pierre de Lune la recette d'une omelette d'asperges qui, à vrai dire, est cuite selon les principes entièrement opposés à ceux qui conduisent à l'omelette onctueuse et baveuse confectionnée actuellement, puisqu'elle est cuite dans une tourtière et à petit feu jusqu'à solidification totale. Enfin, on prise de plus en plus le chou-fleur, d'origine orientale, connu en Italie depuis le XVIe siècle, et les brocolis, autre variété du chou. Pour clore ce chapitre des légumes, signalons la timide apparition des aubergines, venues d'Inde, et qui ne rencontrent encore qu'un accueil réservé.

Mais une autre grande révolution se produit en cette fin du XVIIe siècle : elle a lieu dans le domaine du vin. Elle est due à un ecclésiastique dont le nom orne encore aujourd'hui certaines bouteilles et a pris la consistance d'une image commerciale et d'une catégorie de l'entendement : dom Pérignon. Le champagne *mousseux* [1] ne date en effet que de 1668. Cette année-là, le cellerier de l'abbaye de Hautvillers, dom Pérignon, remarqua que le vin de Champagne présentait parfois une fermentation secondaire qui le rendait mousseux, ce qui était considéré comme une maladie. Dom Pérignon résolut au contraire de favoriser cette fermentation et il adopta le bouchon de liège [2]; en outre il mit au point un procédé rudimentaire de champagnisation. A vrai dire, on connaissait depuis longtemps, depuis le XIIIe siècle en fait, en Normandie, le procédé qui consistait à jeter dans une bouteille de vin ou de cidre un morceau de sucre. Le mérite de dom Pérignon fut de transformer cette

→ Dames et cavaliers prenant du chocolat (à noter l'appareil à faire mousser le chocolat, à droite). *Détail d'un plafond formé de carreaux de faïence dits azuleros. École catalane, fin XVIIe s. Musée des Arts décoratifs, Barcelone.*

1. *Et non le champagne tout court, vin nature du vignoble champenois.*

2. *Au lieu de la fermeture à l'aide d'une couche d'huile, encore usitée en Italie aujourd'hui.*

curiosité en méthode et en outre de mélanger les divers crus de champagne, comme on le fait encore aujourd'hui.

D'autres nouveaux breuvages apparaissent au début du XVIIIe siècle, ou du moins s'élèvent jusqu'à la qualité qui les fait entrer dans l'histoire du goût : ce sont les alcools et eaux-de-vie. C'est à ce moment-là que l'on met au point, grâce à la maîtrise de la distillation et du vieillissement, les cognacs et armagnacs, tirés du vin, les alcools de fruits ou de baies, les liqueurs à base de plantes, qui nous sont familiers aujourd'hui. A la fin du même siècle, les Portugais, stimulés par l'engouement du marché anglais, peuvent donc parachever le porto, vin le plus souvent rouge que l'on additionne d'eau-de-vie pendant la fermentation, ce qui, en arrêtant celle-ci, le rend à la fois plus sucré et plus fort. Vieilli au moins cinq ans, mais gagnant à l'être cinq ou dix fois davantage, le vin de Porto est le seul auquel ce traitement confère un bouquet puissant et fin, une saveur profonde, d'une originalité que le cru d'aucun autre terroir n'est parvenu à imiter.

Dans l'ensemble, fille du Moyen Age, la cuisine du XVIIe siècle sent encore un peu trop le lard, la cannelle et le verjus, mais la transformation qui s'opérait dans les esprits permet déjà de prévoir celle qui va bientôt se produire dans les marmites.

7.

L'ancien et le nouveau

Nous entrons maintenant dans une période de l'histoire de la gastronomie où les seules connaissances de l'amateur ne suffisent plus, je ne dirai même pas à exécuter, mais fût-ce à comprendre les nouvelles techniques culinaires. Il se passe un peu, quand on lit les divers livres de cuisine au fil de l'histoire, la même chose qui se passe quand on lit une histoire de la science ou des mathématiques : le profane suit sans difficulté le récit de l'historien jusqu'à la période critique où la science devient vraiment la science. Lire une recette d'Apicius ou de Pierre de Lune, c'est prendre le plaisir charmant et détendu que l'on goûte à parcourir le secteur anecdotique de la cuisine préscientifique; lire une recette de Carême, de Gouffé ou de Nignon c'est déjà être contraint de fournir, *simplement à la lecture* (sans parler de la réalisation!) un effort d'attention qui n'est pas toujours couronné par une parfaite compréhension. Car, tout comme il est presque impossible à l'homme de la rue de comprendre le compte rendu détaillé d'une opération chirurgicale, tout comme il est illusoire à celui qui détient une connaissance simplement littéraire de la médecine clinique d'apprécier le résultat des analyses biologiques des laboratoires modernes, ainsi une recette véritablement raffinée n'est vraiment accessible, à partir de 1800 environ, qu'aux cuisiniers professionnels. Le XVIIIe siècle conduit à un dédoublement du langage, et il y a autant de différence entre Pierre de Lune et Carême qu'entre les observations scientifiques de Rabelais et la physique de Newton, entre l'alchimie de Paracelse et les lois de Lavoisier, entre la musique des madrigalistes et un opéra de Mozart.

Le XVIIIe siècle applique les idées qu'a formulées le XVIIe mais que celui-ci n'a pas réalisées. Il se rapproche des idéaux de simplicité en même temps qu'il fait preuve d'ingéniosité dans la solution élégante de problèmes difficiles. A mi-chemin entre l'ancienne cuisine — qui était la cuisine de la superposition et du mélange — et la nouvelle cuisine, qui est la cuisine de l'imprégnation et des essences, la gastronomie du XVIIIe siècle est encore à la portée de l'amateur zélé tout en étant dirigée par des professionnels réfléchis. C'est l'époque où le roi Louis XV lui-même préparait les omelettes, les œufs en chemise *à la fanatique*, les pâtés aux mauviettes [1], le poulet au basilic. La duchesse de Berry, fille du Régent, inventa ou fit inventer les filets de lapereaux à la Berry et Madame de Pompadour les filets de volaille à la Bellevue, du nom de son château. Plusieurs plats appelés encore aujourd'hui « à la Bellevue » ou « en Bellevue » ont pour origine la Pompadour, qui créa en outre une recette de timbale, sans doute pour faire pièce aux « timbales Agnès Sorel » (auxquelles il est probable qu'Agnès Sorel n'a jamais goûté, puisqu'elles comportent de la purée Soubise).

La noblesse française attache à des sauces ou à des appareils ses noms, qu'elle prêtera au siècle suivant à des courses de chevaux. Alors le pur-sang remplacera dans son souci le lièvre au sang. C'est au XVIIIe que l'on voit naître la soubise, purée d'oignons préparée avec du riz; la mirepoix, appareil

→
Menu d'un souper de Louis XV et Mme de Pompadour au Château de Choisy, 4 novembre 1757 (menu maigre du vendredi). (« Oille » : pot-au-feu, avec ou sans viande; plus consistant que le potage.) *Bibl. des Arts décoratifs, Paris.*

1. *Alouettes.*

A SOUPER

Vendredi 4. Novem^bre. 1757

PREMIER SERVICE

2 Oilles

Une au Coulis de Lantilles.
Une a la Paysanne.

2 : Potages

Un aux Laitues.
Une Chiffonnade.

8 HORS D'ŒUVRES

Une Gallantine d'Oseille.
D'harricots a la Bretonne.
D'harrangs frais a la Moutarde.
De Maquereaux a la M^tre d'hotel.
Une ommelette aux Croutons.
De Moruë a la Creme.
D'harrangs frais a la moutarde.
De petits Pâtés.

2e

4 Grandes Entrées

Un Brochet a la Pollonnoise.
Une Hure de Saumon au Four.
Une Carpe au Courboüillon.
Une Truite a la Chambore.

4 Moyennes

Une Solles aux fines herbes.
De Truites grillées Sauce hachée.
De Truites a la Hollandoise.
De perches au blanc.
De Lottes a l'Allemande.
De Raye au beurre noir.
De Saumon grillé.
De Saumon grillé.

3e

8 PLATS DE ROST

De Solles.
De Filets de Brochets frits.
De Limandes frites.
De Lottes frites.
De Truites.
De Carlets au blanc.
Une Queüe de Saumon.
De Solles.

4 Salades

4e

8. Entremets Chauds

De Choux fleurs au Parmezan.
Un pain aux Champignons.
De Rotties aux Anchoyes.
Un Ragout meslé.
D'Artichaux frits.
D'haricots verds.
De Choux-Raves.
D'Epinards.

4. Froids

Un Buisson d'Ecrevisses.
Un Gateau a la Baviere.
Un Poupelain.
Un Brioche.

4. Assiettes en Coquilles.
2. Assiettes de petits Pots.
2. Assiettes de Patisserie.

devenu classique, consistant à détailler en dés carottes, oignons, céleris, etc. et dont la variante maigre, nommée brunoise, aura l'honneur de participer à l'accomplissement des écrevisses à la bordelaise.

En ce siècle paraissent aussi sur la scène européenne le baba au rhum, importé de Pologne par Stanislas Leczinski, puis la première des grandes sauces mères, la première sauce radicalement nouvelle depuis les dodines de Taillevent et les sauces vertes de la Renaissance italienne, la mayonnaise, dont on attribue l'invention au duc de Richelieu. Celui-ci ayant pris Port-Mahon, le 28 juin 1756, aurait baptisé « mahonnaise » une sauce due à sa main, que d'autres veulent « bayonnaise », alors que Carême l'appelle « magnionnaise », ce qui viendrait, d'après lui, du verbe manier. Elle n'est pas appelée autrement dans les cuisines, prétend-il.

Un siècle plus tard, aucune sauce, aucun plat ne pourra porter légitimement le nom d'un amateur, si du moins il est à la hauteur de la cuisine du XIXe siècle; les plats nouveaux ne porteront que les noms de chefs professionnels, Véron, Foyot, etc. Nous donnerons plus loin les formules d'une sauce Richelieu, d'une sauce Soubise, d'après Carême, ou encore d'une sauce Mornay, d'une sauce Villeroi, dont nous verrons bien à la seule lecture que si leur conception d'origine a pu être éventuellement entr'aperçue par l'amateur, leur mise au point définitive est hors de la portée de la simple bonne volonté privée, même éclairée par une haute culture.

Brillat-Savarin écrit, dans la *Physiologie du goût*, que nul ne peut savoir ce qu'est vraiment la vie gourmande s'il n'a pas vécu les dernières années de l'Ancien Régime. Je crois qu'il y a plus dans cette affirmation qu'une classique nostalgie de sa jeunesse chez un homme, d'ailleurs, qui, né en 1755, mort en 1826, a vécu la période peut-être la plus intéressante de l'histoire de la gastronomie et en a apprécié tous les développements, les fleurs les plus rares, écloses au début du XIXe siècle. Il est très réellement vrai que la période correspondant à la jeunesse de Brillat-Savarin offrit une synthèse unique entre cuisine d'amateur et cuisine professionnelle, cuisine traditionnelle et cuisine nouvelle, cuisine de terroir et cuisine de laboratoire, cuisine paysanne et cuisine bourgeoise, cuisine provinciale et cuisine internationale. Ce sont des financiers, les nouveaux riches du XVIIIe siècle, que le duc de Richelieu, nous l'avons vu plus haut, rend responsables de ce qu'il appelle les absurdités de la cuisine moderne, ce sont eux qui subventionnèrent pourtant les expériences les plus coûteuses et traitèrent les compagnies susceptibles d'en apprécier la portée. Brillat-Savarin les appelle « les héros de la gourmandise » et (ajoute-t-il) « il y avait combat ». Quel combat? Il suffit de lire précisément les protestations de certains nobles et de certains bourgeois contre les nouveaux cuisiniers pour sentir que la nourriture est certainement le domaine où l'homme est le plus attaché à ses habitudes. On cite le cas de ce soldat franc-comtois dont le régiment se trouvait à Paris et qui mourut au bout de quinze jours faute de pouvoir absorber quotidiennement la soupe aux choux et au lard fumé de son terroir natal. Mais il faudrait aussi mentionner Voltaire qui écrit au comte d'Autray : « J'avoue que mon estomac ne s'accommode point de la nouvelle cuisine. » Après quoi Voltaire cite d'ailleurs quelques recettes qui appartiennent à l'ancienne cuisine, tel un hachis de dinde, de lièvre et de lapin avec un excès de poivre et de muscade.

Rousseau dans les *Confessions* déplore la cuisine trop élaborée de ses mécènes. Que n'aurais-je pas donné, dit-il, pour une simple omelette au cerfeuil. En quoi il a parfaitement raison car précisément la grande cuisine allait faire faire des progrès considérables à l'omelette. Diderot raconte longuement à Sophie Volland les repas qu'il fait à la campagne chez le richissime baron d'Holbach. Après déjeuner, dit-il, on se promène, on digère « si on peut ». Les financiers et les gens de lettres étaient associés dans la révolution gastronomique par des intérêts communs qui allaient les réunir à nouveau dans la révolution politique. Sous le règne de Louis XIV, nous dit Brillat-Savarin, « les gens de lettres étaient ivrognes; ils se conformaient à la mode, et les Mémoires du temps sont tout à fait édifiants à ce sujet. Maintenant ils sont gourmands : en quoi il y a amélioration ».

L'événement se situe en 1780. Un groupe d'amis décide de faire une farce à un certain chevalier de Langeac, gourmet professionnel. Ses amis décident d'inviter le chevalier à souper pour le berner de la façon suivante : on servirait d'abord un repas agréable, savoureux, très copieux, mais sans raffinement particulier. Le chevalier ne manquerait pas d'y faire largement honneur. Les autres convives, tous dans la conspiration, invoqueraient des prétextes divers — rhume, migraine — pour ne toucher que du bout des lèvres et des dents à ce gros et brave souper. A peine celui-ci achevé et desservi, on apporterait un second souper, beaucoup plus raffiné et encore plus copieux, auquel la compagnie, soudain guérie, se mettrait à faire honneur avec véhémence, cependant que le pauvre chevalier, gavé par tant de victuailles antérieures, serait hors d'état d'en consommer la moindre parcelle. Pourquoi rapporter cette histoire? Parce qu'il est intéressant de comparer les deux menus, puisque le premier, de l'aveu même de ses auteurs, est excellent mais sans recherche, alors que le second exprime les aspirations les plus secrètes des gourmands de 1780. Nous avons là une vivante antithèse entre l'ancien et le moderne, mis en parallèle par des représentants de la génération même qui était la mieux placée pour juger de leur différence.

Voici le premier menu.

Premier service : Un énorme aloyau dans son jus, une fricassée de poulet bien garnie, une tranche de veau, une très belle carpe farcie. *Second service :* Un dindon, un brochet au bleu, le tout flanqué de six entremets de légumes et, petite note exotique quoique simple, d'un macaroni au parmesan.

Salades nombreuses, fromages, suivis d'un verre de Malaga car le chevalier ne mangeait jamais de sucreries.

Après s'être moqué tout en mangeant et buvant de ceux qui n'avaient pas faim, le chevalier de Langeac constate à sa grande surprise que les domestiques au lieu de desservir remettent à nouveau le couvert et servent le second menu, que voici : *Premier service :* Ris de veau au coulis d'écrevisses, laitance aux truffes, brochet piqué et farci, ailes de bartavelle à la purée de champignons. (La bartavelle est une variété de perdrix rouge que l'on appelle également « perdrix grecque ».)

On ne nous dit rien du second service, pour ne nous parler que du troisième changement, que voici : plusieurs douzaines de bécassines « blanches de graisse, dormant sur des rôties officielles », c'est-à-dire des tranches de pain grillé tartinées de farce à gratin; un faisan, un thon frais et « tout ce que le petit four présentait de plus élégant en entremets ».

Plusieurs choses sont à remarquer ici, tout d'abord et principalement que le second menu se distingue par des *fumets*, des purées *odoriférantes* non point en tirant parti de condiments extrinsèques mais sur la base de produits naturels : coulis d'écrevisses, truffes, purée de champignons, incorporés, intériorisés par l'aliment de base. Ensuite l'apparition des « rôties », puis celle des *entremets du petit four*, c'est-à-dire non pas les petits gâteaux sucrés que nous entendons seuls sous le nom de « petits fours » aujourd'hui, mais le produit de l'art du pâtissier, c'est-à-dire celui qui fait les *pâtés*, remplaçant par des compositions complexes les bons vieux entremets de légumes bouillis et de salades. L'odeur joue un rôle d'estafette important dans cette nouvelle cuisine; et Brillat-Savarin précise que le fumet des entrées du second menu « s'élevait jusqu'aux cieux ». La révolution gastronomique de l'époque, ou plutôt son indice révélateur, c'est la conquête de l'air.

Nous remarquons en revanche, dans ce menu, comme dans le menu « ancien », l'alternance du poisson et de la viande ou même la possibilité de les servir ensemble, que le code plus tardif éliminera au profit de la simple succession poisson-viande.

Le sentiment de nouveauté est si constamment présent, au XVIIIe siècle, dans ce domaine comme dans les autres, que les contemporains ne peuvent pas s'empêcher de s'ébahir eux-mêmes du renouvellement incessant de leur cuisine. Comme l'on parle, en matière de morale et de science ou de philosophie, du progrès des lumières, on ne cesse pas en l'occurrence de se féliciter d'appartenir au siècle de la cuisine moderne. *Le Cuisinier moderne*, c'est d'ailleurs le titre parlant d'un des plus importants livres de cuisine de l'époque. La préface en reflète étonnamment l'esprit de l'époque, par son mélange de confiance dans les normes éternelles de la raison humaine et de certitude d'œuvrer pour le bien en suivant les changements apportés par le cours de l'histoire : « Les arts, écrit l'auteur du *Cuisinier moderne*, Vincent La Chapelle, les arts ont des règles générales. Ces règles ne suffisent pourtant pas, et la perfection exige que l'on travaille sans cesse à renchérir sur une pratique constante, et cependant sujette comme toute autre chose à la vicissitude des temps. » Et La Chapelle ajoute : « La table d'un grand seigneur servie à présent de la même manière qu'il y a vingt ans ne satisferait point les conviés. » Vingt ans à peine! Rarement révolution culinaire aura été aussi rapide. Sébastien Mercier écrit en 1786 dans son *Tableau de Paris :* « Dans le dernier siècle, on servait des masses considérables de viande, et on les servait en pyramides. Les petits plats, qui coûtent dix fois plus cher qu'un gros, n'étaient pas encore connus. On ne mange délicatement que depuis un demi-siècle... Qui pourrait nombrer tous les mets de la nouvelle cuisine? C'est un idiome absolument neuf. »

A vrai dire, la terminologie des repas n'a pas tellement changé. On nous parle encore, la plupart du temps, de premier service, second service et non point de premier plat, second plat, ce qui signifie que tout est posé sur la table en même temps selon la vieille coutume, à chaque service, qui lui-même comporte des mets variés. On nous parle toujours d'entrées, de relevés et de plats, sans que l'on puisse bien distinguer quelle différence il y a entre les uns et les autres. La Chapelle nous dit à propos de certain aloyau que si on le présente sur un plat ovale il servira de relevé et que si on le pose sur un plat rond il fera office d'entrée!... C'est un peu comme quand on dit aujourd'hui qu'un hors-d'œuvre peut aussi servir de plat principal. Les entremets sont de toute nature, sucrés ou salés, viande ou poisson, légumes ou petits pâtés, vol-au-vent ou timbales. Les hors-d'œuvre, comme les entremets, se servent à n'importe quel moment du repas, de préférence à la fin, pour faire patienter, sans doute, entre les mets.

Toutes ces dénominations persisteront dans la terminologie des menus très longtemps. Encore aujourd'hui, sur ce qu'on appelle les « *grandes cartes* », on entend parler *d'entrées ;* ce ne sont nullement des plats destinés à *commencer* le repas, comme voudrait le faire croire la logique, mais une survivance des vieilles entrées, des « services ».

Les modifications de la cuisine se produisaient à la fois, nous l'avons dit, du fait de la naissance du snobisme gastronomique et du fait des recherches entreprises par les hommes de l'art. « Pour les petits soupers du Régent, écrit Franklin dans *La Vie privée d'autrefois*, les mets s'apprêtaient dans les endroits faits exprès de plain-pied, dont tous les ustensiles étaient en argent; les roués mettaient souvent la main à l'œuvre avec les cuisiniers. » Les roués étaient, on le sait, les épicuriens, de l'entourage du Régent. La finance, non plus que l'aristocratie, ne pouvait se passer de cuisiniers à proprement parler. Sans doute Madame de Lauzun était-elle brillante dans la préparation des œufs brouillés, sans doute le président Hénault savait-il faire mieux que personne le coulis de gibier, sans doute est-ce le comte de Laplace qui le premier a imaginé de servir des fraises arrosées de jus d'orange, il n'en restait pas moins que le cuisinier de métier devenait de plus en plus indispensable. « Il y a soixante ans, écrit Duclos en 1765, il n'y avait de cuisiniers que dans les maisons de première classe. Plus de la moitié de la magistrature ne se servait que de cuisinières. »

Tout est changé, chacun veut désormais son cuisinier, et un cuisinier pensant. Ce cuisinier, bien sûr, nous apprend Sébastien Mercier toujours dans son *Tableau de Paris*, « on le choie, on le ménage, on l'apaise quand il est fâché; et tous les autres domestiques lui sont ordinairement sacrifiés ».

C'est la première fois que l'on voit apparaître cette distinction tranchée entre la cuisine de cuisinière, transmise par le savoir-faire manuel et l'instruction familiale, et, d'autre part, la cuisine de cuisinier, faisant appel à l'invention et à la réflexion. Cette distinction antiféministe ne doit naturellement pas nous empêcher de constater que ce sont souvent les cuisiniers qui sont des cuisinières et inversement. De toute manière, il y a, hélas! plus de faux grands cuisiniers que de vraies bonnes cuisinières.

Qu'est-ce qu'un cuisinier? Pour cette nouvelle classe financière ou nobiliaire des villes, adonnée entièrement à la vie mondaine, un cuisinier c'est un homme capable d'inventer ce que l'on n'a encore pas mangé chez les autres.

Cette invention, quotidiennement requise, aurait par exemple donné le jour au plat un peu mystérieux appelé « épigramme d'agneau ». L'épigramme d'agneau, telle qu'on la fait ou qu'on ne la fait plus assez actuellement, comporte deux pièces traitées à sec, panées à l'anglaise [1] et grillées

→ Meuble glacière pour conserver les fruits (au centre).
Planche extraite de « Le Cannaméliste français » par le Sieur Gilliers, Nancy, 1751. Bibl. nat., Paris.

Surtout de table pour desserts.
Gravure extraite de « Le Confiturier royal », 1791. Bibl. des Arts décoratifs, Paris.

1. *La panure « à l'anglaise » est faite de mie de pain et de jaunes d'oeufs. Additionnée de parmesan, elle devient « milanaise ».*

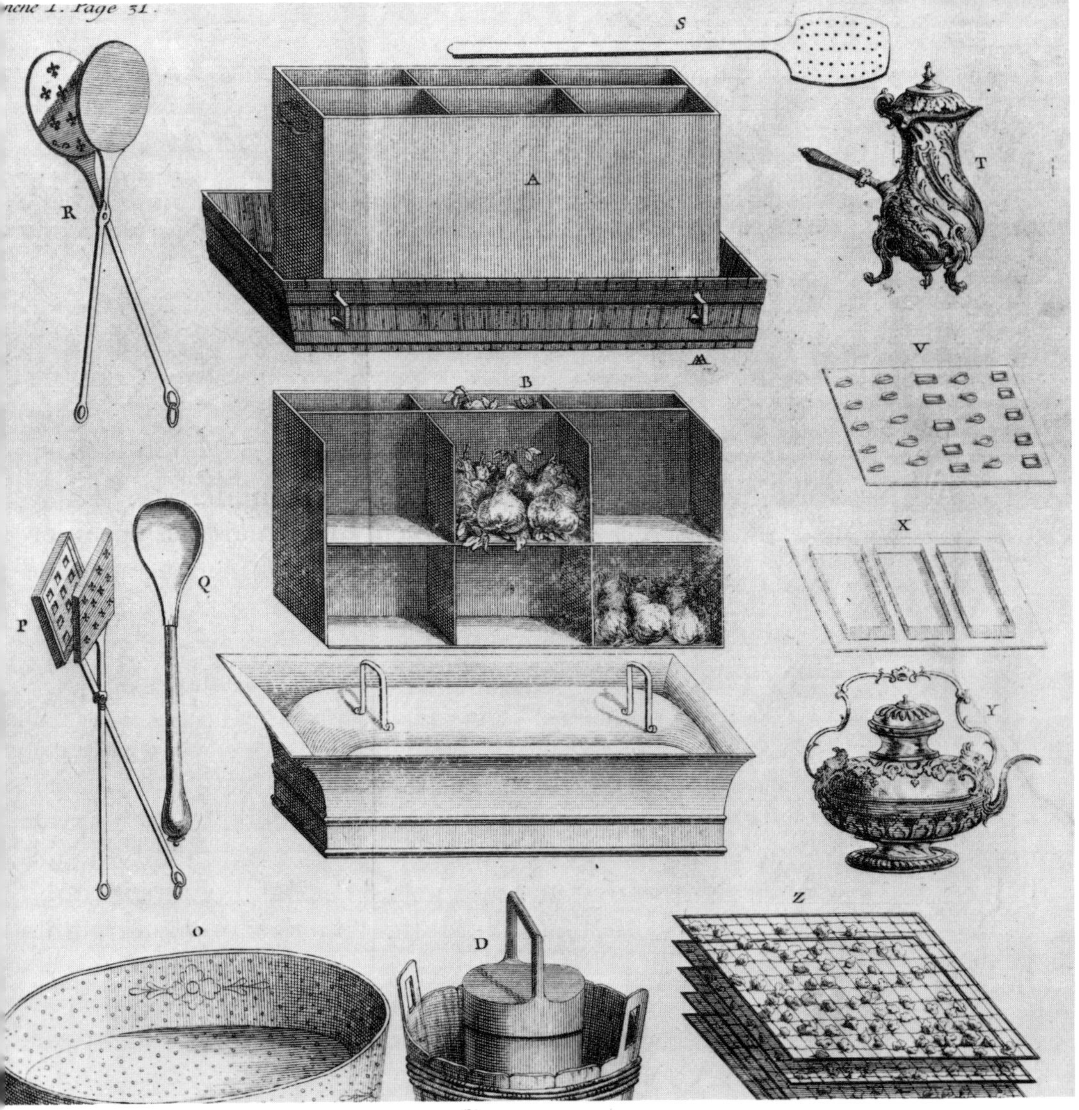
S
R
A
T
V
B
X
Q
P
Y
Z
O
D

ou sautées : un morceau de la poitrine et une côtelette. L'anecdote se situe hypothétiquement vers le milieu du XVIIIe siècle (en tout cas le plat apparaît un peu plus tard dans les livres). Une femme du monde entendant un jour raconter à sa table par un de ses invités que la veille, chez le comte de Vaudreuil, la compagnie avait savouré d'excellentes épigrammes, crut de bonne foi qu'il s'agissait d'un plat. La soirée finie, elle convoque son chef, un nommé Michelet — nous dit la tradition orale recueillie beaucoup plus tard — et lui déclare : « Il me faut pour demain un plat d'épigrammes. »

Le maître queux passe la nuit à méditer, dès l'aube s'informe auprès de ses collègues, consulte les vieux formulaires [1] mais ne trouve rien. Devant confectionner la chose pour le dîner, c'est-à-dire pour midi, puisqu'on « dînait » à midi ou à onze heures et que l'on « soupait » à six ou à sept, il invente un nouveau plat, très différent d'ailleurs de ce que l'on sert aujourd'hui sous ce nom et plus subtil. Les convives surpris demandent quel est ce chef-d'œuvre inconnu et le maître d'hôtel répond froidement : « Epigrammes d'agneau à la Michelet. » Les convives, qui étaient les mêmes, à dessein, que ceux du dîner de la veille, éclatèrent de rire, ce dont la jeune femme rougit d'aise, croyant que c'était de Vaudreuil qu'on riait.

C'est en 1733 qu'était paru ce *Cuisinier moderne,* de La Chapelle, auquel je viens de faire allusion. Carême, qui méprisait souverainement la cuisine ancienne (même celle du Siècle des lumières!) écrit pourtant du livre de La Chapelle : « *Le Cuisinier moderne* est le seul livre digne

1. Des formulaires manuscrits ou dispensaires, contenant de vieilles recettes, circulaient dans les cuisines. C'est pourquoi le Grand Cuisinier, *imprimé en 1540 seulement, avait néanmoins servi de manuel pendant les deux siècles précédents.*

d'attention parmi les dispensaires antérieurs à l'Empire. » La Chapelle est l'inventeur de la *sauce espagnole* qui est, avec la mayonnaise, une des grandes sauces mères de la cuisine. A vrai dire, l'exécution de cette sauce suppose déjà la maîtrise des fonds pour « grande cuisine », sur lesquels nous reviendrons. En un mot, les fonds de cuisine comprennent notamment tous les roux, la mirepoix, les fonds de veau, le blond de veau, inventé au XVIIIe siècle (il sert pour ce que l'on appelle les petites sauces brunes composées). Plus exactement, les sauces sont constituées par le mariage des roux et des fonds. Aussi, la sauce espagnole, totalement absente de la cuisine espagnole du reste, a-t-elle pour *point de départ* trois compositions *déjà* cuisinées : un roux de liaison, un fond brun fait avec du bœuf, du veau, des légumes, des couennes, etc. et la mirepoix, dont nous avons parlé plus haut. On ajoute à cela du lard de poitrine, de l'oignon, des carottes, du thym et du laurier. Cette préparation brune, qui exige six heures de mise au point pour être dépouillée, désacidifiée, passée à l'étamine et réduite en gelée, sert à son tour de point de départ pour une foule de sauces courantes telles que la bigarade, la bordelaise, la bourguignonne, la chasseur, etc. Parvenue à l'extrême limite de sa perfection, l'espagnole s'appelle la *demi-glace :* c'est une sauce obtenue par adjonction à la sauce espagnole de fond brun clair et de madère. Quant aux *glaces*, ce sont des fonds amenés par réduction à une consistance qui est presque celle du miel ou de la résine.

Plus tard, le délicat et civilisé Nignon, celui qui fut le propriétaire du restaurant Larue quand Proust en était le client, se vanta d'avoir débarrassé la cuisine de « l'abominable sauce espagnole ». On se rend compte, en effet, que la méthode des fonds, des roux, des glaces et demi-glaces, créée dans la meilleure intention du monde, qui était de séparer des essences pour les réincorporer à des plats, cette cuisine pour ainsi dire au premier degré, cette cuisine dans la cuisine, il est clair qu'elle suppose la plus grande dépense et la plus grande honnêteté. La technique des fonds, passée entre des mains peu scrupuleuses, peut aboutir au pire des gargotages. C'est ce qui arrive fort souvent; et la vulgaire « sauce passe-partout » sortie des fosses à vidange de la grande cuisine dégénérée, de la cuisine voleuse et paresseuse, sera souvent, hélas! le triste avatar final des trouvailles des grands ancêtres.

Avec le triomphe des roux, de la sauce béchamel, on commence également ou plutôt on s'habitue définitivement à « singer » les morceaux destinés à la friture ou au ragoût, c'est-à-dire à les enfariner.

En 1738, paraît *Le Festin joyeux* ou *La Cuisine en musique*, de Lebas. C'est un livre de cuisine... en vers, avec indication de l'air connu sur lequel les chanter. L'auteur veut ainsi permettre aux dames « d'enseigner en chantant à faire des ragoûts et sauces à quelques-uns de leurs sujets subalternes ». Voici la recette du coulis d'écrevisses, sur l'air de *Petits moutons qui dans la plaine :*

« Les écrevisses bien pilées,
mitonnez-les dans du bouillon;
joignez-y du pain qui soit bon,
et que toutes soient bien passées. »

→ Le déjeuner d'huîtres, 1734. *Détail d'une peinture de Jean-François de Troy (1679-1752). Musée Condé, Chantilly.*

En dehors de ses talents, d'ailleurs éminemment faillibles, de versificateur, Lebas ne se signale à l'intention de la postérité que pour avoir donné le conseil de manger les huîtres crues et non plus cuites — conseil d'ailleurs superflu, car on ne l'avait pas attendu pour le faire — et d'autre part en tant qu'inventeur du bouillon solidifié et soluble, le « consommé en pastille » que l'on emportait en voyage. Gloire discutable, si l'on en juge par la suite.

Beaucoup plus important dans la bibliographie gastronomique du temps est le livre de François Marin, le cuisinier de Madame de Gesvres, *Les Dons de Comus ou les délices de la table*, imprimé à Paris en 1739. Cet ouvrage, que Carême négligera injustement parce que Marin n'a pas le génie inventif de La Chapelle, n'en est pas moins l'inventaire le plus fidèle de l'état de la cuisine à l'époque où les nouvelles acquisitions sont vraiment consolidées. Il a un autre mérite : alors que La Chapelle s'adresse uniquement à des profes-

sionnels, que, comme Taillevent, comme Pierre de Lune, il donne ses idées en général en vrac, supposant connue la routine habituelle, sans prendre la peine de classer les recettes en ordre logique et par degré de difficulté, au contraire, *Les Dons de Comus* se présentent comme le premier livre de cuisine moderne, dans ce sens que Marin écrit un livre *méthodique* et exhaustif. Tous les modes de préparation, de cuisson, d'exécution sont passés en revue.

Autant que La Chapelle, il conseille une discrétion croissante dans l'emploi du sel, du poivre, des épices, dont les doses deviennent, sous sa main légère, infinitésimales. Il emploie le champagne dans la cuisine et se signale par un pâté de truite aux truffes dont on souhaiterait voir appliquer plus souvent aujourd'hui la formule, évocatrice de la future nouvelle cuisine française de la fin de ce XXe siècle.

Mais l'ouvrage de François Marin se signale à l'attention par une autre nouveauté, qui n'est pas due à sa plume, pour parler vrai : c'est sa préface. Nouveauté non point parce que c'est une préface-manifeste, comme nous en avons lu en tête des *Délices de la campagne* et de *L'Art de bien traiter*, mais parce qu'elle exprime des idées d'une étonnante profondeur et surtout parce qu'elle est due à deux pères jésuites, les révérends pères Brunoy et Bougeant. Naturellement, aucun des deux ne signa. Mais la critique considère comme établie l'attribution à Brunoy et Bougeant, S.J., de la paternité de cette préface anonyme, qui leur fait honneur. Les jésuites se seront ainsi montrés en cuisine plus éclairés que Voltaire! Méditons ce texte pivot.

« La cuisine ancienne, disent-ils, est celle que les Français avaient mise en vogue par toute l'Europe, et qu'on suivait presque généralement il n'y a pas trente ans. La cuisine moderne, établie sur les fondements de l'ancienne, avec moins d'appareil et moins d'embarras, quoique avec autant de variété, est plus simple et peut être encore plus savante. L'ancienne cuisine était fort compliquée et d'un détail infini : la cuisine moderne est une espèce de chimie. La science du cuisinier consiste à décomposer, à faire digérer et à quintessencier les viandes; à tirer des sucs nourrissants et pourtant légers, à les mêler et les confondre ensemble, de façon que rien ne domine et que tout se fasse sentir; enfin, à leur donner cette union que les peintres donnent aux couleurs et à les rendre si homogènes, que de leurs diverses saveurs il ne résulte qu'un goût fin et piquant et, si j'ose le dire, une harmonie de tous les goûts réunis ensemble. Voilà tout le fin du métier, et le grand œuvre, en fait de cuisine. »

Ce texte est aussi important pour l'histoire de la cuisine que le poème de Parménide pour l'histoire de la philosophie. En effet, il fait de la cuisine l'objet de la pensée et non plus seulement de la sensation — j'entends naturellement au niveau de la réalisation et non de la consommation. Nous touchons du doigt ici la différence qu'il y a entre une cuisine parfumée à l'aide d'épices et de condiments surajoutés, cuisine à la portée de tout amateur ayant pris la peine de s'informer un peu, et la cuisine moderne qui crée de nouvelles entités non point seulement par mélange mais par combinaison et fusion de produits naturels constituant de nouvelles unités gustatives.

Cette nouvelle cuisine ne peut décidément être exécutée que par des professionnels. Aussi, parallèlement, assistons-nous à l'apparition d'une branche de la littérature gastronomique indispensable encore de nos jours, branche consacrée à la grande cuisine simplifiée, mise à la portée de tous, et comportant les ouvrages destinés à la mère (ou au père) de famille, au « cordon-bleu » empirique et à l'autodidacte mégalomane [1]. Des livres de cuisine faciles doublent pour ainsi dire la série des livres exigeant, pour être appliqués, ce qu'on appelle en musique la « virtuosité transcendante ». C'est en 1745 que paraît le premier de ces ouvrages pratiques, manuel dont le titre même est significatif, *La Cuisinière bourgeoise* de Menon, qui sera réimprimé jusqu'à la fin du

→
1. Pastillage et moules pour les glaces.
2. Fabrication de la confiture.
Planches extraites de l'Encyclopédie de Diderot. Bibl. des Arts décoratifs, Paris.

1. Le cordon bleu était l'insigne des chevaliers de l'ordre du Saint-Esprit. On disait un « cordon bleu » pour un homme décoré de ce cordon. J'ignore pour quelles raisons et par quelles transitions on passa du Saint-Esprit à la casserole. Littré dit simplement, après avoir indiqué les sens ci-dessus : « Familièrement et par plaisanterie, un cordon-bleu : une cuisinière très habile. »

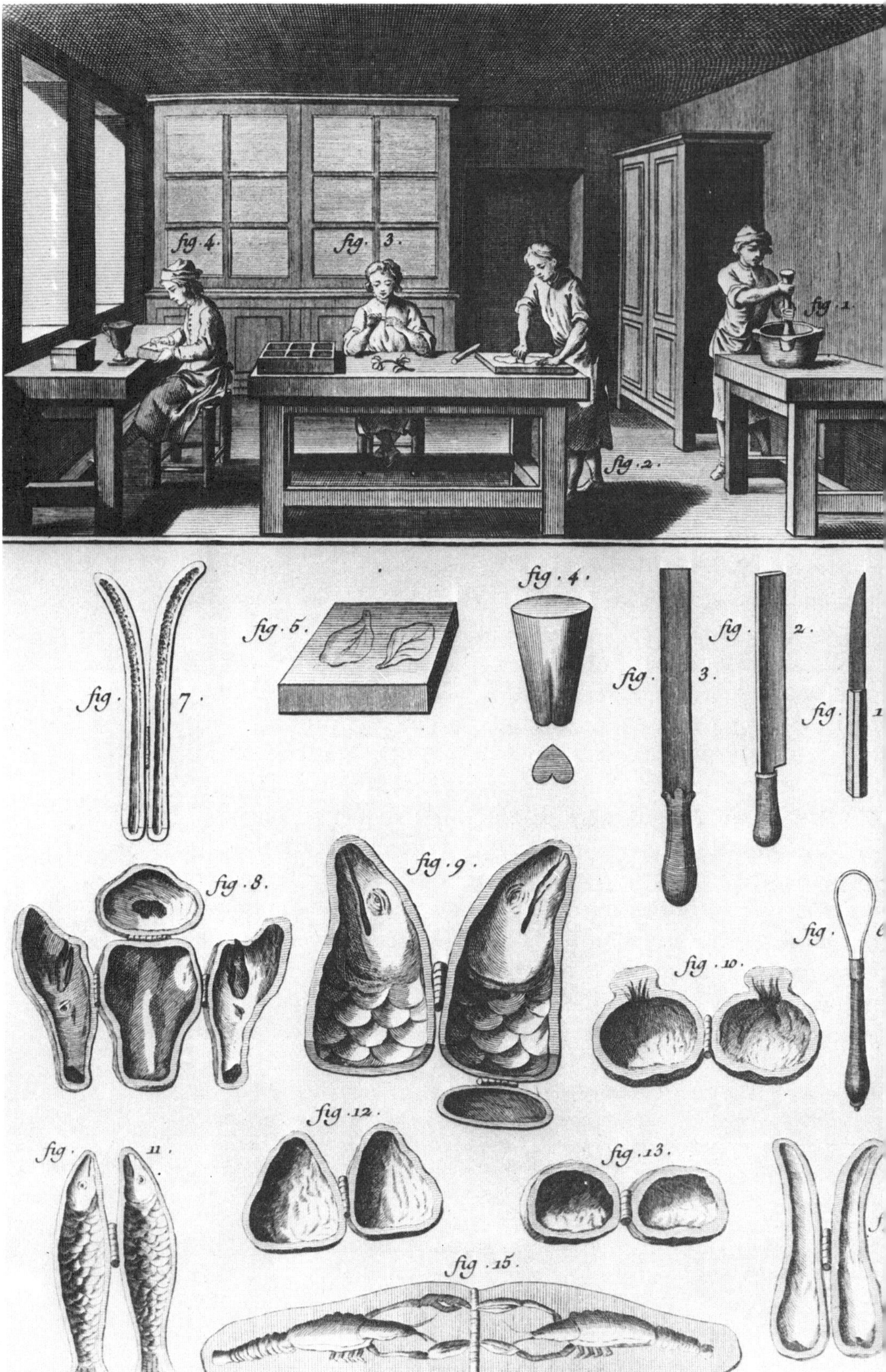
fig. 4.
fig. 3.
fig. 1.
fig. 2.
fig. 4.
fig. 5.
fig. 7.
fig. 3.
fig. 2.
fig. 1
fig. 8.
fig. 9.
fig. 10.
fig. 6
fig. 12.
fig. 11.
fig. 13.
fig. 15.

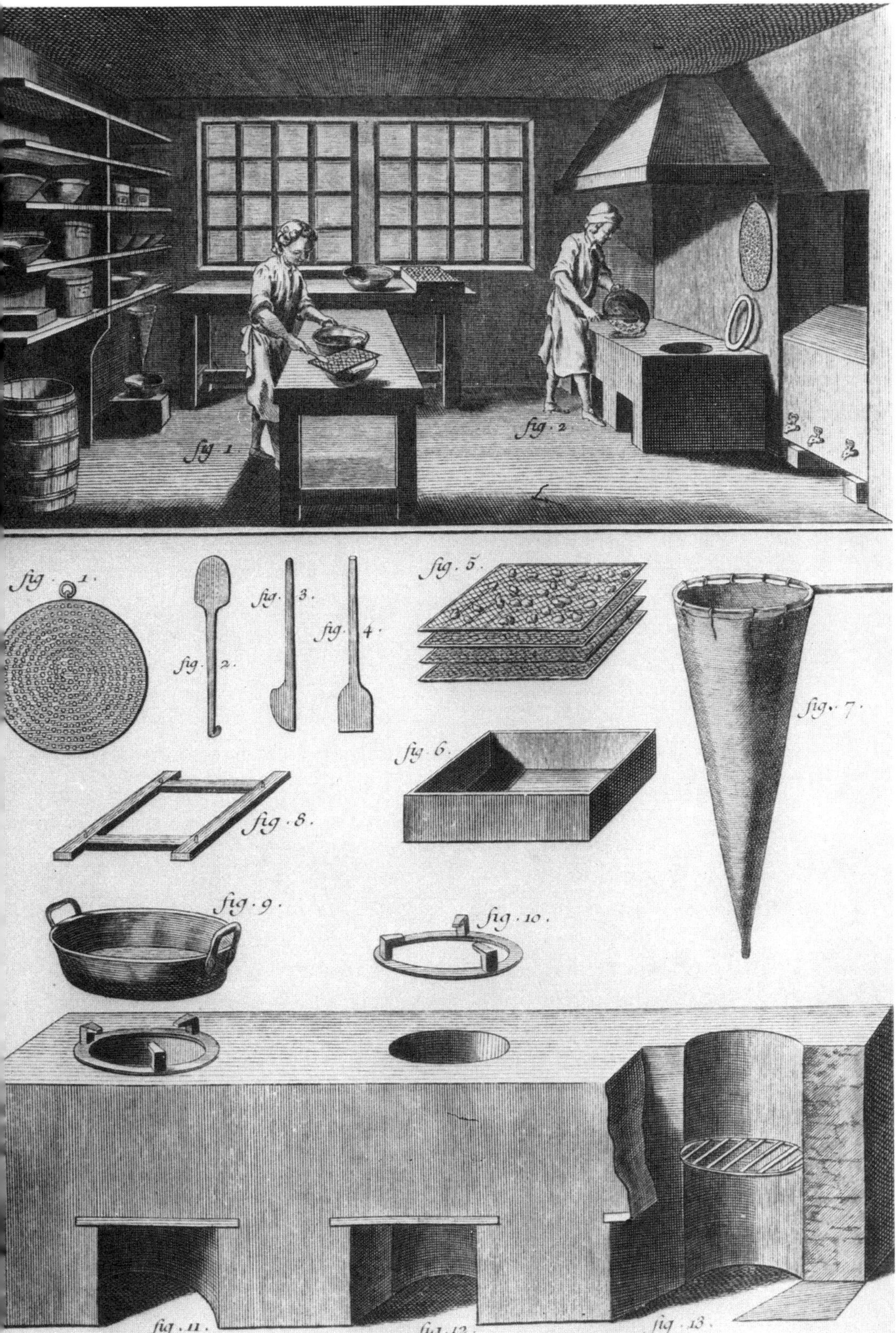

fig 1
fig. 2
fig. 1.
fig. 2.
fig. 3.
fig. 4.
fig. 5.
fig. 6.
fig. 7.
fig. 8.
fig. 9.
fig. 10.
fig. 11.
fig. 12.
fig. 13.
1
2
3
4 Pieds

XIXe siècle. Déjà au siècle précédent, le livre de Massialot s'intitulait *Le Cuisinier royal et bourgeois*, mais il faut avouer qu'il était plus royal que bourgeois. Pendant la Révolution paraîtront *La Cuisinière républicaine* de Madame Mérigot et un livre anonyme, *Le Petit Cuisinier économe*. Ces deux livres sont les premiers à faire une large place à la pomme de terre, en France du moins, car le tubercule était déjà largement consommé depuis plusieurs décennies en Allemagne et dans les îles Britanniques.

Aux trois livres classiques déjà cités — *Le Cuisinier moderne*, *Les Dons de Comus* et *La Cuisinière bourgeoise* — il faut en ajouter un quatrième, paru en 1740, réimprimé en 1857 : *Le Cuisinier gascon*.

Ce *Cuisinier gascon* est amusant surtout parce que c'est le premier livre de cuisine écrit par un grand seigneur, un noble amateur, le prince de Dombes. Selon un truc qui deviendra classique, l'auteur feint de n'être que le dédicataire d'un manuel prétendument écrit par son cuisinier. Mais la dédicace en question est tout à fait transparente : « Je publierai sur tous les toits, écrit le prête-nom, que vous êtes, Monseigneur, un des meilleurs cuisiniers de France. Je vous ai vu la main cent fois à l'œuvre. Si j'ai acquis quelque réputation dans mon métier, je le dois plus encore à l'émulation que vous m'avez inspirée, qu'au désir que j'eus toujours d'attraper votre goût. Enfin l'ouvrage que je prends la liberté de vous présenter n'est autre chose que le fruit de mes réflexions sur votre pratique. »

C'est on ne peut plus clair, et l'on songe à la phrase de Menon, qui écrit dans son *Nouveau Traité de la cuisine* (1742) que « la délicatesse de la table a été augmentée depuis peu par le goût exquis de plusieurs seigneurs qui ont contribué à perfectionner leurs chefs de cuisine ».

Le prince de Dombes a d'ailleurs les qualités et les défauts du praticien amateur, c'est-à-dire qu'il fait preuve de plus d'imagination que le praticien professionnel dans l'invention des plats, mais de moins de précision dans les indications pratiques permettant de les réaliser. Prolixe en idées, il l'est beaucoup moins en procédés, et les étapes intermédiaires de la confection ont tendance chez lui à être escamotées. Le fantasque remplace souvent la véritable invention. Par exemple, ses « yeux de veau farcis au gratin », dans lesquels la prunelle est remplacée par une truffe entière, nous paraissent un usage bien discutable de la truffe. Ses sauces, nombreuses et sophistiquées, sont pourtant fort imprécises. Par contre son « poulet en musette à la financière » n'est autre qu'un poulet en vessie, excellent mode de cuisson. Il est accompagné d'un « salpicon », c'est-à-dire d'une garniture coupée en petits morceaux, viande et légumes. *Le Cuisinier gascon* est également le seul au XVIIIe siècle à nous donner une correcte méthode de préparation des pâtes et macaronis : alors que la plupart des autres manuels nous conseillent de faire bouillir le vermicelle pendant une heure (!), Dombes nous donne la cuisson rapide dite, en italien, *al dente*. Quoique bien souvent chez lui le texte s'adresse donc plus à l'imagination qu'à la main, il est résolument moderne en ce qu'il

Photo de la cuisine de l'Hôtel de la Marquise de Cabris telle qu'elle était en 1774. *Musée Fragonard (ancien Hôtel de Cabris), Grasse.*

défend la cuisine subtile et chimique qui venait de naître.

Cette cuisine, il convient de le préciser, était rendue plus facile par un nouveau matériel. Jusqu'à Louis XIV, la batterie de cuisine était restée à peu près la même qu'au Moyen Age, telle que je l'ai décrite au chapitre IV. Sous Louis XIV, elle fut complétée par divers ustensiles de petite taille en fer-blanc et en fer battu, mais on ne disposait toujours que de la grande cheminée à laquelle on ajoutait de petits réchauds portatifs permettant une cuisson plus fine. Au XVIIIe siècle, on met au point un instrument neuf qui est pour beaucoup dans la révolution gastronomique : c'est le grand fourneau dit « potager », muni de douze à vingt foyers.

Il saute aux yeux que ce nouvel instrument permettait d'une part un échelonnement dans l'intensité des feux, grâce auquel la cuisson lente, la cuisson vive, le mitonnage, la grillade, l'attente à feu doux ouvraient un registre d'une variété aussi grande que ceux de l'orgue. Il permettait d'autre part la préparation simultanée, sous le regard même du praticien, des diverses « premières étapes », tous ces coulis, purées, salpicons, mirepoix, etc., qui devaient ensuite concourir à l'œuvre finale et que l'on pouvait désormais mener à bon terme, chacun selon sa meilleure cuisson, comme le bon cocher mène un attelage de six ou huit chevaux.

A partir de cette époque, la rédaction des recettes de cuisine change pour ainsi dire de coupe. C'est une rédaction en plusieurs séquences : en effet, le fourneau permettait de se livrer à de nouveaux préparatifs pendant qu'une première patrouille du plat ébauché commençait à cuire. Le plat, même mijoté, n'est plus seulement une sorte de réceptacle pour cuisson unique auquel on ajoute plus ou moins progressivement des choses, il se prépare éventuellement dans plusieurs petites casseroles séparées. Ainsi l'on peut se livrer à des hachis, on peut manier le pilon, on peut continuer à émincer, à broyer pendant que le feu fait son œuvre en d'autres secteurs, toujours surveillés du coin de l'œil. Mais à points de départ séparés, arrivée unique. Donc, on comprend l'importance d'un mot qui sera l'une des clefs de la cuisine à partir de 1750, le mot « *liaison* ». « Lier » une sauce, c'est souvent l'opération finale qui couronne ou découronne des heures de préparatifs. Mais aussi, les techniques de liaison seront justement l'un des biais par où la nouvelle cuisine risquera de s'alourdir. L'abus de la farine, de la crème et du beurre sera le défaut principal de certaines sauces qui ne serviront plus à mettre en valeur et à parachever la science culinaire, mais à en masquer parfois les défaillances.

Quoi qu'il en soit, les trois grandes branches du métier sont désormais fixées. On distinguait jadis l'officier de cuisine, qui était le chef, et l'officier de bouche, qui était le maître d'hôtel. On remplaçait parfois le mot « officier » par « écuyer ». Signalons à ce propos que le fameux Vatel, dont à dessein nous avons tu le nom au chapitre précédent, Vatel, que son suicide immortalisa, n'a jamais été un cuisinier : il était officier de bouche du prince de Condé et, à ce titre, chargé de l'organisation et de l'approvisionnement, notamment au cours de ce soir fatal où Condé reçut le roi, occasion inespérée pour Vatel de faire ses preuves ou, sinon, de disparaître. On le sait, Madame de Sévigné l'a raconté, Vatel se suicida parce que les approvisionnements sur lesquels il comptait n'arrivèrent pas à temps. Il avait envoyé quérir de la marée à Boulogne, et il avait donc compté sur du poisson qui se trouva faire défaut. Ce sont donc ses capacités d'administrateur qui furent inférieures à sa tâche et non point ses talents d'artiste. Héros de tragédie, s'il ne s'était pas suicidé, il aurait dû être assassiné soit par l'officier de cuisine, soit par le maître de maison.

A partir du XVIIIe siècle, on distingue nettement dans l'art de la cuisine trois branches dont les desservants sont : le cuisinier proprement dit, lequel a sous ses ordres le pâtissier et le rôtisseur. Car, Grimod de la Reynière le dira fort bien, « aucun homme ne peut être tout ensemble grand dans le four, grand sur les fourneaux et grand à la broche ». Le pâtissier gouverne le four, et pas seulement pour les pâtisseries au sens moderne. Le cuisinier, l'artiste suprême qui gouverne les fourneaux, a pour le seconder un aide aux entrées, qui deviendra le spécialiste moderne des hors-d'œuvre et des plats froids. De toute manière, c'est le cuisinier au fourneau qui gouverne les trois autres, et c'est à ce moment que, pour cette raison, on commence à lui donner le nom de « chef de cuisine », qui s'abrégera bientôt en « chef » tout court.

La différence qu'il y avait, jusqu'à la fin du XVIIe siècle, entre la cuisine quotidienne, « l'ordinaire » bourgeois, et la cuisine princière était une différence de quantité et d'ornementation. A partir de 1750 environ, la cuisine des jours ordinaires et celle des jours de fête est séparée par une différence de genre, de qualité et de méthode. Bien entendu, la cuisine normale restait plus proche de la cuisine ancienne pour des raisons de prix de revient et de commodité. D'après Brillat-Savarin, qui avait pris ses informations auprès des habitants de plusieurs départements, un dîner de dix personnes se composait, vers 1740, comme il suit :
Premier service... le bouilli;
une entrée de veau cuit dans son jus;
un hors-d'œuvre.
Deuxième service... un dindon;
un plat de légumes;
une salade;
une crème (quelquefois).
Dessert... du fromage;
du fruit;
un pot de confiture.

Cet ordre, caractérisé notamment par la succession du bouilli et du rôti, restera pratiquement le même jusqu'à la fin du XIXe siècle, dans les ménages. C'est le menu bourgeois typique chez Zola.

→ Cuisinier, pâtissier, traiteur, rôtisseur. *Planche extraite de l'Encyclopédie de Diderot. Bibl. des Arts décoratifs, Paris.*

1
2
6
7
8
Fig. 1.
Fig. 2.
Fig. 3.
Fig. 4.
Fig. 5.
Fig. 6.
F. 7.
Fig. 8.
Fig. 9.
Fig. 10.
Fig. 11.
F. 12
Fig. 13.
Fig. 14.
ig. 15.
ig. 16.
ig. 17
Fig. 18.
b
c
d
e
f
g
h

Quant à la « grande cuisine », pour parcourir quelques-unes des étapes qui en jalonnent la gestation, nous allons préciser quelques recettes témoins s'échelonnant de la fin du XVIIe siècle au milieu du XVIIIe. Nous les commenterons brièvement au fur et à mesure, de manière à montrer ce qu'elles retiennent encore du passé et ce qu'elles comportent du nouveau style. La différence entre passé et présent, je le répète, était si sensible qu'elle revient comme une obsession, ce qui permet à une Menon d'écrire tout naturellement en 1742 : « L'officier qui travaille dans le nouveau est préféré à celui qui suit l'ancienne méthode. »

Voici d'abord deux recettes de Massialot, le « canard aux huîtres » et le « saucisson royal » :

« *Canard aux huîtres* : Votre canard étant cuit à la braise, vous passez 2 ou 3 champignons et 2 ou 3 truffes avec un peu de lard fondu et les mouillez de jus de canard. Étant cuits vous les liez d'un bon coulis de veau et de jambon. Un moment avant de servir vous avez des huîtres ; étant ouvertes vous les mettez dans un plat et les laissez dans leur eau et les mettez sur un fourneau faire 2 ou 3 tours ; et sur-le-champ les retirez et les nettoyez l'une après l'autre et les jetez dans votre ragoût et remettez le ragoût un peu sur le feu. Vous dresserez votre canard sur le plat et jetez votre ragoût par-dessus et servez chaudement. Il faut observer que l'huître ne veut point bouillir à cause qu'elle se racornit. » (Massialot, *Le Cuisinier royal et bourgeois*, 1691.)

Le plus intéressant dans cette recette, c'est la sauce liée au coulis de veau et de jambon. L'utilisation des huîtres cuites, fréquente à l'époque, est plus discutable. On les livrait couramment décoquillées, dans de grands paniers.

Voici maintenant une des inventions les plus notables de Massialot :

« *Le saucisson royal* : Il faut prendre de la chair de perdrix crue, de la chair de poularde ou de chapon crue aussi, un peu de jambon cru, un peu de cuisse de veau et du lard cru, du persil et de la ciboule; le tout bien haché, avec des champignons et des truffes, et assaisonné d'épices fines, d'une pointe d'ail, sel et poivre, 2 œufs entiers, et 3 ou 4 jaunes, et un filet de crème de lait. Roulez cette farce en gros morceaux selon la quantité que vous en aurez; et pour les faire cuire sans que la farce se défasse, coupez des tranches bien minces de rouelle de veau et les aplatissez sur la table; enfermez avec cela votre farce, qu'elle soit de la grosseur du bras, pour le moins, et d'une longueur raisonnable. Les ayant ainsi accommodées, il faut avoir une casserole ovale, avec beaucoup de bardes de lard au fond, et rangez les saucissons dans la casserole, qu'ils soient bien enfermés. Couvrez-les de tranches de bœuf et bardes de lard, et les faites cuire à la braise prenant garde que le feu ne soit pas trop ardent; il faut qu'ils cuisent environ 8 à 10 heures. Étant cuits, tirez-les en arrière du feu, laissez-les refroidir dans la même casserole; et quand on sera prêt à servir, ôtez la graisse avec la main proprement, tirez vos saucissons, prenez garde de les rompre. Otez toute la viande qui est autour et qu'il n'y reste point de graisse. Ensuite avec votre couteau ou tranche-lard qui coupe bien, coupez-les par tranches, et les rangez proprement dans son plat ou assiette; et servez froid. » (Massialot, *Le Cuisinier royal et bourgeois*, 1691.)

Tant la finesse de la farce que la lenteur du braisage signalent ce plat à l'attention.

« *Esturgeon à l'espagnole* : Ayez des tranches d'esturgeon, la quantité que vous jugerez à propos pour un plat; mettez-les dans une casserole, assaisonnez de sel, poivre, 2 ou 3 gousses d'ail hachées, un demi-verre d'huile, une demi-bouteille de vin de champagne pour 2 tranches, une couple de verres d'eau. Faites cuire votre esturgeon, feu dessus feu dessous; étant cuit, tirez-en tout le bouillon dans une casserole et le dégraissez bien. Mettez de bon coulis [1]

1. Il s'agit ici d'un coulis de viande.

pour le lier, ou bien de la sauce à l'espagnole. Faites bouillir votre sauce; étant comme il faut, mettez-la par-dessus votre esturgeon et le tenez chaud. Étant prêt à servir, dressez vos tranches d'esturgeon et servez chaudement. On peut accommoder de même le saumon, truite, brochet, lotte et autres poissons que bon vous semblera. Quand vous le voudrez avoir en maigre, il n'y a qu'à se servir de coulis et de jus maigre, et le faites tout de même. » (Vincent La Chapelle, *Le Cuisinier moderne*, 1735.)

Signalons principalement dans cette recette l'apparition de la sauce à l'espagnole et du champagne utilisé, abondamment du reste ici, en cuisine.

« *Maquereaux au fenouil et groseilles dans la saison* : Vos maquereaux étant lavés, vidés, fendez-les sur le dos, mettez-les dans un plat avec du sel, du poivre et du beurre fondu, et les tournez pour qu'ils prennent du goût; vous mettez du fenouil sur le gril, et ensuite vos maquereaux; étant grillés d'un côté, vous mettez du fenouil par-dessus et le faites griller de l'autre; mettez un bon morceau de beurre dans une casserole, une pincée de fenouil haché et l'assaisonnez de sel, de poivre et de muscade, une pincée de farine pour lier la sauce, avec un filet de vinaigre, un peu d'eau; mettez votre sauce sur le feu et liez-la; votre sauce étant liée, mettez-y des groseilles blanches, et vos maquereaux étant cuits, dressez-les dans leur plat; que votre sauce soit d'un bon goût et la mettez dessus, et servez-la chaudement pour entrée. Vous les servez aussi avec une sauce blanche. » (Vincent La Chapelle, *Le Cuisinier moderne*, 1735.)

Il s'agit ici des « groseilles à maquereau », qui ressemblent à de gros grains de raisin blanc et sont difficiles à trouver dans le commerce aujourd'hui. L'utilisation du fenouil en branches pendant la cuisson convient à un poisson gras comme le maquereau.

« *Filet d'aloyau braisé à la royale* : Levez le filet d'un aloyau dont vous tirez toute la graisse; piquez-le de lardons assaisonnés. Ayez soin de le ficeler pour lui donner la forme que vous jugerez la plus convenable, car il est bon de calculer si vous aurez besoin de le servir comme relevé sur un grand plat ovale ou pour entrée sur un moyen plat rond. Dans tous les cas, mettez sur le fond d'une braisière des bardes de lard et des tranches de veau, 5 à 6 oignons, 2 clous de girofle, avec un bouquet garni. Placez ensuite le filet dans la braisière, couvrez-le de lard et ajoutez peu de sel; commencez par faire bouillir sur un fourneau bien ardent, et mettez ensuite à petit feu pendant 6 heures. Au bout de ce temps, prenez le fond du ragoût que vous faites réduire et clarifier; dégraissez-le exactement, et formez-en une demi-glace bien claire que vous servez sur le même filet de bœuf, après lui avoir donné une bonne couleur. Si vous voulez que le filet de bœuf ait encore une plus belle apparence, laissez-le refroidir pour le parer avec plus de goût; faites-le réchauffer dans une partie de mouillement où il a été cuit. Vous pourrez également le servir à la gelée en ayant eu soin d'ajouter dans la braisière un pied de veau, avec une once de corne de cerf. » (Vincent La Chapelle, *Le Cuisinier moderne*, 1735.)

Cuisson en deux temps, pour obtenir une demi-glace, ce qui annonce déjà Carême.

« *Sauce cerfeuillade* : Mettez dans une casserole 4 verres de consommé, un verre de vin de champagne, 2 gousses d'ail, un bouquet, 2 champignons, 2 cuillerées d'huile. Faites mijoter le tout une demi-heure et passez au tamis de soie pour que l'huile ne passe point. Faites blanchir du cerfeuil concassé et le mettez dans une casserole avec un pain de beurre et de la farine. Délayez avec du bouillon ci-dessus. Tournez sur le feu, et ajoutez en finissant un jus de citron. » (Marin, *Les Dons de Comus*, 1739.)

Sauce extrêmement fine et parfumée, où l'on note encore l'emploi du champagne, seul trait qui la rapproche de la cuisine moderne, avec la liaison à la farine. Facile à réaliser.

« *Sauce aux huîtres et aux truffes* : Épluchez de belles

truffes, coupez-les en tranches. Hachez-en la moitié d'une avec du persil, ciboule, échalote, sel et poivre. Maniez tout ce qui est haché avec 2 pains de beurre. Frottez une casserole d'un peu de ce beurre. Arrangez des tranches de truffes là-dessus. Remettez un peu de beurre, ensuite vos huîtres vertes ou autres, après les avoir blanchies dans leur eau et enlevé les barbes et le dur. Mettez-y encore du beurre et des truffes. Recouvrez bien votre casserole, faites-la suer sur des cendres chaudes pendant un quart d'heure. Ensuite ôtez les truffes et les huîtres. Jetez sur le restant un demi-verre de vin de champagne, un peu de quintessence ou blond de veau. Faites bouillir et dégraissez. En finissant, un jus de citron. Vous pouvez servir cette sauce sur tout ce que vous jugez à propos. Vous pouvez même la servir seule pour entremets avec des croûtons. » (Marin, *Les Dons de Comus*, 1739.)

Sauce typique de la « nouvelle cuisine » : les truffes et les huîtres, après avoir servi à la faire, disparaissent au cours de la dernière étape, n'abandonnant que leur fumet, mêlé à celui du blond de veau.

« *Garbure* : Mettez dans une marmite un combien (sic) de jambon bien lavé à l'eau chaude et ratissé, de la tranche de bœuf, 2 cuisses d'oie; faites suer et attacher sur un bon feu jusqu'à ce que la viande soit colorée; mouillez avec du bon bouillon. Mettez-y ensuite une mignonnette, 3 ou 4 oignons, carottes, panais, un pied de céleri, un chou vert blanchi à l'eau bouillante et ficelé, un morceau de petit lard blanchi. Faites bouillir à petit feu jusqu'à ce que la viande soit cuite; mitonnez le potage avec ce bouillon, du pain bis coupé en tranches et les choux; laissez mitonner jusqu'à ce qu'il se forme un gratin dans le fond du plat. Dressez dessus le combien de jambon, les cuisses d'oie et le petit lard; mouillez avec du bouillon sans que le potage soit trop clair. » (Menon, *Les Soupers de la Cour*, 1755.)

La garbure est un très vieux « potage » et il est intéressant de le voir conservé dans un livre aussi radicalement moderniste. La mignonnette est un sachet bourré de poivre et de clous de girofle. Parmi les recettes anciennes qui subsistent encore à cette époque figure toujours le poulet au verjus.

« *Écrevisses à la Choisy* : Ayez de belles écrevisses ; faites-les cuire dans l'eau avec un peu de sel, ensuite épluchez les queues et le corps et ne laissez que les grosses pattes dont vous coupez les bouts. Otez aussi tout ce que l'écrevisse a dans le corps sans séparer la queue ; remettez à la place un morceau de laitance de carpe à chacune de vos écrevisses. Il faut que les laitances soient bien blanchies et coupées en dés et marinées avec un peu de bon beurre, persil, ciboule, échalotes, le tout haché bien menu avec sel, poivre, muscade et un peu de basilic. Mettez sur vos écrevisses et recouvrez le tout jusqu'auprès des grosses pattes avec une farce maigre de carpe ou autre, qui soit bien moelleuse. Dorez-les de beurre, dans lequel vous aurez mis un jaune d'œuf, panez de mie de pain bien fine et faites prendre couleur sans le faire sécher. Pour la sauce vous aurez de petites queues d'écrevisses que vous couperez en petits dés ; mettez-les dans une casserole avec un peu de restaurant ou autre bouillon bon, ou quelque réduction, avec gros comme le pouce de bon beurre manié dans de petites herbes de la ravigote, hachées, un peu de farine ; tournez sur le feu ; en finissant, jus de citron. Mettez sur le plat que vous devez servir et les écrevisses dessus. On peut les faire de même avec de la farce grasse et mettre, en place des laitances, des foies gras ou autre chose, selon la commodité. » (Marin, *Les Dons de Comus*, 1739.)

Cuisson en deux temps, où la sauce est faite du même élément de base que la chair. Les écrevisses fournissent le fumet le plus recherché en cuisine depuis 1700 : d'où leur disparition des ruisseaux de France, tant elles ont été pêchées. On prisait aussi au XVIIIe siècle le pigeon aux écrevisses.

« *Épigrammes de côtelettes d'agneau* : Prenez un quartier d'agneau de devant ; levez l'épaule pour la faire cuire à la broche; quand elle sera froide, hachez-la très fin. Mettez dans une casserole une tranche de jambon, un peu de beurre avec 2 échalotes, persil, ciboule, une demi-feuille de laurier, un peu de basilic, 2 clous de girofle. Passez le tout ensemble sur le feu, singez [1] fort, mouillez avec du consommé, sel, poivre; laissez bouillir jusqu'à ce qu'il n'y ait plus de sauce; mouillez ensuite avec un demi-setier de crème double; laissez bouillir quelques bouillons, que la sauce soit liée. Passez-la au tamis et y mettez le hachis d'agneau, faites chauffer sans bouillir. Les côtelettes, vous les lardez avec des filets de truffes et les marinez avec du lard fondu ou le restant de leur marinade. Faites une bordure au plat que vous devez servir avec des filets de mie de pain, que vous faites tenir avec du blanc d'œuf chauffé légèrement. Servez le hachis dans le milieu des côtelettes sur les bords... (Menon, *Les Soupers de la Cour*, 1755.)

Nous ignorons si cette recette est celle du chef Michelet, évoqué plus haut, mais elle est en tout cas beaucoup plus subtile que le plat appelé aujourd'hui « épigramme d'agneau », dont nous avons rappelé la composition.

Parmi les facteurs qui furent à la fois l'effet et la cause d'une culture gastronomique nouvelle, il faut citer, au XVIIIe siècle, outre la meringue, le camembert, le cognac et le foie gras, l'apparition des restaurants.

Jamais les tavernes, les auberges, les traiteurs, les charcutiers, les pâtissiers et enfin les cafetiers — ces derniers (dans le sens littéral de « faiseurs de café ») à partir de la fin du XVIIIe siècle — n'avaient manqué où que ce fût. Leurs professions étaient d'ailleurs strictement réglementées, selon les règles corporatives de l'ancienne Europe. C'est ainsi qu'un rôtisseur n'avait pas le droit de préparer un ragoût ni de cuire au four. Les auberges, et surtout les auberges des

→
Le cabaretier. *Gravure anonyme du XVIIe s. Bibl. nat., Paris.*

1. *Singer : saupoudrer de farine.*

Le trone de baca
Credy est mors
icy
Re'dé mon reste
nfans san Soucis

régions campagnardes avoisinant les grandes villes, à la fois buts d'excursion et théâtres de repas amusants et modérément vertueux, avaient toujours existé. On cite, au XVIIIe siècle, une fille, nommée la du Ryer ou Duriez, qui tenait cabaret à Saint-Cloud. Tallemant des Réaux a raconté dans ses *Historiettes* la vie de cette hôtesse étonnante, qui semble avoir dirigé, en faisant travailler son mari aux cuisines, le premier « petit bistrot » *snob* de Paris, du moins le premier dont un mémorialiste nous parle de façon à nous en donner une idée autre que légendaire. On y voyait le frère de Louis XIII, Gaston d'Orléans, avec ses fidèles compagnons de beuveries, Bassompierre et Puylaurens. A la belle saison, on servait sous les tonnelles. L'auteur du *Roman bourgeois*, Furetière, confie dans une lettre : « Si j'étais curieux, ce serait d'apprendre combien on a mangé mardi de dindons chez la du Ryer, combien de plats de petits pois ou de fraises. »

On vit se succéder ensuite bien d'autres cabarets dans la faveur des snobs : L'Épée royale, à Passy, Le Petit Maure ou More, à Vaugirard, sans parler d'autres lieux plus citadins. Mais les raisons de leur succès tenaient plus aux possibilités qu'ils offraient comme lieu de rencontre qu'au caractère distingué de la cuisine que l'on pouvait y trouver. Très souvent, du reste, une grande partie des victuailles provenait de chez les traiteurs et charcutiers. Les vins différenciaient les cabarets les uns des autres plus que ne le faisait la chère : c'est qu'alors chaque cabaretier achetait son vin dans des régions différentes et que l'on allait chez Boucingo pour boire du vin d'Alicante et chez la Guerbois pour boire du vin de Sillery.

Avec la commercialisation et le coupage des vins ordinaires, notre époque a vu presque disparaître l'un des principaux charmes du voyage, le plaisir de trouver un vin différent à chaque halte, plaisir que l'on peut encore avoir en certaines régions peu touristiques d'Italie, de Grèce ou d'Espagne, mais quasiment jamais en France. En France tous les vins ordinaires sont devenus fabuleusement imbuvables, et d'ailleurs sont les mêmes partout. Les bons vins ou grands vins qu'offrent les restaurants convenables sont également les mêmes partout, par nécessité, originaires qu'ils sont des régions vinicoles classiques. Toutes les tentatives pour réagir contre cette double uniformité et pour redonner de l'allant aux « petits vins de pays » n'ont abouti à leur tour qu'à de nouveaux abus et à de nouvelles uniformisations. Il n'existe pour ainsi dire plus nulle part de « vin de table de la maison » qui ne soit ni un produit industriel ni un grand cru.

Bernardin de Saint-Pierre raconte, dans ses souvenirs sur Jean-Jacques Rousseau, une excursion à la campagne, dans les environs de Paris, avec l'auteur des *Confessions*. La première chose que fait Rousseau, lequel était très gourmand et passablement ivrogne, en entrant dans l'auberge pour le repas du milieu du jour, est de se faire apporter *le vin de la maison* pour le goûter. Ayant bu, il décrète aussitôt : « Il est un peu vert. » L'aubergiste se fait un devoir d'indiquer que son concurrent, installé à quelques pas de là, en possède de meilleur. Rousseau demande alors si l'on ne peut pas faire venir du vin de l'autre auberge et lui servir à manger, à lui et à son ami, dans l'auberge où ils se trouvent tous deux. En aparté, il s'extasie sur l'honnêteté de cet aubergiste qui n'hésite pas à lui signaler que le breuvage de son rival est meilleur que le sien. Mais cette honnêteté ne semble pas suffire à le convaincre de manger en arrosant son repas de vin trop vert, car, l'hôte lui ayant répondu que, malheureusement, les règles confraternelles lui interdisent d'aller faire quérir du vin chez son concurrent, Rousseau, tout en lui en exprimant un infini chagrin, entraîne Bernardin de Saint-Pierre dans la maison d'en face.

Jusque vers 1760, le mot « restaurant » ne signifie strictement que « fortifiant ». Il s'applique à certains bouillons, laits de poule, destinés à réparer les forces après une maladie ou un gros effort. En 1765, un nommé Boulanger affiche sur son enseigne : « Boulanger débite des restaurants divins. » Ce qui signifie qu'il tenait en réalité un buffet-buvette populaire qu'on appelait un « bouillon ». Les derniers « bouillons » n'ont disparu, à Paris, que vers 1955. Le tout dernier fut probablement le « Bouillon Buci », rue de Buci. On y servait du bouillon à la portion, de la poule bouillie au gros sel, et des œufs.

Le nommé Boulanger ayant ajouté à sa liste des pieds de mouton à la poulette, il se vit attaqué par la corporation des traiteurs, laquelle prétendit qu'il s'agissait là d'un ragoût, et qu'un « bouillon » n'avait pas le droit de vendre du ragoût. La sauce poulette est une sauce aux jaunes d'œufs, avec fond de blanc, champignons réduits en essence, additionnée de jus de citron et de persil. Cette sauce ne servait qu'à napper les pieds de mouton et ceux-ci n'étaient pas cuits *dans* la sauce. On ne pouvait donc parler de ragoût. Le Parlement de Paris, saisi par les traiteurs, délibéra néanmoins longuement pour savoir si les pieds de mouton à la sauce poulette étaient ou n'étaient pas du ragoût. En conclusion, et avec raison, il débouta les demandeurs, et ce procès retentissant eut pour effet de mettre le plat à la mode, l'élevant jusqu'aux tables royales.

On voit apparaître le mot « restaurant » pour la première fois, ou l'une des premières fois, dans un arrêt du 8 juin 1786, autorisant les traiteurs et *restaurateurs* à recevoir du monde dans leurs salles et y donner à manger. C'est alors, en effet, que s'implante l'habitude de la *table d'hôte*, expression qui a eu plusieurs significations depuis sa création, mais qui, à ses débuts, signifiait très littéralement que le patron traiteur laissait le client s'asseoir *à sa propre table à lui* pour déguster, s'il le désirait, certains plats cuisinés, *au lieu de les emporter*. C'est ce qui se passe de nos jours chez les écailleurs qui font *aussi* la « dégustation » sur place.

Jusqu'à la fin du XVIIIe siècle il n'y avait là rien de bien neuf, sinon que les traiteurs étaient de ce fait condamnés à entrer un jour ou l'autre en violent conflit avec les aubergistes. Le conflit ne se produisit finalement pas, puisque l'Assemblée nationale, une fois survenue la Révolution, supprima les privilèges et les corporations, ce qui permit aux restaurateurs d'ajouter et de conjuguer, sur leur carte, rôtis et ragoûts, potages et pâtés, entrées et entremets. Enfin affranchis de la gastronomie dirigée et accédant à la gastronomie libérale, ils furent ainsi en situation de donner à l'ensemble de leurs préparations leur facture personnelle, lorsqu'ils en avaient une, au lieu qu'auparavant les aubergistes faisaient venir ceci de chez le traiteur, cela de chez le charcutier, cela encore de chez le pâtissier ou le rôtisseur.

D'autres signes distinguent radicalement le « restaurant » de ses ancêtres le cabaret, la taverne ou l'auberge : d'une part la propreté et même le luxe du décor, d'autre part et principalement qu'ils mettent la grande cuisine dans le domaine public. On lit dans un almanach de la fin du XVIIIe siècle : « Ces nouveaux établissements, qui en naissant ont pris le nom de restaurants ou maisons de santé [1], doivent leur institution dans cette capitale aux sieurs Roze et Pontaillé, en 1787. »

Ce n'était pas que les auberges fussent à proprement parler sordides. A vrai dire les témoignages des voyageurs ne concordent pas sur ce point : Arthur Young, dans son célèbre récit de voyage en France, écrit à la veille de la Révolution, les déclare « crasseuses » et Casanova « fort nettes », mais enfin, quels qu'en fussent les qualités et les défauts, les auberges n'étaient jamais luxueuses. Les restau-

1. A cause du bouillon ou « magistère restaurant », c'est-à-dire « réparateur ». Les premiers restaurants pratiquaient le service à toute heure, devenu aujourd'hui si difficile à obtenir dans une maison de qualité.

rants le sont. En fait, leur modèle est calqué sur la délicate décoration des cafés qui, depuis le début du XVIIIe siècle, étaient meublés et décorés, en Italie comme en France, avec recherche, luxe et dans le goût du jour, au point que certains d'entre eux, ou ce qu'il en reste, constituent aujourd'hui de véritables musées.

Les premiers restaurants se caractériseront précisément par le fait qu'on y est installé confortablement et qu'on y est tranquille. Diderot expose à Sophie Volland pour quelle raison il a adopté volontiers le restaurant pour se nourrir : « Si j'ai pris du goût pour les restaurants ? Vraiment, oui, un goût infini. On y sert bien un peu chèrement [1], mais à l'heure qu'on veut. La belle hôtesse ne vient jamais causer avec ses pratiques, elle est trop honnête et trop décente pour cela, mais ses pratiques vont causer avec elle tant qu'il leur plaît, et elle répond fort bien. On mange seul, chacun a son petit cabinet où son attention se promène; elle vient voir par elle-même s'il ne vous manque rien. Cela est à merveille et il me semble que tout le monde s'en loue. »

On notera qu'à l'origine le cabinet particulier ne paraissait donc pas plus un luxe qu'un lieu de dévergondage. C'était seulement un endroit paisible. L'un des avantages nouveaux du restaurant était la paix, par opposition à la bruyante auberge. D'ailleurs, même dans la salle commune des restaurants, on est frappé, en regardant les gravures de l'époque, de voir à quel point les tables sont espacées et distantes les unes des autres. Quand on sait combien rarissimes, à Paris surtout, sont aujourd'hui les restaurants où il soit possible de se soustraire au vacarme et à la promiscuité, la décadence apparaît flagrante.

Brillat-Savarin, en sa *Méditation XXVIII*, nous a laissé une description précise du « salon » d'un restaurant fin

1. L'addition ou « carte payante » était assez élevée. Bientôt s'introduira le « prix fixe ». Les habitués avaient un rabais.

de siècle. Le fond de la salle est occupé par des voyageurs pressés, des familles nombreuses, qui veulent être servis rapidement, payer et s'en aller. C'est ce qu'on appellera plus tard le « côté brasserie ». Le milieu de la salle est occupé par la table d'hôte, nom donné maintenant à la table des habitués. La deuxième partie de la salle est à la disposition des clients désireux de faire un repas fin et lent.

La carte, dans laquelle les consommateurs sont invités à faire leur choix, est extrêmement variée. Un restaurateur se doit de proposer, dit-on, le choix entre au moins douze potages, vingt-quatre hors-d'œuvres, quinze ou vingt entrées de bœuf, vingt entrées de mouton, trente entrées de volaille et gibier, seize ou vingt de veau, douze de pâtisserie, vingt-quatre de poisson, quinze de rôts, cinquante entremets, cinquante desserts.

Je l'ai dit, l'avènement des restaurants permit à la grande cuisine, mise au point dans les hôtels particuliers de la noblesse et de la finance au XVIIIe siècle, de survivre et de se développer. Au XVIIIe siècle, la fine pointe du progrès se situe dans les cuisines de M. de la Popelinière ou du prince de Dombes. Au XIXe siècle l'histoire est écrite par Magny, le Café Anglais, la Maison Dorée, Larue. Certes, au cours de la première moitié ou du premier tiers du XIXe siècle, certaines tables illustres furent encore des tables de particuliers ou de personnalités officielles : on cite parmi les plus remarquables celles de Barras, de Talleyrand, de Cambacérès, des Rothschild. Mais déjà les noms de certains grands restaurateurs ne leur cèdent en rien ni dans la légende ni par leur contribution au progrès de la cuisine. Les plus célèbres de cette période sont les frères Véry, spécialisés dans les entrées truffées, les Quatre frères provençaux, qui introduisirent à Paris la brandade de morue, Baleine, le chef du célèbre Rocher de Cancale, rue Montorgueil, connu principalement pour la fraîcheur, la bonté et la beauté de ses poissons, Beauvilliers, établi vers 1780 et auteur d'un *Art du cuisinier* qu'on suit encore aujourd'hui — quand on le peut!

Beauvilliers est l'idéal du restaurateur moderne, aussi actif en cuisine que dans la salle. Il retenait les noms et les visages de tous ses clients, capable de les reconnaître vingt ans après, même s'ils n'étaient venus chez lui qu'une fois, s'empressant, recommandant ou déconseillant un plat, imposant un vin, donnant chaque jour à chacun l'impression que le restaurant n'avait été ouvert que pour le recevoir. Il inaugure la série des grands chefs qui, de l'Empire à nos jours, sauront faire découler le perfectionnement de la gastronomie de l'admiration du public et non plus seulement de la libéralité de quelques mécènes. De même que le peintre et le poète, le chef de cuisine pourra ne plus compter désormais, pour vivre et pour faire entendre sa voix, sur la seule protection des grands. Son succès dépendra du jugement du premier venu, de l'argent de ses clients, et aussi, désormais, d'une nouvelle corporation, qui place sous sa surveillance l'art gastronomique comme les autres : la corporation des critiques. A l'instar du politicien, de l'écrivain, du musicien et du plasticien, le cuisinier, au XIXe siècle, devient tributaire des trois ressorts de la société libérale : la loi de l'offre et de la demande, le suffrage universel, la liberté de la presse.

8.

Naissance de l'internationale

En gastronomie comme en bien d'autres domaines, l'histoire est indissociable de la géographie. Le lecteur aura sans doute été frappé par le fait que l'auteur du présent livre semble, depuis le milieu du XVIIe siècle, s'être occupé exclusivement de la cuisine française. Il aura sans doute attribué cette prédominance au fait que l'auteur est précisément de nationalité française.

Cependant, si les deux derniers chapitres ont traité à peu près exclusivement de la cuisine française, la cause n'en est pas à quelque nationalisme culinaire. Certes, l'auteur ne se dissimule pas que la gastronomie est l'un des domaines où le chauvinisme et même le provincialisme se font sentir de la façon la plus naïve et parfois la plus intolérante. Comme l'a fait observer, depuis longtemps, Montaigne, chacun est attaché aux habitudes alimentaires de l'enfance et se trouve enclin à considérer comme absurdes, voire répugnants, les aliments et les préparations étrangers. Un Français est aujourd'hui choqué par le mélange du sucré et du salé qui se rencontre dans certains plats actuels allemands ou bien dans la classique sauce à la menthe, faite de menthe additionnée de cassonade blanche ou de sucre en poudre, et délayée au vinaigre, qui accompagne parfois l'agneau dans la cuisine anglaise. Ce Français a oublié que le sucre, il y a à peine deux ou trois siècles, entrait, ainsi que nous l'avons vu, dans de nombreux mets carnés et salés de la cuisine française, ou, pour mieux dire, de tradition médiévale européenne [1]. De même, un Français considérerait aujourd'hui comme barbare de mettre du vin avec de l'eau dans une carafe. Ajouter de l'eau à son vin dans son verre vous attire aisément les quolibets des autres convives. Pourtant, et c'est encore Montaigne qui nous le dit, c'était là une pratique habituelle au XVIe siècle, et qui le demeura sans doute fort longtemps, presque jusqu'à nos jours dans la paysannerie. Du temps de Montaigne, boire son vin pur était considéré et était en effet une coutume allemande : l'auteur des *Essais* la cite comme un usage exotique dont précisément l'homme intelligent ne doit pas rire, lorsqu'il voyage, sous prétexte qu'il diffère du sien. En fait aujourd'hui, on pourrait dire, pour trancher le débat, si toutefois un critère rationnel peut être introduit dans le domaine de l'habitude, par définition irrationnelle, que les petits vins de pays sans bouquet se prêtent et même gagnent à être un peu coupés d'eau, alors qu'évidemment il n'en saurait être question pour les grands bourgognes, les grands bordeaux, les vins cuits.

Pour revenir à notre propos, si les deux chapitres précédents ont été consacrés à la cuisine française, cela est dû à ce que cette cuisine a été incontestablement le théâtre d'une mutation historique au XVIIIe siècle. Cette mutation va porter ses fruits définitifs au début du XIXe siècle, après quoi des aménagements, des réformes, des perfectionnements et des dégénérescences se produiront à l'intérieur d'un cadre donné, mais on ne verra plus de révolution radicale [2]. En

1. Les livres de cuisine de la fin du XVIIe siècle contiennent encore des recettes de poissons aux fruits confits, saupoudrés de cannelle.

2. La « nouvelle cuisine française » apparue depuis 1970 mérite-t-elle

réalité, cette cuisine française dont j'ai dessiné le développement historique, c'est ce que j'appellerai conventionnellement la cuisine *internationale.* J'entends par là non point du tout (heureusement!) que la cuisine française, en tant que telle, ait envahi le monde entier, car aussi bien, un mouvement équivalent a eu lieu en sens inverse et un certain nombre de recettes venues du monde entier se sont incorporées à la cuisine française.

Pour préciser ma pensée, je dirai qu'il existe moins une cuisine internationale qu'un *art culinaire* international. J'entends par « cuisine » vénitienne, irlandaise, etc., un *corpus* de recettes fixes, essentiellement liées à une région et à des ressources. J'entends par « cuisine internationale », non point un *corpus* de recettes, mais un ensemble de *méthodes*, de *principes* susceptibles de *variantes* selon les possibilités locales et financières, comme cet ensemble est susceptible de variantes dans un même pays, selon les possibilités saisonnières. L'expression « cuisine internationale » prend un sens péjoratif lorsqu'elle désigne certaine fausse grande cuisine, dite aussi « cuisine de palace », c'est-à-dire une cuisine qui retient les aspects extérieurs et surtout le vocabulaire de la grande cuisine du XIXe siècle, se bornant à noyer les mets dans des sauces passe-partout, aux appellations prétentieuses, et à exploiter pour la montre certains types de présentation spectaculaires.

Donc l'expression « cuisine internationale » a deux significations antithétiques : d'une part elle désigne péjorativement une cuisine déracinée, anonyme, contre laquelle c'est une saine réaction que d'exiger le retour aux plats de terroir; d'autre part, elle désigne la grande cuisine, *capable* de s'internationaliser parce que les chefs qui la connaissent sont des hommes qui la comprennent dans ses bases et qui,

d'être considérée comme une révolution? J'effleurerai cette question dans la conclusion de ce livre.

par ailleurs, pourvus d'esprit inventif, cherchent précisément sans cesse à tirer parti de ces bases pour créer de l'inédit [1]. Internationale, cette cuisine l'est en outre dans ce sens qu'elle possède la capacité d'intégrer, de remanier, de repenser, je dirai presque de récrire les plats de tous les pays et de toutes les régions, du moins ceux qui sont susceptibles de l'être.

Tout le problème est là. Un certain nombre de recettes, réexaminées à la lumière des principes qu'elles mettent en œuvre, peuvent être internationalisées. Le curry à l'indienne, la paëlla valencienne, la choucroute, le koulibiac, le chou rouge aux marrons à la limousine, le fritto misto à l'italienne sont susceptibles de s'internationaliser, et ils l'ont prouvé. Très souvent ces préparations, une fois polies et améliorées, sont meilleures comme plats de grande cuisine internationale que comme plats régionaux. Dans d'autres cas, la transposition est absolument impossible. Dans ces cas-là, la saveur de terroir des produits locaux ou les techniques de cuisson liées à un certain type d'habitat, de foyer, de combustible, et même aux odeurs de l'air, aux caractéristiques du climat, font que toute tentative d'« améliorer » une recette en la pliant aux canons de l'art n'aboutit qu'à la dépersonnaliser. Plus elle est primitive, plus elle reste alors savoureuse. Mais elle ne relève pas de l'art, elle relève de l'ethnologie, ou d'un mélange de biologie et d'ethnologie. L'art gastronomique sait, lorsqu'il le faut et que cela est possible, trouver les équivalents de certains produits ou de certains ingrédients par lesquels on peut remplacer d'autres produits et d'autres ingrédients introuvables sous certaines latitudes. Il sait aussi les cas dans lesquels il faut y renoncer. Certains livres de cuisine chinoise à l'usage des Occidentaux indiquent des équivalences de ce genre.

→ Préparation du poisson. *Détail d'une estampe coloriée japonaise de Toyokouni, début XIXe s. Bibl. nat., Paris.*

1. De plus, à l'âge de l'avion à réaction, ce sont les grands chefs eux-mêmes qui se sont mis à voyager et à ouvrir des succursales comme à former des disciples dans le monde entier.

Pour être plus précis encore, je dirai qu'à mon avis il n'y a pas de *cuisines nationales :* il y a la cuisine internationale qui doit rester d'une souplesse extrême, et des cuisines *régionales*. La cellule gastronomique c'est la région, et non point la nation. Une pauchouse mâconnaise est aussi difficile, voire impossible, à réaliser à Marseille qu'en Sicile. Le *cacciucco* à la livournaise n'a plus le même parfum lorsqu'il est exécuté à cent kilomètres de la mer, à Florence, région de cuisine terrienne et paysanne, que s'il est exécuté sur la côte même de la Versilia, à Livourne ou à Viareggio. Il y a autant de différence entre la cuisine piémontaise et la cuisine calabraise qu'entre celle-ci et la cuisine flamande. Certains plats régionaux peuvent voyager, d'autres sont réfractaires à tout déplacement. On doit aller à eux, on ne peut les attirer à soi.

Dans son désir d'assimiler le plus possible de plats régionaux, la cuisine internationale doit être très attentive aux modes de cuisson et à la provenance des éléments aromatiques. A cette condition, elle peut absorber un très grand nombre d'idées parce que seule elle est à même de saisir *l'idée génératrice* de tel ou tel tour de main local et d'appliquer consciemment ce qui était exécuté inconsciemment et mécaniquement. Car la cuisine internationale a pour moteur la curiosité, contrairement à la cuisine régionale qui, elle, est très exclusive, *doit* rester routinière et ne trouve son salut que dans le refus de prendre en considération tout autre registre des saveurs que le sien propre. Mais un bon cuisinier désireux d'exporter par exemple le couscous nord-africain, sera attentif non point tant à la juxtaposition des éléments composan la recette — légumes dont pois chiches, sauce piquante semoule de blé, etc. — qu'à deux traits fondamentaux le couscous, c'est d'abord le couscous lui-même, c'est-à-dire l'art de « rouler » la semoule de façon à la rendre aussi peu collante que possible et aussi coulante que du sable. Ce bon couscous, il doit s'éparpiller sur la table lorsqu'on souffle dessus, tout au moins avant qu'on l'ait trempé de bouillon Le second facteur fondamental, c'est le parfum de la viande La seule qui doive y intervenir est le mouton le plus savoureux; on doit écarter le couscous au poulet, parce que le poulet moderne européen n'a pas de saveur, et l'on doi carter le méchoui ou mouton rôti, car le couscous est un agoût ou, plus précisément, un « potage » au sens ancien. Le méchoui n'a de sens que cuit entier et en plein air, rôti au-dessus de la braise de bois dans laquelle on brûle des herbes aromatiques. La cuisson en plein air est essentielle pour donner à la surface du rôti une sécheresse qui en fait toute la saveur. Les couscous « avec méchoui » que l'on propose dans certains restaurants sont donc l'exemple même de la *mauvaise* cuisine internationale qui transporte le *pitto-esque* d'un plat régional sans en *transposer* les principes, faute de les comprendre.

Lorsque cette compréhension existe, par contre, la vraie grande cuisine sait parfois donner à la diversité des registres locaux une interprétation à la fois fidèle et nouvelle. Contrai-rement à ce que l'on croit, la cuisine savante, dès sa naissance, a introduit le cosmopolitisme dans l'art de bien manger. Dès le début du XIXe siècle, Brillat-Savarin pouvait écrire en parlant de la cuisine parisienne : « Parmi ces diverses parties constituantes du dîner d'un amateur, les parties principales viennent de France, telles que la viande de boucherie, la volaille, les fruits; d'autres sont d'imitation anglaise, telles que le beefsteak, le welch-rabbet (sic), le ponche, etc.; d'autres viennent d'Allemagne, comme le sauer-kraut, le bœuf de Hambourg, les filets de la Forêt Noire; d'autres d'Espagne, comme l'olla-podrida, les garbanços, les raisins ecs de Malaga, les jambons au poivre de Xerica, et les vins de liqueur; d'autres d'Italie, comme le macaroni, le par-mesan, les saucissons de Bologne, la polenta, les glaces, les liqueurs; d'autres de Russie, comme les viandes desséchées, les anguilles fumées, le caviar; d'autres de Hollande, comme la morue, les fromages, les harengs pecs, le curaçao, l'anisette; d'autres d'Asie, comme le riz de l'Inde, le sagou, le karrik, le soy, le vin de Shiraz, le café; d'autres d'Afrique, comme le vin du Cap; d'autres enfin d'Amérique, comme les pommes de terre, les patates, les ananas, le chocolat, la vanille, le sucre... », ce qui fournit à suffisance la preuve d la proposition que nous avons émise ailleurs, à savoir « qu'un repas tel qu'on peut l'avoir à Paris est un tout cosmopolite où chaque partie du monde comparaît par ses productions »

Complétons Brillat-Savarin en déclarant que ce n'es évidemment pas à Paris seulement que le cosmopolitism gastronomique est réalisable ou réalisé.

En fait, ce cosmopolitisme comprend trois catégorie bien distinctes de mets : les « spécialités », toutes préparée et qui voyagent bien, telles les salaisons, les poissons fumés les innombrables sortes de charcuterie et de jambons, etc. ensuite les produits étrangers ou exotiques, parmi lesquel Brillat-Savarin cite déjà le soja et toujours le café pas encor démocratisé, et encore le sagou (fécule extraite de la moell du palmier), et la plupart des épices (le « karrik » cité ic par Brillat-Savarin est en fait notre curry ou cari, condimen essentiellement composite et variable); enfin, les *plats* ou recettes, telles l'olla-podrida, sorte de potée ou parfois d ragoût. Il est amusant de constater que Brillat-Savarin revient au mot espagnol, alors que l'olla-podrida avait ét introduite en France depuis le XVIIe siècle et s'y était francisé sous le nom de « oille » ou encore « grand-ouille », dont l goût est dû à l'influence de la reine Marie-Thérèse, femm de Louis XIV. En dehors de l'oille, la cuisine espagnole n'eu guère de succès à l'époque de Louis XIII et de Louis XIV et encore moins plus tard, malgré les contacts familiaux e politiques étroits qui se développèrent entre Paris et Madrid[1] Le maréchal de Gramont raconte dans les termes suivant le dîner qu'il fit le 19 octobre 1659 chez l'Almirante d Castille : « Le festin fut superbe et magnifique à la manièr espagnole, c'est-à-dire pernicieux et que personne n'en pu

1. *Et malgré l'effort de Pierre de Lune qui, en 1662, fait suivre son* Nouveau et Parfait Maître d'hôtel royal *d'un* Cuisinier à l'espagnole. *I donne aussi des recettes anglaises, allemandes et italiennes, même portugaises*

manger. J'y vis servir sept cents plats : tout ce qui était dedans était safrané et doré; puis je les vis remporter comme ils étaient venus. »

L'abus du safran n'est bien entendu qu'une variante espagnole de l'abus médiéval des épices se prolongeant à cette époque. Quant à la dorure, c'est aussi une vieille habitude médiévale, qui consiste à dorer, notamment les petits oiseaux, à l'aide d'un liquide à base de jaune d'œuf dans lequel on les trempe ou avec lequel on les badigeonne au moyen d'un pinceau. Ce procédé est tout à fait dans l'esprit médiéval, qui veut qu'en cuisine l'ornementation consiste à cacher le produit, à créer des effets de surprise.

Pour ouvrir ici une parenthèse, c'est un chapitre non négligeable de l'histoire de la gastronomie que celui de la décoration et de la disposition des mets pour la vue. On peut distinguer dans ce domaine trois tendances. En premier lieu, l'absence totale d'apprêt ou de recherche; c'est le propre de la cuisine régionale, terrienne ou marine, dans laquelle ce qu'on voit, c'est ce qu'on mange, cuisine dite encore, pour cette raison, « franche » ou « sincère », et autres qualificatifs synonymes. En deuxième lieu, il y a ce que l'on pourrait appeler, non pas la décoration, mais le déguisement : ce sont certains apprêts de la fin de l'Antiquité, du Moyen Age, lequel, en cuisine, dure, nous l'avons vu, jusqu'au milieu du XVIIe siècle [1]. En troisième lieu, nous avons ce que l'on pourrait appeler l'architecture plutôt que la décoration gastronomique; cette école se manifeste par ce que l'on appelait jadis les pièces montées, aujourd'hui à peu près complètement abandonnées, sauf quelquefois en pâtisserie. Ces pièces décoratives, figurant parfois des sujets, des scènes, étaient même souvent composées, pour une part, d'éléments non comestibles. Ils ornaient la table au moment du premier

1. *Avec une certaine amélioration du goût cependant. Voir les documents cités en appendice de ce chapitre.*

service qui comprenait, ne l'oublions pas, de la pâtisserie, puisqu'il comportait des pâtés. La mode de ces édifices compliqués, souvent du reste inspirés par les plus beaux dessins des ornemanistes, régna principalement au cours de la première moitié du XIXe siècle. Au point même que l'un de ceux qui y brillèrent le plus, Carême, ironisa à ce sujet en écrivant : « Les Beaux-Arts sont au nombre de cinq, à savoir : la peinture, la sculpture, la poésie, la musique, l'architecture, laquelle a pour branche principale la pâtisserie. »

Enfin, à partir du milieu du XIXe siècle et surtout au XXe, l'aspect décoratif de la table vise à mettre en valeur et à composer les couleurs naturelles des ingrédients et des sauces. Cette méthode consiste tantôt à opposer entre elles des couleurs vives, par exemple le jaune des œufs et le vert des asperges dans les œufs pochés Ninon, le rouge sombre de la tomate en coulis et le noir des truffes dans le turbot à la parisienne, soit au contraire à créer de subtils camaïeux, par exemple dans la poularde à la Néva, toute de la couleur jaune crème très pâle de la gelée où elle est prise, à peine relevée de discrètes décorations de truffe et de pistache, ou encore l'ensemble rougeoyant vermeil du bas-rond d'agneau à la byzantine, la blancheur d'un poulet sauté aux champignons et à la crème. La multiplication des salades et le retour à l'emploi des herbes, utilisées au naturel, permettent également d'innombrables combinaisons colorées dans les hors-d'œuvre modernes. Les cuisiniers chinois ont atteint à une rare subtilité dans l'utilisation des couleurs naturelles de la cuisine, allant jusqu'à remplacer les champignons noirs par des champignons blancs pour garder à une soupe sa couleur dans le blanc fin.

Pour en revenir au cosmopolitisme gastronomique, les spécialités toutes prêtes dont j'ai parlé plus haut sont plutôt une branche du commerce qu'une branche de la cuisine. Les produits exotiques cessent parfois bien vite de l'être : on voit ici figurer, chez Brillat-Savarin, les pois chiches (garbanços), qui n'ont pourtant rien d'un produit de luxe, et qui continueront néanmoins d'étonner Théophile Gautier, lorsqu'il voyagera en Espagne vers 1840. Aujourd'hui nous avons vu en quelques années certains fruits ou légumes étrangers, comme par exemple l'avocat, passer après 1960 de la catégorie de mets rare et cher, en Europe, à celle de hors-d'œuvre courant, qu'on trouve chez les plus modestes épiciers, et sur les marchés les plus populaires.

En somme, la cuisine que l'on appelle à partir du début du XIXe siècle la Grande Cuisine, expression consacrée à partir de Carême, est internationale par vocation. En effet, elle consiste certes à savoir faire, mais plus encore à connaître les *conditions qui permettent* de faire. Il suffit de parcourir les grands traités de cuisine des cent cinquante dernières années pour constater qu'ils ont repris les principales idées, mais non pas nécessairement les *formules*, des diverses cuisines régionales. Le fait, par exemple, qu'un maître comme Escoffier ait œuvré pendant la plus grande partie de sa carrière en Angleterre, a occasionné dans la liste des sauces, considérées comme faisant partie de la Grande Cuisine, l'introduction de vingt-sept sauces d'origine anglaise, vingt et une chaudes, dont la sauce aux airelles, la sauce aux huîtres, la sauce réforme, etc. et six sauces froides, dont la sauce cambridge, la sauce cumberland, la sauce menthe, la sauce raifort, etc. Il est significatif qu'aucune de ces sauces, en raison notamment de l'injuste discrédit qui frappe la cuisine anglaise, n'avait pu attirer l'Angleterre par la voie folklorique, c'est-à-dire par osmose directe et inconsciente. Il y a fallu le volontarisme d'un chef.

Un chef intelligent, au XIXe siècle, joue sur un clavier mondial, reprenant des méthodes à la cuisine proche-orientale, si riche de procédés originaux, à la cuisine d'Europe centrale, à la cuisine russe, aux cuisines juives des divers pays d'Europe ou des diverses provinces de France (surtout l'Alsace), à l'Amérique, à laquelle Brillat-Savarin prétend par ailleurs avoir apporté les œufs brouillés, qui devaient y connaître une si glorieuse destinée. Brillat-Savarin raconte également l'aventure d'un autre émigré politique français qui, sous la Révolution et l'Empire, fit fortune à Londres, en confectionnant à domicile, dans les plus riches maisons, la sauce de la salade, cette chose si simple et si difficile non pas à faire, mais à faire comprendre. Guidant lui-même son tilbury où il transportait de tous les ingrédients, cet émigré, à l'heure des repas, faisait la tournée de ses clients et exécutait sur place la vinaigrette désirée.

Ainsi l'opposition entre la cuisine internationale et les cuisines régionales n'est pas, comme le croient trop souvent les ignorants, l'opposition du compliqué et du simple. Certaines phases de la cuisine internationale, certaines sauces, certains modes de cuisson de la Grande Cuisine sont parfois des plus simples, cependant que certains plats régionaux ne sont ni simples ni compliqués, mais tout simplement irréalisables hors des conditions du terroir ou de la région maritime qui les déterminent.

Pourtant, il faut reconnaître loyalement que, dans l'ensemble, la Grande Cuisine est une cuisine réservée aux professionnels. C'est pourquoi, nous le savons déjà, au cours du XIXe et du XXe siècle, elle se développe et se renouvelle essentiellement dans les grands restaurants. Mais elle est susceptible d'être reprise à une échelle plus modeste et plus simplifiée, comme ce fut le cas dans de nombreux livres de cuisine. A la fin du XIXe siècle par exemple, un livre comme *La Cuisine provençale*, de Reboul — livre qui d'ailleurs déborde le cadre de la cuisine provençale — est un ouvrage destiné à la ménagère, mais qui applique sur les points essentiels les méthodes fondamentales de la Grande Cuisine. Entre la cuisine internationale des professionnels et les innombrables cuisines régionales se glisse alors la cuisine « bourgeoise », qui bénéficie de la science de la première tout en reposant sur l'héritage des secondes.

Cuisson du pain azyme.
Miniature extraite d'un manuscrit hébreu d'Espagne du XIVe s. Collection particulière.

Il ne s'agit certes pas de rendre totale l'opposition entre « grande » cuisine et cuisine régionale. Il ne s'agit pas davantage de prétendre qu'on ne peut absolument en aucun sens parler de cuisines nationales, de « cuisine française », « cuisine italienne », « cuisine espagnole », etc. La cuisine française courante, par exemple, a deux origines distinctes : les diverses cuisines régionales, d'une part, et la cuisine savante, née au XVIIIe siècle, d'autre part. Bien sûr, la seconde retentit sur la première et l'on trouve aujourd'hui des livres de cuisine à usage pratique, comme par exemple *Réussir votre cuisine*, de Martine Jolly * livre où l'on trouve à la fois une initiation simplifiée à la Grande Cuisine et un échantillonnage de plats régionaux allant du potage champenois à la poule à la comtoise. La moindre recette familiale, telle que celle de la fricassée de poulet, y bénéficie des leçons lointaines d'un Carême ou d'un Guérard. La minutie des diverses étapes de cette préparation pourtant très simple, l'esprit qui l'inspire sont beaucoup plus éloignés des préparations, même très paysannes, du XVIIIe siècle, que des préparations de n'importe lequel des maîtres du XIXe. Ce ne sont pas ici le temps passé au travail ni la dépense qui font la différence, mais la conception, et cela est vrai au niveau des recettes simples comme au niveau des recettes complexes. Nous voyons là comment la cuisine savante retentit sur la cuisine populaire, par des traits souvent insignifiants en apparence, tels que la recommandation de faire revenir les membres du poulet dans le beurre, mais sans les dorer, de mélanger du bouillon au vin blanc, l'indication du moment exact où il faut lier avec les jaunes d'œufs ou ajouter le jus de citron.

* *Paris, 1978, Robert Laffont.*

A l'inverse, certaines recettes créées directement en Grande Cuisine évoluent souvent au cours de l'histoire sous la pression d'un certain bon sens populaire. Ainsi par exemple la recette du poulet Marengo (appliquée quelquefois au veau) consistait, au début du XIXe siècle, à faire cuire ces viandes entièrement plongées dans l'huile chaude. Le chef Dunand, qui avait inventé ou passait pour avoir inventé la recette pour Bonaparte, y ajoutait en outre des écrevisses. Peu à peu, les écrevisses furent supprimées, car elles n'avaient en vérité rien à faire là-dedans. Plus tard, la cuisson entière dans l'huile s'avérant trop lourde, on se borna à y faire revenir rapidement les morceaux de poulet ou de veau, puis à mouiller avec un peu de vin blanc. La recette que donne au XXe siècle Pellaprat a été encore depuis améliorée, en ce sens qu'on ajoute du bouillon, qui sert à mouiller, en même temps que le vin blanc. Tout ce qui reste de la première pensée de Dunand, qui n'était en somme qu'un poulet à la provençale frit dans l'huile, avec de la tomate et de l'ail, c'est de transformer le « sauté » en « ragoût » puisque au lieu d'être cuit à sec, le poulet ou le veau sont cuits dans leur sauce. En somme le « Marengo » était au départ une friture et c'est aujourd'hui un ragoût. Le talent populaire pour les ragoûts, plus légers et plus parfumés, a peu à peu, et à juste titre, phagocyté une recette « savante » qui était un faux pas. (Par « savante » j'entends ici non pas qu'il s'agit d'une recette raffinée, mais d'une « création », par opposition à une recette traditionnelle, transmise.)

Des sept grands types de cuisson : cuisson à l'eau, friture, cuisson au four, grillade, cuisson à l'étouffée, cuisson en sauce ou ragoût, cuisson à la poêle ou « sauté », l'art culinaire détermine, bien souvent, celui qui est le plus approprié à une certaine recette et qui la met le mieux en valeur, recette que l'on s'obstinait par routine à réaliser selon un mode de cuisson qui lui convenait mal. Que de fois ne s'est-on pas aperçu que l'on pouvait cuire directement à l'étouffée, en leur gardant ainsi toute leur saveur, des légumes et des viandes que l'on s'obstinait préalablement à faire bouillir avant de les braiser, de les sauter, ou de les rôtir ?

En somme, selon le conseil de Cussy, gastronome du XIXe siècle : « Gourmands qui me lisez, contentez-vous de la cuisinière picarde, mais instruisez-la ! »

Deux documents sur l'art de présenter et d'orner la table

Pour illustrer les considérations que l'on a lues plus haut sur le rôle du plaisir visuel et sur le bon usage des couleurs dans l'art de la table, nous ne pourrons mieux faire que de citer deux documents, l'un du XVIIe siècle, l'autre du début du XIXe.

La table et le couvert sont des tableaux, la salle à manger est un décor, un banquet peut devenir une représentation théâtrale. Il est curieux de constater que ce sont les chefs de cuisine eux-mêmes et non les maîtres d'hôtel qui se préoccupent le plus de la présentation des plats qu'ils « envoient » dans la salle où ils seront mangés. On est surpris de lire dans les recettes classiques les recommandations prodiguées à ce sujet, et le temps qu'en exige la réalisation, surtout quand on songe aux quelques secondes qui suffisent à la destruction de ces minutieuses mais éphémères marqueteries. Parfois des motifs complexes, composés avec des herbes et des piments pris dans la gelée d'un aspic, témoignent d'un véritable art de la tapisserie ou de la broderie comestibles [1].

Voici notre premier texte. C'est un passage de *L'Art de bien traiter* (1674) où l'auteur décrit la façon de servir un « ambigu extraordinaire », c'est-à-dire un repas où le dessert se trouve déjà posé et n'a donc plus à être apporté :

« Ce repas, écrit-il, est un ambigu divisé; car, outre les viandes ordinaires qui sont sur table, le dessert, le vin et les lumières sont encore partout en vue dans la même salle du

1. Dans les livres de cuisine actuels, il est vrai, ces compositions picturales sont au moins fixées par la photo en couleurs.

festin, sur les cabinets [1], sur les rebords de la cheminée et autres endroits les plus commodes, et si justement disposés, qu'il n'y a tableau, peinture ou spectacle qui en puisse faire, par sa richesse et son ordonnance, la moindre comparaison. Cette manière charme les yeux, et par un avant-goût des bontés qui s'y rencontrent, il semble d'abord qu'on aille dévorer ces mets délicieux : le plaisir de les voir est plus grand que celui de les toucher; et c'est une satisfaction inconcevable, pendant tout le repas, d'avoir des objets si plaisants, qui excitent d'autant plus l'appétit qu'ils sont faits exprès pour le réveiller.

« Comme tout ce qui surprend en cette nature d'affaires est plus touchant et plus beau que ce qui est vulgaire et commun, aussi cette façon extraordinaire de servir doit donner plus d'admiration que celle dont l'usage est parmi nous. Pour donner lieu à cette surprise, il faut observer ce qui se pratique chez tous les gens raisonnables et qui ne vont pas de pair avec la plèbe et la canaille : que les conviés n'entrent jamais d'abord dans la salle à manger qu'au moment que la table sera couverte. Et à ce dessein, on a toujours des lieux disposés et fort propres à recevoir les gens qui parlent, qui causent et se divertissent les uns avec les autres, attendant que le patron vienne les inviter à se rendre au lieu destiné pour le festin.

« Pour commencer ce dessein, et supposé qu'il y ait dans la salle quelque grand cabinet que l'on garnit ordinairement de vases, d'urnes, de pots artistement fabriqués, on mettra sur le milieu du cabinet un grand bassin de cinq ou six assiettes de fruits différents en pyramide, garnis d'une quantité de fleurs de la saison. Si le repas demande une plus magnifique préparation, on en mettra deux qui formeront les deux bouts dudit cabinet, et on les garnira de confitures sèches ou de pâtisseries; on revêtira les entre-deux et

→ L'art de la Table dans « Le Festin de Balthazar ». *Détail d'une peinture de l'École flamande, début XVII*[e]. *Musée des Beaux-Arts, Besançon.*

1. *Meubles.*

les espaces vides de part et d'autre de pots à fleurs, corbeilles, porcelaines ou de lumières et de girandoles, si la nuit avancée nous empêche de découvrir de si rares et pompeux objets.

« S'il y a quelques jambons, pâtés de venaison ou autres pièces considérables, on les posera sur les guéridons des côtés du cabinet. Si plusieurs cabinets ornent la chambre, il faudra les garnir de la même manière. Mettez partout des lumières en confusion, plaques à miroir et autres galanteries bien imaginées, qui fassent, par un illustre appareil, un spectacle agréable aux yeux des conviés. Car enfin, je soutiens que la beauté d'un repas est infiniment plus considérable le soir, aux flambeaux, que pendant le jour, et même qu'on y mange mieux, comme dans un temps où les affaires ont un peu de relâche, que le nombre des importuns est moins grand et qu'il semble qu'il soit naturellement destiné à la découverte des plus doux plaisirs de la vie. Pour moi, je n'en fais pas le fin et je vous en dis la vérité comme je la sais, comme je la pense. Je suis pour le beau silence et le repos et quoique je ne sois un enfant des ténèbres, je les aime néanmoins, et leur obscurité me plaît quand le feu et la lumière, comme autant de soleils domestiques, en rehaussent l'éclat. Enfin, leur temps est le temps des plaisirs; je m'en trouve bien; il est souvent la source des plus charmantes et plus secrètes intelligences. Les belles soirées font ma joie et je les préfère pour la belle débauche aux jours les plus éclatants.

« Quantité de bouteilles, flacons ou fioles de cristal, remplis des vins et des liqueurs les plus exquises, plus ou moins selon les espaces et la grandeur de la cheminée, serviront de porcelaines et en feront tout l'ornement de part et d'autre. On mettra, si faire se peut, des pots à fleurs entre les bouteilles ou par-derrière; et sur les retours de ladite cheminée, on y appliquera des flambeaux ou girandoles; et surtout, une grande au milieu d'icelle, de toute sa longueur, pour éclairer partout.

« Quand il sera temps de servir le dessert, on n'aura pas loin à l'aller quérir. Ces objets agréables, après avoir diverti les yeux, achèveront ainsi le plaisir des sens, et cette fête enfin se verra heureusement terminée à la gloire de son auteur et au contentement de la compagnie. »

Voici maintenant un autre « ambigu » préparé près de deux siècles plus tard par Carême, tel que le raconte Lady Morgan, reçue à dîner chez M. et Mme de Rothschild, au château de Boulogne. On y remarquera l'utilisation simultanée des couleurs de la porcelaine et des couverts, des sauces, des crèmes et des fruits ou légumes, enfin les effets de « l'architecture » en sucre :

« L'atmosphère était brûlante, malgré les stores à la vénitienne et les portiques, on ne pouvait pas supporter la chaleur des appartements. Il avait été impossible de servir le dîner dans le château. La salle à manger avait été transportée au milieu des orangers, dans un joli pavillon oblong en marbre blanc, où l'air était rafraîchi par le voisinage de petites fontaines qui lançaient une eau pure et brillante. La table, servie en ambigu, était couverte au milieu par un dessert d'une admirable élégance. Un jour limpide était encore en présence des mille rayons du soleil couchant : l'argenterie brillait avec plus d'éclat; des porcelaines plus précieuses que l'or et l'argent, à cause des perfections du travail, retraçaient des scènes de famille. Tous les détails du service annonçaient la science des délicatesses de la vie, une simplicité exquise.

« Les entrées se plaçaient en cercle autour de ce beau dessert. L'ordonnance et le dîner, tout décelait Carême : c'était sa brillante variété, sa mesure parfaite. Plus d'épices anglaises, plus de jus noir : au contraire, de fines saveurs et le parfum des truffes; on aurait pu se croire au mois de janvier. Ce service excitait la satisfaction universelle, et à un moment donné nous couvrîmes de nos éloges quelques mets délicieux. Les végétaux avaient encore les teintes de la vie, la *mayon-*

naise semblait avoir été fricassée dans la neige, comme le cœur de Madame de Sévigné; la *plombière*, avec sa douce fraîcheur et le goût de ses fruits, remplaçait notre fade soufflé anglais.

« Je soutiens fermement qu'il a fallu moins de génie pour composer certains drames que pour exécuter ce fin et beau dîner. S'il était d'usage de couronner les maîtres de la table comme les acteurs, le laurier de Carême aurait à mes yeux autant de prix que les jolies guirlandes des Pasta [1] et des Sontag. Son dîner était un spécimen achevé de l'art actuel, et j'en comprends toute la valeur (...)

« J'étais placée à côté de M. de Rothschild : après le potage, je lui avais déjà insinué doctement que je n'étais pas indigne d'une table servie par Carême, que je connaissais le mérite si éminent de l'homme qui, le premier, avait combattu la *cuisine épicée, brûlée;* et, bien que l'on m'eût accusée de penchant pour les bonnets rouges, j'avais voué toutes mes sympathies aux *bonnets blancs.*

« M. de Rothschild me dit en souriant : “ Carême aussi vous rend justice; il a goûté vos écrits; voyez. ” Et je lus mon nom tout près de moi sur une colonne en sucre. Je rougis soudain comme l'esprit accusateur de Sterne. Ce souvenir était pourtant bien flatteur. La colonne était de la plus ingénieuse architecture; mon nom était inscrit en sucre candi. »

1. *Célèbre cantatrice.*

9.

Le siècle de Carême

Il est difficile de faire appel, sans hésitation, à la notion d'âge d'or gastronomique, tant les contemporains de n'importe quelle époque culinaire sont divisés sur l'appréciation de l'état de l'art à toutes les époques. Il est surprenant de trouver, par exemple, sous le Second Empire, période par excellence considérée comme d'une rare fécondité dans le domaine de la grande restauration gastronomique, une appréciation comme celle-ci : « Un bon dîner, c'est chose rare aujourd'hui. La gastronomie est comme la poésie : elle est en décadence complète... La cuisine contemporaine donne un spectacle piteux (...). La génération actuelle mange et ne sait pas manger... Elle se montre ennemie de cette grande cuisine qui fut la gloire de la France... Les cuisiniers sont cause de cette indifférence qu'on nous reproche; ils ont tout confondu, tout gâché, tout épuisé *. » L'auteur de cette diatribe découragée attribue la décadence qu'il croit discerner à l'insouciance, à la fatuité, à la cupidité, à l'absence de conviction, etc., tous défauts éternels naturellement susceptibles de réapparaître à tout moment. Carême lui-même, selon qui la cuisine n'existait qu'à l'état embryonnaire avant le XIXe siècle, parle déjà de dégénérescence aux

* Courrier de Paris, *27 mars 1858.*

alentours de 1820 [1]. « La cuisine a grandi sous l'Empire, écrit-il, c'est incontestable. Je crois qu'alors elle améliorait la santé [2]. Cette direction me semble déviée. La mesquinerie, le luxe des deux révolutions qui ont suivi 1815, ont effacé chez nous ces spécialités aimables de l'ancienne société qui attiraient à Paris l'Europe riche et élégante. Tout cela est fini; où allons-nous, je l'ignore; peut-être que les pilotes habiles qui nous mènent le savent. » Ainsi, selon lui, l'histoire de la Grande Cuisine n'aurait duré qu'une dizaine d'années...

Des jugements aussi contradictoires et aussi peu vraisemblables sont donc de nature à nous inciter à la circonspection, aussi bien dans le blâme que dans l'éloge. Cependant, il est hors de doute que l'on peut formuler sur le XIXe siècle, sans risque d'erreurs, un verdict hautement positif. C'est d'abord, et nous avons vu que c'est là un symptôme capital, un siècle éminemment productif dans le domaine de la *littérature* gastronomique. Cette littérature se divise en trois branches : les livres originaux des créateurs eux-mêmes, qui éprouvent le besoin de dresser l'inventaire complet de leur expérience, de l'étendre et de la renouveler; ensuite, après ces ouvrages écrits par des professionnels et pour des professionnels, viennent les ouvrages écrits pour le public, les familles et les amateurs; enfin, le XIXe siècle voit également paraître une abondante production due, pour ainsi dire, à la clientèle elle-même des consommateurs, des gastronomes éclairés : souvenirs, préceptes, polémiques, etc. Tout le monde s'accuse mutuellement de ne rien y entendre, ce qui est toujours un bon signe.

Dans la première catégorie, celle de la littérature pro-

→ Frontispice avec gravure de Jubin, 1814. *Bibl. nat., Paris.*

1. Inexistante avant lui, la cuisine commencerait donc à décliner après lui, autour de lui. Les cuisiniers partagent avec les philosophes et les peintres la belle assurance que leur temps est le seul qui vaille, et se résume tout entier en un seul homme — celui qui parle.

2. Autre idée fixe.

L'ART DU CUISINIER,

PAR A. BEAUVILLIERS,

Ancien Officier de MONSIEUR, comte de Provence, attaché aux Extraordinaires des Maisons royales, et actuellement Restaurateur, rue de Richelieu, n° 26, à la grande Taverne de Londres.

TOME PREMIER.

A PARIS,

CHEZ PILET, IMPRIMEUR-LIBRAIRE, RUE CHRISTINE, N° 5:

IL SE VEND AUSSI

CHEZ { COLNET, LIBRAIRE, QUAI DES PETITS-AUGUSTINS, ET LENOIR, LIBRAIRE, RUE DE RICHELIEU, N° 35.

1814.

fessionnelle, il faut d'abord placer l'œuvre écrite et fort abondante de Carême lui-même. Mais elle fut précédée du *Cuisinier impérial*, de Viard (1806), de *L'Art du cuisinier*, de Beauvilliers (1814), sans oublier le très important *Art de conserver*, d'Appert (1810), inventeur des méthodes de conservation domestiques qui resteront les seules connues jusqu'à l'avènement de la conserverie industrielle moderne.

Sous le Second Empire, ensuite, la gastronomie savante comporte une bibliographie abondante due, en premier lieu, à Gouffé et, d'autre part, à Urbain Dubois et Émile Bernard, dont la *Cuisine classique* (1856), revue pour la deuxième édition en 1864, est peut-être la somme la plus accomplie et la plus *réaliste* du siècle. On doit également à Urbain Dubois un ouvrage intitulé *La Cuisine de tous les pays* (1868), qui montre bien, comme nous le disions dans le chapitre précédent, que la grande cuisine est par vocation une cuisine *ouverte*, par opposition à la cuisine *close* fondée sur l'esprit régionaliste. La première est condamnée à inventer, à chercher du neuf, la seconde est tenue au contraire de conserver ce que les siècles ont sécrété pour le meilleur et pour le pire.

Citons encore, parmi les ouvrages monumentaux, le *Dictionnaire universel de cuisine* de Joseph Favre, en quatre volumes (1883-1889) et enfin la *Grande Cuisine illustrée*, de Salles et Montagnié (1900).

Dans la deuxième catégorie, la liste est surabondante, il y a beaucoup d'appelés et peu d'élus. Quelques *best-sellers* se détachent au milieu de cette production. Il faut citer en Angleterre *The Complete Art of Cookery*, de Reynolds (1848), intéressant car il ne contient aucune recette continentale; *Modern Cookery*, d'Eliza Acton, grand succès du milieu du siècle qui, là encore, consacre à peine quinze pages sur 650 à la cuisine étrangère et à la cuisine juive, ce qui prouve que la grande cuisine d'origine française, si bien représentée par ailleurs en Angleterre au XIXe siècle et au XXe par Soyer, Escoffier, Boulestin notamment, n'était pratiquée en fait que dans une fraction limitée de la classe la plus riche, au sein de certains grands clubs et dans de grands hôtels. Le livre d'Eliza Acton fut bientôt supplanté par ceux d'Isabella Beeton, parus tout d'abord en général sous forme d'articles dans des revues féminines. N'oublions pas à ce propos que le XIXe siècle est, aussi bien en Angleterre qu'en France et dans les principaux pays européens, le siècle où la presse féminine est née, a connu un développement souvent équivalent, par le tirage et l'influence, à celui qu'elle connaîtra au XXe siècle. Aussi, la plupart de ces livres de cuisine sont-ils également des manuels d'économie domestique.

La presse féminine constitue un secteur important de la littérature gastronomique et l'on voit naître, croître et multiplier, dans tous les journaux en général, le personnage du chroniqueur gastronomique.

La nécessité d'incorporer les leçons de la grande cuisine à la cuisine quotidienne, dans les limites de ressources financières évidemment très inférieures à celles dont disposaient les grands chefs dans les restaurants les plus chers ou les maisons seigneuriales, fouette l'imagination et stimule l'ingéniosité. En 1891, Pellegrino Artusi fait paraître une synthèse de la cuisine italienne, à dominante florentine, *La Scienza in cucina e l'arte di mangiar bene*, livre aussi exemplaire par le souci de ne laisser dans l'ombre aucun détail d'exécution, d'écrire sincèrement pour des gens décidés à *appliquer* les recettes, qu'agréable à lire en raison de la pureté de sa langue et de l'élégance de son style. Il est comparable à tous ces points de vue à *La Cuisinière provençale*, de J.B. Reboul, livre paru en France en 1893. Artusi déclare dans sa préface se méfier « des livres qui traitent de l'art culinaire, lesquels livres sont pour la plupart fallacieux et incompréhensibles ». Il offre, dit-il, ses recettes « éprouvées et expérimentées à maintes reprises par moi-même, adressées aux dames de condition, aux braves ménagères et à tous ceux qui n'ont pas la prétention de devenir des cuisiniers de parade ». En

1896, paraît d'autre part la *Cuisine austro-hongroise*, de Scheibenbogen. Quant à la France, c'est dès 1823 que l'on voit paraître le *Manuel de cuisine bourgeoise*, de Catherine, parmi les premiers d'une longue série qui comprendra par exemple *Le Cuisinier à la bonne franquette*, de Mique Grandchamp (1883), le *Traité de cuisine bourgeoise* et les *Éléments culinaires* de Colombié (1893 et 1894) et aussi, un peu plus

Affiche réclame pour un livre de cuisine du XIXe. *Bibl. des Arts décoratifs, Paris.*

tard (mais le XIXe siècle gastronomique ne va-t-il pas jusqu'à la Première Guerre mondiale ?) des ouvrages sur les diverses cuisines régionales, étrangères, en particulier *La Cuisine anglaise*, de A. Suzanne (1904), *La Cuisine anglo-américaine*, de Gay (1913), *La Cuisine florentine*, de L. Monod (1914), tous ces titres prouvant à l'évidence qu'il existe, tout au long du XIXe siècle, un vaste brassage et de multiples influences mutuelles. L'internationalisation dont nous parlions au chapitre précédent se traduit dans chaque pays par une connaissance et une curiosité plus grandes des cuisines jusque-là peu connues ou injustement méprisées [1].

Quant à la troisième des branches de la littérature gastronomique, celle qui est créée et enrichie par les amateurs, dégustateurs, chroniqueurs en tout genre, c'est du début du XIXe siècle qu'elle date véritablement. Les amateurs, nous l'avons vu, mettaient la main à la pâte déjà au siècle précédent. Désormais ils font plus, ils commentent, philosophent, parfois même chantent en vers, comme Berchoux dans *La Gastronomie* (1800), poème en quatre chants, d'une insigne platitude, dont un seul vers est parvenu à la postérité, le fameux :

Qui me délivrera des Grecs et des Romains ?

Le plus réussi des textes dus aux gastronomes demeure indubitablement la *Physiologie du goût*, quoique Baudelaire ait traité plus tard ce livre charmant de « faux chef-d'œuvre », sous prétexte que Brillat-Savarin n'y parle pas suffisamment du vin. C'est vrai, du reste. Mais cela ne retire pas à la *Physiologie* son agrément ni surtout qu'il s'agit

1. Un cas exceptionnel est celui de la cuisine espagnole, qui a résisté, au XIXe siècle et pendant la plus grande partie du XXe, à la pénétration de la cuisine internationale à base française. On le constate encore, en cette fin du XXe siècle, d'abord par l'expérience (l'Espagne est le dernier des grands pays européens où la cuisine varie vraiment *de province à province), ensuite en se reportant à l'une des dernières sommes imprimées sur le sujet :* La Cocina española, *de Candido (1976). Candido, restaurateur célèbre de Ségovie, n'est en réalité l'auteur ou l'inspirateur que de la première section : celle consacrée à la cuisine de la Vieille Castille. Les autres sections, ayant chacune un auteur et compilateur différent, couvrent les autres provinces. Preuve qu'il est impossible, même aujourd'hui, d'écrire un traité de la cuisine espagnole qui ne parte et ne se compose avant tout des originalités régionales, même si une partie commune (le* recetario general*) concerne l'ensemble de la péninsule.*

vraiment d'un document, d'un livre écrit pour des amateurs par un amateur qui n'entre pas dans le détail technique de la cuisine, malgré les titres volontiers pédants dont il affuble, mais toujours avec humour, certains de ses chapitres [1]. En fait, Brillat-Savarin a laissé là un recueil de souvenirs et d'anecdotes qui nous restitue l'atmosphère de la gourmandise active au tournant des XVIIIe et XIXe siècles.

Citons encore *L'Art culinaire*, du marquis de Cussy, lequel n'a rien d'un écrivain, mais dont les pages nous renseignent plaisamment sur le début du Grand Siècle. Ce qui est intéressant dans toute cette production, c'est que des gens spirituels et souvent très cultivés se soient divertis à écrire sur la cuisine, que des artistes et des écrivains comme Rossini et Alexandre Dumas aient tenu à stimuler l'art gastronomique en sublimant le personnage du connaisseur; et n'oublions pas que Dumas est précisément l'auteur d'un *Grand Dictionnaire de cuisine* qui est plutôt en fait un grand dictionnaire littéraire de la cuisine, exprimant les rêveries du consommateur plus que la dextérité du praticien, raison pour laquelle nous ne l'avons pas classé dans la catégorie des écrits techniques, mais le classons résolument dans celle des textes à lire. Quant à Rossini, le mode de préparation des « tournedos » qui portent son nom rappelle encore aujourd'hui qu'il fut un connaisseur militant. Ami de maison chez les Rothschild au moment où Carême y exerçait, il avait avec celui-ci des entretiens et des échanges de vues. Le « tournedos Rossini », dans son apparente simplicité, suppose derrière lui toute la grande cuisine : il faut d'abord napper des croûtons frits dans de la glace de viande fondue, premier élément difficile à avoir; puis placer sur le tournedos une escalope de foie gras entier avec des truffes, enfin déglacer au madère

→ Séance d'un jury de gourmands dégustateurs. *Frontispice de l'« Almanach des Gourmands » de Grimod de la Reynière, 1804. Bibl. nat., Paris.*

1. La feinte solennité du style, avec clin d'œil au lecteur, fait d'ailleurs de la critique gastronomique une branche notable de la poésie héroï-comique.

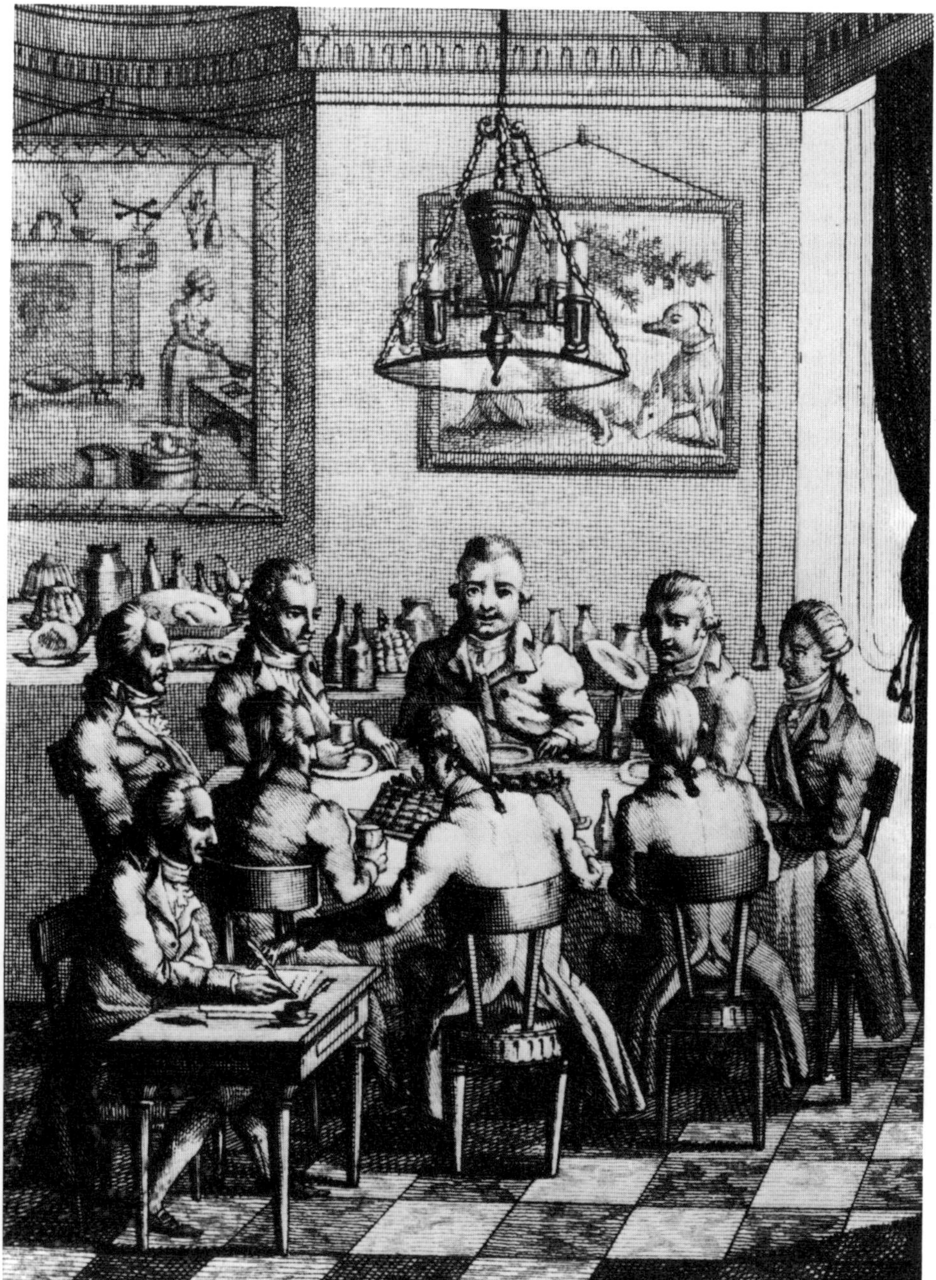

avec sauce demi-glace à l'essence de truffes. Cette demi-glace à l'essence de truffes, quel restaurateur, même relativement honnête, la possède aujourd'hui ? La recette sent bien son Carême à plein nez.

L'ancêtre de tous les dégustateurs et écrivains gastronomes fut incontestablement Alexandre-Balthasar-Laurent Grimod de La Reynière, écuyer, ci-devant avocat au Parlement (sous l'Ancien Régime), membre de l'Académie des Arcades de Rome, associé libre du Musée de Paris, rédacteur de la partie dramatique du *Journal de Neuchâtel*, et j'en passe. Grimod de La Reynière (1758-1838) fut le premier gourmand moderne et le premier parasite organisé. A la différence des parasites de tradition classique, nés et bien décrits dès l'Antiquité, lesquels n'exerçaient leur art qu'aux dépens des particuliers, les parasites modernes l'exercent aux dépens de la société tout entière. La Reynière sut non seulement assouvir son penchant de façon à peu près gratuite, mais fit en sorte de l'ériger en profession, de faire, grâce à lui, des bénéfices. Il eut en effet l'idée, le premier, de créer un « jury dégustateur », ancêtre de toutes les académies de gastronomes ultérieures. Ce jury se réunissait tantôt au célèbre *Rocher de Cancale* décrit par Balzac et où officiait le grandiose Baleine, tantôt au domicile même de Grimod de La Reynière où les fournisseurs, traiteurs et pâtissiers envoyaient les produits de leur négoce ou de leur art. Ces produits recevaient alors des « légitimations », sorte de certificats approbateurs ou désapprobateurs, comme en décernent encore aujourd'hui les tastevins. Bien entendu, Grimod de La Reynière ne manqua pas d'être accusé de partialité et même de corruption. Les « services de presse gastronomiques » que lui envoyaient ponctuellement les rôtisseurs et traiteurs de Paris semblent avoir porté le jury et son président à une indulgence si universellement laudative que la clientèle ordinaire se détourna de ses verdicts. Ce ne devait, hélas ! pas être la dernière fois qu'une assemblée de ce genre était encline à décerner des couronnes sans aucun rapport avec l'expérience payante du commun des mortels.

Grimod de La Reynière eut une autre idée pleine d'avenir aussi : il fut le fondateur à la fois de la presse gastronomique et des guides de même fonction. Le premier, il dirigea la publication de brochures périodiques destinées à informer le public gourmand, à l'exciter et à le distraire. Ce fut *L'Almanach des gourmands*, dont il y eut huit livraisons de 1803 à 1812. Outre diverses anecdotes, divers conseils, que les contemporains trouvaient, paraît-il, pétillants d'esprit, mais dont aucune page aujourd'hui ne paraît digne d'une seule phrase de Brillat-Savarin, Grimod de La Reynière donnait dans son *Almanach* un « itinéraire nutritif », où il passait en revue les restaurateurs et les commerces d'alimentation de la capitale, distribuant les mauvaises notes et les compliments. Cet itinéraire critique étant révisé chaque année, les fournisseurs et les cuisiniers apprirent dès cette époque à vivre dans l'état d'angoisse qui, à la nôtre, saisit la restauration française dans les semaines qui précèdent la parution du Guide Michelin de l'année [1]. La probité, je l'ai dit, de l'éditeur-auteur de *L'Almanach* ayant été mise en doute par des officiers de bouche ne résistant pas au régime de la douche écossaise que leur infligeait Grimod, selon que les envois destinés aux « légitimations » étaient plus ou moins ponctuels, disaient les méchantes langues, *L'Almanach des gourmands* dut cesser de paraître, à la suite d'un procès déplaisant.

On a souvent dit de Grimod de La Reynière qu'il avait contribué plus que tout autre gastronome à l'épanouissement de la cuisine entendue. On l'a appelé « le Corneille de la gastronomie française ». Il se peut qu'il ait été un animateur, qu'il ait créé le climat dans lequel la cuisine « transcendante »

1. Et de ses émules, souvent supérieurs au Michelin, mais qui, n'ayant pas son ancienneté, n'ont pas son influence.

put faire l'objet de l'attention maniaque et de l'éloge hyperbolique dont elle a besoin pour croire et faire croire en elle, c'est-à-dire pour être. Mais — c'est Carême qui l'écrit — « La Reynière ne fut pour rien dans les rapides progrès que la cuisine moderne a faits depuis la renaissance de l'art ». Comme tous les critiques gastronomiques, il eut pour fonction de stimuler l'imagination du public, de constituer une rhétorique culinaire, créant dans les esprits cette anticipation gustative qui, de simple aliment qu'il était, fait de chaque plat un discours dans une assiette. Condition sans laquelle l'armée des gastronomes prodigues ne saurait être mobilisée. Dans son *Manuel des amphytrions*, La Reynière impose définitivement le nouveau type de service, celui que nous connaissons, mettant fin à la vieille méthode des buffets successifs qui consistait à disposer simultanément plusieurs plats sur la table. « La méthode de servir plat à plat, écrit-il, est le raffinement de l'art de bien vivre. C'est le moyen de manger chaud, longtemps et beaucoup, chaque plat étant alors un centre unique auquel viennent aboutir tous les appétits. »

Une autre idée de La Reynière fut de faire adopter au Rocher de Cancale, durant les séances du jury, un silence et une discrétion absolus de la part du personnel, du maître d'hôtel, même du cuisinier. Nul n'avait le droit de venir s'interposer sans être appelé par la clochette, sauf bien entendu lorsque la cuisson d'un nouveau plat parvenu au point d'être envoyé, déterminait un transport dans la salle à manger.

Enfin, Grimod de La Reynière a laissé un aphorisme qui ne manque pas de profondeur et où beaucoup se reconnaîtront. « Le fromage est le biscuit des ivrognes. » La coutume étant alors de tremper son biscuit dans son vin, en guise de dessert, les ivrognes, qui n'aiment guère le sucré, mangeaient leur fromage avec leur vin rouge. D'où l'association du fromage et du vin rouge, alors que de nombreux fromages sont meilleurs avec le vin blanc.

Cette gourmandise professionnelle parvient à l'existence en même temps que se dégage des temps protohistoriques la figure du chef de cuisine moderne, à la fois créateur et procureur, Apollon musagète et Jupiter tonnant, mage inspiré et vedette capricieuse, qui n'aura d'équivalent un peu plus tard que dans le personnage également impossible du couturier.

Nous avons du mal à nous rendre compte aujourd'hui, malgré la belle collection de cuisiniers mégalomanes dont l'époque nous a gratifiés, de l'espèce d'*aura* qui a entouré, de son vivant, Marie-Antoine Carême, qui se prénomma lui-même Antonin. Il est douteux qu'aucun chef de cuisine, soit avant, soit après lui ait joui d'un tel prestige. Encore aujourd'hui, le souvenir de Carême reste, parmi les cuisiniers, comme un astre brillant, une comète inégalée. Pour tous les témoins, pour les témoins des témoins, pour les convives et les amis des convives, pour les disciples et les successeurs des disciples, Carême possédait le je-ne-sais-quoi d'élégance, de tension, de charme, d'insatisfaction, de secret, de fierté, de promptitude créatrice et d'acharnement au travail, ce quelque chose de plus que la « classe » et où nul de ceux qui le virent ne crut devoir balancer à reconnaître le génie. Le mot fut prononcé à son sujet dès qu'il parut, et, toujours, les empereurs et les rois qui l'employèrent — avec beaucoup de difficulté d'ailleurs car il était fort délicat — sentirent en lui non seulement le praticien supérieur, mais l'homme pour qui le métier va plus loin que le métier, pour qui l'art est un moyen d'être soi, et non une fin en soi.

A plusieurs reprises, Carême se vit offrir les situations les plus lucratives et les plus flatteuses : à Londres, chef des cuisines de George IV, à Saint-Pétersbourg, de celles du tsar Alexandre Ier, dont il avait dirigé la table à Paris en 1815, chez de légèrement moindres personnages, tant en

Angleterre qu'en France ou en Autriche. Presque toujours il refusa, soit de s'engager, soit de rester, mais jamais pour des raisons financières — il était aussi payé et surpayé qu'on pouvait l'être — mais parce qu'il jugeait défavorables les conditions dans lesquelles on lui demandait d'exercer son talent, soit en raison du climat psychologique, soit en raison du manque de formation des collaborateurs mis à sa disposition, soit par crainte d'un public insuffisamment connaisseur. Chose curieuse, le plus grand cuisinier de l'époque où débuta l'âge d'or des restaurants est l'exception qui confirme la règle : il n'exerça que chez des particuliers.

La demeure dans laquelle il se sentit le plus à l'aise et rencontra la plus grande compréhension, faite à la fois d'estime et d'absence de familiarité; celle où il resta le plus longtemps et passa les dernières années de sa vie active, fut ce château de Boulogne, chez le baron et la baronne de Rothschild, où fréquentait Rossini, et où se situe le dîner si bien rapporté par Lady Morgan, dont le récit est cité à la fin du chapitre précédent.

Un détail qu'il faut ajouter à ce récit est qu'à la fin de ce dîner, qui avait lieu en plein air, Carême vint prendre le café au jardin, et que Lady Morgan, s'entretenant avec lui, fut frappée de ses manières et de sa culture.

Chose étonnante, car enfin Carême était né dans une famille misérable, à la fin de l'Ancien Régime, une famille qui n'avait pas compté moins de vingt-cinq enfants (on ne précise pas le nombre de survivants). Carême avait douze ans quand son père, après lui avoir offert un bon repas dans un cabaret de la « barrière » (équivalent de nos bistrots de banlieue), lui déclara, en payant, que c'étaient là les ultimes sous qu'il dépensait pour lui. Après quoi, le *pater familias* prit congé, abandonnant son fils sur le pavé, non sans mille incitations à tirer parti d'un univers social dont les possibilités dépassaient largement, disait-il, pour un être actif, celles que lui-même aurait pu lui garantir.

→
Marie-Antoine Carême (1784-1833). *Portrait gravé par Fontaine en 1833 en frontispice de « L'Art de la Cuisine française au XIX*e*. » Bibl. des Arts décoratifs, Paris.*

Si l'histoire de Carême se passait au Moyen Age, per sonne ne la croirait. Mais comme elle est relativemen proche de nous et comme les documents qui la relatent son inattaquables, il nous faut bien recevoir pour exact ce qu autrement passerait pour une fable : ce petit garçon de douz ans lâché sur le pavé entre (faut-il dire par hasard ?) chez u gargotier comme gâte-sauce et devient le plus grand cuisinie de son temps, peut-être le plus original de tous les temps.

Ce qui frappe, chez lui, c'est la rapidité à apprendre. L génie, c'est peut-être cette rapidité. Et elle n'est peut-êtr donnée qu'à ceux qui apprennent *pour transformer*, qui trans forment ce qu'ils apprennent, en l'apprenant. Ce n'est pa moi qui ai comparé Carême à Raphaël : la comparaiso traîne partout, à son époque même. A vingt ans, il a install en lui toute la maturité de sa pensée.

Comme tous les créateurs, il fut un voleur d'idées, j dis voleur et non plagiaire. Il s'attache passionnément tous les maîtres qui avaient quelque chose à lui dire, Avic pour la pâtisserie, Laguipière pour les sauces — seuls le faibles ont peur d'être influencés, a dit Goethe — mai aucune de leurs conceptions ne se retrouve littérale chez lui et il leur rendit toujours un hommage affectueux, géné reux. Sa prosopopée de Laguipière, le génial saucier, es supérieure à la prosopopée de Fabricius, chez Rousseau

Car il y a un autre sujet d'étonnement, il y aurait u autre sujet d'incrédulité si les textes n'étaient là : Carêm le plébéien, probablement analphabète quand son père lu rendit le service de l'abandonner, Carême est un écrivain S'il n'avait pas été aussi prolifique que Chateaubriand (pa le fait, Chateaubriand et lui sont les deux écrivains les plu prolifiques du Premier Empire), s'il avait écrit un seul livre là encore nul ne croirait que ce livre fût de lui. Il serait obli- gatoire de forger une « combine » de libraire, avec u « nègre » à la clef. Les idées, les recettes, dirait-on, son peut-être de Carême, mais le style trahit un ancien élève de

Pères, un lecteur de Plutarque, un admirateur de Mirabeau et de Bernardin de Saint-Pierre.

Mais hélas! — ou tant mieux — l'œuvre de Carême est si soutenue et si personnelle, le style en est si empreint des défauts et des qualités de l'époque — pureté de la langue, enflure du langage — qu'il est poétiquement exclu de pouvoir les attribuer à qui que ce soit d'autre qu'à leur signataire. Donc, il faut admettre qu'entre 12 et 20 ans, Carême, tout en assimilant et en réformant la gastronomie occidentale, passa de l'analphabétisme à la maîtrise littéraire.

Il a besoin d'écrire. Il écrit tout ce qu'il cuit. En rentrant des Halles, le matin, il écrit ou récrit les menus, les recettes qu'il va diriger ou exécuter dans la journée. Quand le baron de Rothschild, venant d'acquérir le château de Ferrières, lui propose de songer, dans dix ans, à y prendre sa retraite, Carême décline cette offre délicate; il veut, dit-il, achever son œuvre littéraire dans la solitude d'un petit logement à Paris.

« Je lui dis encore *, écrit-il, que mes livres m'avaient créé un revenu qui allait bien au-delà de mes besoins. J'augmenterai ce revenu, car je n'ai pas fini ma tâche; j'ai encore à publier un livre sur l'état entier de ma profession à l'époque où nous sommes. »

* *A M. de Rothschild.*

Et un peu auparavant, après que le roi d'Angleterre eut tenté de le convaincre de revenir à Londres, Carême raconte : « Je refusai avec chagrin et reconnaissance. Je ne songe plus qu'à profiter des jours que le Ciel peut encore me compter pour terminer les livres qui existent dans mon esprit. Ces livres ont été la pensée de toute ma vie. »

Ces livres sont en effet nombreux et volumineux. Voici *Le Pâtissier royal parisien*, en deux volumes in-8°, ornés de 41 planches par l'auteur, car Antonin Carême savait également dessiner! C'est encore *Le Pâtissier pittoresque*, un volume in-8° orné de 128 planches, toujours par l'auteur; suivent *Le Maître d'hôtel français*, parallèle de la cuisine ancienne et moderne, considéré sous le rapport de l'ordonnance des menus à servir, selon les quatre saisons, et ce à Paris, Saint-Pétersbourg, Londres et Vienne, deux volumes in-8°; *Le Cuisinier parisien*, un volume; et enfin son œuvre monumentale, celle à laquelle il fait allusion dans ses conversations avec le roi d'Angleterre et le baron de Rothschild, *L'Art de la cuisine au XIX*e *siècle*, en cinq volumes in-8°, dont trois seulement furent achevés de son vivant et dont les volumes 4 et 5, mis au net par son disciple Plumerey, furent posthumes.

Encore ne s'agit-il là que des ouvrages de Carême consacrés à la pâtisserie, au gouvernement de la table, à l'art du maître d'hôtel et à la cuisine. Mais Carême se passionnait non seulement pour l'architecture en sucre, mais encore pour la véritable architecture. Il est l'auteur d'un ouvrage intitulé *Recueil d'architecture*, et d'un autre intitulé *Projets d'architecture*, ce dernier essentiellement constitué de projets pour Saint-Pétersbourg. Le tsar Alexandre en avait accepté la dédicace, offrant de surcroît en signe de gratitude à l'auteur une magnifique bague couverte de diamants.

De tout temps certes, la fonction de chef cuisinier avait été considérée, ce qui s'explique par la complexité d'une tâche consistant non seulement à savoir préparer, mais à savoir organiser. Encore aujourd'hui, comment ne pas être étonné en voyant le chef des cuisines d'un grand restaurant enregistrer les ordres que lui lancent les maîtres d'hôtel à travers le guichet, cuisinant simultanément les repas de vingt ou trente tables avec, présents à l'esprit, le menu de chacune d'entre elles, le temps de préparation et le moment de consommation probable de chacun des mets commandés, chaque convive à chaque table ayant en outre presque toujours commandé autre chose que les amis avec lesquels il dîne. Ce sont donc soixante, quatre-vingts menus différents, que le chef doit caser dans sa tête et réaliser dans les délais imposés à la fois par la vitesse de mastication de la clientèle et le temps d'élaboration exigé par l'art. On comprend

→ Six pièces montées et deux jambons braisés (dessinés par l'auteur). *Planches extraites des deux ouvrages de Carême « Le Pâtissier royal parisien », 1854 et « L'Art de la cuisine française au XIX*e *», t. 3, 1835. Bibl. des Arts décoratifs, Paris.*

donc que ces diverses capacités, qui vont bien au-delà du simple talent nécessaire pour cuisiner de temps à autre un bon petit plat pour la famille ou les amis, ait toujours inspiré à ceux qui en étaient les témoins la sorte d'admiration qu'inspire un chef d'orchestre ou un chirurgien. Au XVe siècle, à la cour des ducs de Bourgogne, La Marche, auteur de la chronique bien connue sur Dijon, rapporte que dans l'immense cuisine du palais ducal, aux sept cheminées gigantesques, le cuisinier est assis sur un siège élevé d'où il peut surveiller l'armée des aides, marmitons, rôtisseurs, potagiers, etc. Il tient à la main une grande cuillère de bois qui lui sert à goûter au passage les potages et les sauces. Dans les grandes occasions, le cuisinier lui-même vient servir le duc, un flambeau à la main. C'est le cas lorsque comparaît le premier hareng frais, est servie la première truffe.

« Pourquoi, s'interroge La Marche, est-ce le cuisinier qui est présent au repas de son seigneur, et non l'écuyer de la cuisine? Comment procède-t-on pour nommer le chef cuisinier? Qui doit le remplacer lorsqu'il est absent? Le hateur (rôtisseur) ou le potagier? » A cela il répond : « Quand l'office de maître queux est vacant à la cour du prince, les maîtres d'hôtel appellent les écuyers de la cuisine et tous ceux qui servent à la cuisine, un à un; et c'est par leur vote solennel, attesté par serment, que le cuisinier est nommé. » Et à la deuxième question: « Ni l'un ni l'autre; le remplaçant sera désigné par élection. » On voit que l'autogestion et l'élection du directeur par les travailleurs existaient à la cour des ducs de Bourgogne, du moins dans les cuisines.

Cet auguste cérémonial ne change guère à travers les siècles. Carême nous a laissé une description de la cuisine au moment du coup de feu : « Que l'on se figure être dans une grande cuisine comme celle des Relations extérieures, lors des grands dîners (chez le prince de Talleyrand, une des maisons où passa Carême) et y voir une vingtaine de cuisiniers dans leurs occupations pressantes, allant, venant, agissant avec célérité dans ce gouffre de chaleur. Regardez une voie de charbon (un mètre cube) embrasé sur les paillasses pour la cuisson des entrées, puis encore une voie sur les fourneaux pour les potages, les sauces, les ragoûts, les fritures et le bain-marie. Ajoutez à cela un quart de voie de bois embrasé devant lequel tournent quatre broches, dont l'une tournant une pièce d'aloyau de 45 à 60 livres, l'autre un quartier de veau du poids de 35 à 45 livres, les deux autres pour la volaille et le gibier. Dans ce brasier, tout le monde agit avec promptitude; un souffle n'est pas entendu; le chef seul a le droit de se faire entendre, et, à sa voix, tout obéit. Enfin, pour mettre le comble à nos souffrances, pendant à peu près une demi-heure, les portes et croisées sont

Les nouvelles cuisines du café Riche en 1866. *Lithographie anonyme. Bibl. nat., Paris.*

Trois cuisinières à gaz de W. Elsner. *Présentées à l'Exposition industrielle de Munich de 1854. gravure sur bois.*

fermées afin que l'air ne refroidisse pas le service. Et c'est ainsi que nous passons les plus beaux jours de notre existence. Mais, ajoute Carême, l'honneur commande. Il faut obéir, lors même que les forces physiques manquent. Mais c'est le charbon qui nous tue. »

Le fourneau en fonte, au charbon, avait en effet remplacé le fourneau « potager » du XVIIIe siècle. Mais les conditions de l'aération, encore insuffisantes dans certaines cuisines mal installées de notre époque, eurent pour conséquence que les cuisiniers se mirent à respirer une quantité anormale d'oxyde de carbone. Plus tard, le chef Soyer fit beaucoup pour lancer à Londres la cuisine au gaz, dont, bien entendu, on se méfia au premier abord comme de tout changement de matériel ou de combustible en cuisine, changement que l'on soupçonne toujours de détériorer la saveur des aliments.

Mais Carême, lui, vécut en pleine ère charbonneuse. Il mourut, à moins de cinquante ans, brûlé, a dit Laurent Tailhade, « par la flamme de son génie et le charbon des rôtissoires ».

Reprenons chronologiquement la biographie et la carrière d'Antonin Carême, puis nous citerons quelques-unes des recettes où se reflète le mieux sa manière. Il est né à Paris le 8 juin 1784 et mort également à Paris, le 12 janvier 1833. Après avoir végété quelque temps comme aide-cuisinier, il a la chance d'entrer chez le célèbre pâtissier Bailly, rue Vivienne, qui avait pour client Talleyrand. Au cours de ce stage, le jeune Carême prit l'habitude de travailler, pendant ses rares loisirs, au cabinet des Estampes pour copier des motifs en vue de pièces montées pâtissières. Il travailla ensuite chez Talleyrand, sous les ordres de Boucher, chef des services du prince de Bénévent [1]. Durant l'Empire, il travailla également sous les ordres du célèbre saucier Laguipière, qui périt plus tard au cours de la retraite de Russie, et à la mémoire duquel Carême dédia *Le Cuisinier parisien.* « C'est surtout à cette époque, écrit Carême dans ses souvenirs, que j'ai fait de fortes études... J'avais l'excellente habitude de noter, le soir, en rentrant chez moi, les modifications que j'avais faites dans mon travail où chaque jour apportait quelques changements. La plume à la main, je consignais les raisons qui avaient déterminé mon esprit. Ce compte rendu intime sera toujours une cause de progrès. »

Carême a exécuté personnellement, nous dit le marquis de Cussy, 196 sortes de potages français et 103 potages étrangers. En pâtisserie, son influence fut telle que lui, si modeste, pouvait écrire : « Lorsque, pour oublier les envieux, je vais promener mes regards dans Paris, je remarque avec joie l'accroissement et l'amélioration des boutiques de pâtisseries.

→ Les cuisines des Tuileries en 1864. Le dessert, le glacier, le garde-manger, la rôtissoire. *Lithographie d'après croquis de M. Moullin. Bibl. nat., Paris.*

1. *Titre conféré par Napoléon à Talleyrand.*

LE DESSERT.

LE GARDE-MANGER.

LE GLACIER.

LA ROTISSERIE.

Rien de tout cela n'existait avant mes travaux et mes livres. Comme je l'ai prédit, les pâtissiers sont devenus très adroits et très soigneux. » A l'époque de sa jeunesse, il inventa les gros nougats, les grosses meringues, les croquantes, les poupleins, les solilemmes, ou tout au moins il les perfectionna car, selon lui, la pâtisserie avait atteint son point culminant à l'époque du traité d'Utrecht [1] et c'est seulement dans la présentation qu'il sentit le besoin de la renouveler. Ajoutons qu'il porta le feuilletage à son suprême degré de finesse. Il avait débuté comme tourtier chez Bailly.

Un autre des domaines où se manifesta son génie fut celui des entrées froides et surtout du « maigre » [2], à la préparation duquel son nom paraissait le prédestiner. « C'est dans la cuisine du carême que l'habileté du cuisinier peut jeter un grand éclat; c'est à l'Élysée Impérial et par les exemples des fameux Laguipière et Robert que je fus initié au travail de cette fine branche... Pendant deux années Laguipière et moi nous refîmes cette grande cuisine *maigre*, nous rendîmes le beau *maigre* à l'Église. » N'était-il pas légitime de notre part d'écrire que Carême est un véritable Chateaubriand de la cuisine, l'auteur du *Génie du christianisme* gastronomique?

Carême fut également l'inventeur du « froid », cette science nouvelle, jusqu'alors sommaire, désormais transformée, où il s'agissait de garder toute leur succulence aux mets déjà cuits. Cette science qui nous paraît aujourd'hui naturelle est en fait très récente. A l'occasion du mariage du prince Jérôme et de la princesse de Wurtemberg, Carême et Riquette (un des chefs de l'époque en qui notre homme voyait un égal) furent chargés du froid. Galantine, hures, longes de veau à la gelée, filets de bœuf de même, aspics de

1. 1715.

2. C'est-à-dire sans viande, les vendredis et durant le carême. Obligation pour les catholiques supprimée par Vatican II.

crêtes et de rognons, salmis de perdreaux rouges chaud-froid, darnes de saumon et galantines d'anguilles au beurre de Montpellier, bordures de ravigote vert tendre, de truffes en gelée, autant d'inventions, d'innovations.

Une cuisine allemande. *Gravure extraite d'un livre pour enfants, Augsbourg, 1823. Kunstbibliothek, Berlin.*

Le beurre de Montpellier, trop oublié, doit être exécuté comme suit, selon l'ordonnance de Carême : « Lavez bien à l'eau fraîche une forte poignée de cerfeuil, une vingtaine de branches d'estragon et le même volume de pimprenelle [1], puis une pincée de ciboulette. Cette verdure étant égouttée, vous la faites blanchir dans de l'eau bouillante avec du sel,

1. Poterium sanguisorba; *en anglais* Burnet Salad; *en italien* Pimpinella.

afin de la conserver bien verte; vous la mettez dans un grand poêlon d'office et après 5 ou 6 minutes d'ébullition, vous ôtez la ravigote avec l'écumoire et la mettez refroidir dans l'eau fraîche. Dans l'eau qu'elle a blanchie, vous mettez durcir 8 œufs, puis vous pressez fortement la ravigote pour en extraire l'eau. Vous la pilez parfaitement; vous y joignez une vingtaine de beaux anchois épluchés et bien lavés, 2 cuillerées à bouche de câpres fines, 6 cornichons, les jaunes d'œufs durs et une petite gousse d'ail. Pilez ce mélange dix bonnes minutes; mêlez-y 8 onces de beurre fin, une pincée de poivre, du sel fin. Vous y amalgamez un verre plein de bonne huile d'Aix et le quart de vinaigre à l'estragon : ce qui doit vous donner un beurre velouté, moelleux et d'un goût exquis.

« Pour le rendre plus appétissant encore vous y mêlez un peu d'essence de vert d'épinard afin de le colorer d'un beau vert pistache. On doit avoir la précaution d'y mêler ce vert en petite quantité à la fois, afin que le beurre soit d'un vert pâle. Vous goûtez si l'assaisonnement se trouve de haut goût; alors vous le passez à l'étamine fine en le foulant avec la cuillère de bois; après cela vous le mettez dans une petite terrine sur la glace pour le raffermir et vous vous en servez de suite.

« L'assaisonnement de ce beurre délicieux réclame des connaissances que la pratique seule peut donner; car il faut avoir le goût exquis pour le rendre dans sa perfection, afin qu'aucun de ces assaisonnements qui le composent ne se trouve dominant. Cependant, il est facile d'adoucir l'excès du vinaigre en ajoutant un peu d'huile, de même la fadeur de l'huile en y mêlant du vinaigre et du sel. »

En 1814 et en 1815, Carême dirigea, nous l'avons déjà mentionné, la table de l'empereur Alexandre à Paris, et, plus tard, cette même table durant le congrès d'Aix-la-Chapelle. Sa manière plaisait tellement au tsar que celui-ci voulut l'engager définitivement et le faire venir à Saint-Pétersbourg. Là encore, ce fut la littérature qui le retint d'accepter. « Je ne pus me résoudre, dit-il, à quitter les recherches et les travaux de rédaction que j'avais commencés à Paris. »

Il accepta pourtant tout d'abord le service de Lord Steward, ambassadeur d'Angleterre à Vienne, puis il se décida à embarquer pour Saint-Pétersbourg, à Honfleur. A peine arrivé dans la capitale impériale, il décida de rentrer en Occident, car il s'était rendu compte que la place de chef de bouche du tsar, dans un pays où la corruption et le « coulage » étaient de tradition, « était avilie, à la suite d'abus, par une surveillance humiliante. C'est en vain qu'on voulut me retenir; mes confrères ne pouvaient comprendre que je quittasse Saint-Pétersbourg sans profiter des offres qui m'étaient faites. » Ses confrères, c'étaient son vieil ami Riquette, et Benoist, et Talon, qui régnaient alors sur les tables pétersbourgeoises. De retour, Carême fut successivement au service de la princesse Bagration, de George IV, à Londres, où il ne put se faire au climat, et enfin du baron et de la baronne de Rothschild, ainsi que nous l'avons dit. Encore avons-nous omis un très grand nombre de places épisodiques quoique flatteuses, et surtout le fait que, pendant une très grande partie de sa carrière; Carême fit principalement des extras. On lui confiait par exemple la préparation d'un grand banquet officiel, ce que l'on appelait alors les « extraordinaires », auquel il consacrait facilement plusieurs mois de préparatifs.

A la fin de l'année 1832, il commença d'éprouver les souffrances du mal qui devait l'emporter : « Ce sont des douleurs dans le côté droit, lesquelles sont souvent insupportables à la suite d'un service actif. Je suis tombé; je garde le lit; mes forces disparaissent. Un de mes vieux amis, M. Magonty, me remplace dans mon service. La bonne famille de M. le Baron peut voir que j'ai bien apprécié ma santé lorsque je lui ait dit que je quitterais incessamment le travail... »

Il le quitta en effet, nous l'avons dit, le 12 janvier 1833, ayant passé les deux derniers jours de son existence à dicter à sa fille, de son lit d'agonisant, ses ultimes recettes.

La cuisine de Carême comporte toujours plusieurs paliers. Il est rare que ce soit le premier aliment ou ingrédient mentionné qui fournisse l'apparence du plat. Toute recette requiert l'usage du tamis, de la soie, de l'étamine, pour passer, extraire, concentrer, réduire. N'importe quel plat, d'autre part, repose sur la réalisation antérieure de produits de cuisine : purées, essences, quintessences, dont la composition est tenue pour acquise et se trouve citée comme chose exquise, au même titre qu'un morceau de céleri ou un oignon émincé. La cuisine de Carême n'est donc pas une cuisine pour amateurs. La moitié des termes dont elle se compose s'adresse à ceux qui tiennent atelier. Avec Carême, la cuisine transcendante devient plus qu'une chimie : c'est une algèbre.

Comme l'art classique, le résultat de l'art carémien est toujours très simple et extraordinairement lisible. Ce qui est compliqué, c'est le processus pour y parvenir, processus qui d'ailleurs n'a pas pour but de superposer les saveurs mais bien au contraire de les isoler et de les mettre en relief. La grande cuisine, avec lui, n'est pas comme on le croit trop souvent, et comme en effet on en trouve à foison la caricature, l'accumulation barbare de produits hétéroclites et non dosés, mais la dominante préservée dans la préparation finale. Carême introduit dans la cuisine ce qu'on appelle en peinture les « valeurs », c'est-à-dire qu'il fait comprendre pour la première fois que les saveurs et les odeurs doivent être jugées non dans l'absolu, mais dans leurs relations mutuelles.

lièrement représentatives de sa manière, mais choisies parmi les plus simples :

« *Potage anglais de poisson Lady Morgan :* Après avoir levé les filets d'une moyenne barbue, d'une sole et d'une petite anguille, vous coupez par fragments les arêtes et les parures des filets, que vous mettez dans une moyenne casserole, en y joignant une bouteille de vin de Champagne, la chair d'un citron, les parures d'une livre de truffes, deux oignons, une carotte, un pied de céleri et deux poireaux, le tout émincé, puis une demi-feuille de laurier; une petite pincée de muscade râpée et de poivre de Cayenne, deux clous de girofle, deux anchois bien lavés et un peu de sel; faites mijoter cet assaisonnement durant une heure, et le passez au tamis de soie, pour le verser ensuite dans un bon consommé au blond de veau.

« Maintenant vous sautez les filets de barbue, de sole et d'anguille, puis vous les parez en petites escalopes; puis vous faites avec un gros merlan une farce à quenelle; vous y mêlez un beurre d'écrevisses pour remplacer le beurre fin que vous y mettez ordinairement; vous faites avec cette farce de petites quenelles, que vous formez dans des cuillères à café et les pochez dans du consommé; ensuite vous coupez les truffes parées (cuites au consommé) avec un coupe-racines d'un pouce de diamètre, pour les couper ensuite en escalopes de deux lignes d'épaisseur; étant prêt à servir, vous égouttez les quenelles et les déposez dans la soupière avec les escalopes de poisson, que vous égouttez sur une serviette, ainsi que les truffes et une vingtaine de champignons tournés bien blancs, deux douzaines d'huîtres, autant de queues de crevettes et celles des écrevisses qui vous ont servi à faire le beurre pour la farce.

« Vous devez clarifier le consommé du potage en y mêlant les parures des filets de poisson et leur cuisson, ainsi que le consommé des quenelles, des truffes, le fond des huîtres; au moment de servir, vous le versez tout bouillant dans la soupière garnie ainsi que nous l'avons démontré ci-dessus.

« Ce potage splendide et savoureux est du goût des appréciateurs de la science culinaire. Je l'ai servi pour la première fois à Boulogne, près Paris, chez M. le Baron de Rothschild, le jour même où j'eus l'honneur d'être présenté à la célèbre Lady Morgan. »

« *Sauce au vin de Champagne :* Après avoir habillé deux moyennes soles, vous les coupez en escalopes, et les mettez dans une casserole à ragoût avec une demi-bouteille de vin de Champagne, deux maniveaux de champignons, deux oignons et des carottes émincées, deux échalotes, une petite gousse d'ail, un bouquet assaisonné, un peu de mignonnette et de macis. Faites mijoter et réduire à petit feu pendant 30 à 40 minutes; après quoi vous passez cette essence avec pression par l'étamine; ensuite vous y joignez deux grandes cuillerées à ragoût de sauce allemande, et quatre maniveaux tournés et leur fond; faites réduire de la manière accoutumée; ajoutez un verre de champagne, et, dès que la sauce est réduite à point, vous la versez dans une casserole à bain-marie.

« A l'instant du service, vous y mêlez un peu de glace et de beurre d'Isigny.

« Cette sauce convient pour le turbot, le cabillaud, les soles, et généralement le poisson cuit à l'eau de sel ou grillé.

« J'ai servi cette sauce pour la première fois, en 1815, à l'Élysée Bourbon. »

« *Quartier de pré-salé gastronome :* Après l'avoir paré de même que pour la broche, vous le garnissez de lardons de tétine, de langue à l'écarlate et de truffes parées *idem ;* vous les assaisonnez de poivre, de muscade râpée et d'un peu de sel; parez les extrémités de lardons qui dépassent les chairs; puis vous bridez le quartier de pré-salé et le braisez, en ajoutant les parures de truffes et quelques lames de maigre de jambon; arrosez et retournez-le dans sa cuisson, en observant qu'il mijote pendant 3 heures; après quoi vous le débridez, le glacez selon la règle, le dressez sur un émincé de truffes à la périgueux et le servez. »

« *Croquettes de pommes de terre :* Faites cuire deux assiettes de pommes de terre avec un peu de consommé blanc, un peu de beurre, de sel, de poivre, de muscade râpée et un rien de sucre en poudre, afin d'atténuer le peu d'âcreté que cette plante légumineuse contient. Vous les faites mijoter feu dessus et dessous, en observant de les mouiller peu; lorsqu'elles sont cuites à point, vous les broyez dans la casserole, les passez par le tamis de crin, et les pilez ensuite en y mêlant deux jaunes d'œufs et un peu de crème bien épaisse. Quand cet appareil est froid, vous en formez de petites boules de la grosseur et de la forme d'un œuf de pluvier; puis vous les roulez sur de la mie de pain très fine; après quoi vous les trempez dans 4 œufs battus en omelette, les égouttez avec une fourchette et les roulez derechef sur de la mie de pain à laquelle vous avez mêlé un peu de parmesan râpé; donnez-leur une belle forme et au moment de servir vous les posez sur un faux fond de laiton qui doit avoir la même forme que la poêle à frire, contenant de la friture chaude à point; vous y mettez les croquettes et les retirez dès qu'elles ont pris une belle couleur blonde; puis vous les égouttez sur une serviette et les dressez.

« On peut également préparer le même appareil avec des pommes de terre cuites dans les cendres, en n'en employant que le cœur; seulement vous devez y joindre un peu plus de crème; le reste du procédé est le même. »

Les seules modifications que subiront au cours du XIXe siècle les conceptions développées par Carême avec tant d'éclat porteront sur la complication décorative. Le temps passé à monter des pièces se réduira. Le décor se simplifiera, on verra disparaître les socles en saindoux stéariné, les bords de plats en pâte à nouilles, les plats savamment historiés, les « gradins » de pain de mie. Cet aspect des préoccupations de Carême est peut-être le seul aspect de son génie qui nous paraisse aujourd'hui quelque peu archaïque. Mais le fond de la cuisine, interprété, traduit dans une langue plus accessible, ne subira pas, quoi qu'on ait dit, de révolution importante avant longtemps.

Dans la lignée de Carême, plusieurs maîtres de la cuisine internationale inventeront des plats nouveaux, se créeront un style reconnaissable, personnel : ils ne transformeront pas le fondement même de la cuisine. Mais aucun maître, après Carême, n'a eu la pureté, le désintéressement, n'a été rongé par la passion du mieux faire, au même degré que Carême. Plusieurs ont cédé à la tentation de commercialiser leur gloire, d'industrialiser leur savoir-faire, d'abuser l'amateur naïf, d'organiser leur publicité, de s'enrichir aux dépens de leur art beaucoup plus que d'enrichir cet art. Reste à savoir si la cuisine carêmienne n'était pas une belle folie, presque irréalisable en dehors d'un composé où la probité et le génie chez l'auteur, l'opulence et la clairvoyance chez le consommateur rendirent possible celui que l'on nomma justement « le roi des cuisiniers et le cuisinier des rois ».

Conclusion apéritive

Parvenue au milieu du XIXe siècle, cette tentative de résurrection de *l'atmosphère* gastronomique perdue des temps passés n'a plus de raison de se poursuivre. En effet nous sommes, à partir de cette date, de plain-pied avec les textes, les goûts et les usages. La cuisine a certes évolué, depuis un siècle et demi, dans tous les pays, de même — et surtout, peut-être — que les produits ont changé et aussi, plusieurs fois, les goûts et les exigences des consommateurs. Tout n'est pas toujours clair pour le lecteur actuel d'une recette vieille de cent ans ou distante de mille kilomètres de son lieu natal, car les dénominations sont instables. Mais pour l'essentiel, après 1850, nous nous trouvons déjà dans le monde qui est encore le nôtre. Et donc la curiosité qui me guidait dans ce livre n'a plus d'objet. Ce que je voulais savoir, c'est ce qui se cachait derrière les mots, je voulais savoir, quand je lisais le récit d'un repas à la cour des ducs de Bourgogne ou dans une chaumière décrite par Rousseau, *wie es eigentlich gewesen ist :* comment était-ce vraiment? En se rapprochant de nous, le rideau du temps passé devient de plus en plus transparent, puis il disparaît, et le spectacle se comprend sans besoin de clefs ni de traduction. Ma distraction est donc achevée, sinon accomplie. Car, je l'ai déjà dit dans le prologue et je le répète, je n'avais pas l'ambition et je n'ai pas la prétention d'être exhaustif, de couvrir tous les temps et tous les pays. J'ai voulu faire non une encyclopédie, mais une anthologie. Les encyclopédies existent, mais elles ne restituent pas la sensation des choses passées. J'ai voulu ramener à la surface quelques probabilités de cette sensation. Mon modèle a été la délicieuse *Histoire littéraire du sentiment religieux en France au XVIIe siècle*, de l'abbé Henri Bremond.

J'ai voulu comme lui tirer les leçons édifiantes pour nous de ce que les gens d'autrefois ont senti. C'est l'objet de cette conclusion. Car, si je n'ai aucune raison d'entrer dans le détail du siècle où nous vivons, puisque mon but primordial était la curiosité du passé, en revanche je puis en dégager les grands traits. En effet je m'aperçois qu'en cuisine comme ailleurs, le passé peut servir à comprendre le présent, et aussi que, sur bien des points sinon sur tous, le présent est fréquemment, à l'insu de ceux qui le vivent, la répétition du passé.

Depuis le milieu du XIXe siècle, la cuisine savante ou professionnelle, suivie assez vite et imitée de loin, dans la mesure des possibilités ménagères, par la cuisine privée, a traversé des phases et obéi à des tendances que l'on peut ramener à quelques cas fondamentaux.

I. Phase de complication et d'alourdissement, accompagnée d'un effet de masse et d'entassement dans les quantités. Présentations décoratives et fardées.

II. Phase de simplification et d'allègement des préparations, ainsi que de réduction des quantités. Présentations nues et « loyales ».

A côté de ces deux phases, on peut distinguer deux tendances :

1. tendance à l'internationalisation de la cuisine;

2. tendance à revenir aux cuisines régionales.

A ces quatre phases et tendances s'ajoutent deux accents :

A. Accent mis sur les assaisonnements, les épices, les saveurs bien marquées, les goûts relevés, les fumets pénétrants, répandant au loin l'odeur du plat.

B. Accent mis sur le produit naturel, sa fraîcheur, son authenticité. Donc on bannit les mélanges, dans lesquels saveurs et odeurs naturelles se neutralisent, et les épices surajoutées (à commencer par le sel) qui les assomment sous leur domination trop brutale. Arômes discrets, imperceptibles ou inexistants.

Enfin, nous trouvons, toujours depuis le milieu et même le début du XIXe siècle, le conflit entre deux valeurs :
a. valorisation de la tradition;
b. valorisation de l'invention.

Il est amusant d'en suivre l'alternance à travers les générations successives de guides gastronomiques et même de noms de restaurants, mettant en relief les qualités que se vantent de posséder les aubergistes ou qu'on leur attribue. Quand la valeur « tradition » domine, chacun se targue de cuisiner comme « Au bon vieux temps », baptisera sa maison « A la vraie Bourgogne » ou bien « Chez Grand-mère » ou à « L'Antico Fattore » (le vieux fermier). Au contraire, quand l'invention est valorisée, les critiques gastronomiques ne sont favorables qu'aux *créations* des cuisiniers, à l'originalité personnelle, aux « spécialités » inédites.

Des huit composantes de l'évolution culinaire que je viens d'énumérer, certaines sont à l'évidence antithétiques et s'excluent par définition, tandis que d'autres, on le voit d'emblée, peuvent marcher ensemble et se renforcer les unes les autres. C'est ce que nous montre l'histoire récente, prolongeant l'histoire ancienne.

La bataille entre la complication et la simplicité, la légèreté et la lourdeur, l'accent mis sur tout ce qui *entoure* l'aliment (sauces, épices, garniture) et le respect de la vérité naturelle du produit lui-même, cette bataille est, à vrai dire, constante, tout comme l'est l'alternance des deux phases tout au long de l'histoire de la cuisine. Tout comme sont éternelles la bataille et l'alternance entre la cuisine de création et la cuisine de tradition, liée à la région et au terroir. Nous avons déjà vu, dans le premier chapitre de ce livre, comment, à mille cinq cents ans de distance, l'historien d'art C.F. von Rumohr, écrivant sous le masque de son cuisinier Joseph König, polémique contre l'auteur du principal ouvrage de cuisine romaine, Apicius. Dans son livre, *Geist des Kochkunst* (1822), Rumohr attaque Apicius comme le propagateur de ce qu'il stigmatise sous le nom de « cuisine destructive ». Pourquoi destructive ? En ce qu'elle réduit tout à des ragoûts, à des gelées, à des hachis, à des pâtés, à des purées, et inonde toute chose de sauces composites et chargées, enfin s'acharne contre les produits naturels, les triture, les mélange et les assaisonne au point de les rendre méconnaissables au goût comme à la vue. L'historien allemand distingue en cuisine les mêmes trois styles qu'il distingue dans ses ouvrages sur la peinture : le style sévère, le style aimable et le style hypocrite. Il choisit, quant à lui, le style aimable contre le style hypocrite (celui d'Apicius). Il est frappant de voir que cette polémique de l'écrivain allemand aurait pu aussi bien se déchaîner contre son contemporain Carême, ou, plus exactement, contre les suiveurs lourdauds de Carême, et de voir surtout qu'à leur insu les avocats de la « nouvelle cuisine française », depuis 1965 environ, ont employé les mêmes arguments en faveur d'un retour à la vérité des produits naturels. La cuisine, selon cette école, doit suivre et prolonger la nature, en tirer parti, au lieu de la contrarier. Mais l'école de la nouvelle cuisine française a versé quelquefois à son tour dans un nouvel académisme, où le culte de la « légèreté » et de « l'invention » a poussé une nuée d'imitateurs vers une cuisine tout à la fois extravagante et fade, génératrice d'un style international uniforme encore plus redoutable que l'ancienne « cuisine de palace ». En outre, une mauvaise interprétation de cette école en viole les principes, répandant partout le saumon cru, le foie gras, le caviar, la truffe et les écrevisses, c'est-à-dire ayant recours à des aliments exceptionnels, rares ou introuvables dans les pays où ils sont consommés (il n'y a quasiment plus d'écrevisses en France) pour donner du caractère à des plats qui n'en avaient plus du tout. Il est plaisant de voir les suiveurs de la « nouvelle cuisine française » excommunier avec hauteur comme trop artificiellement compliqué le tournedos Rossini, recette du XIXe siècle consistant à accommoder une tranche de filet de bœuf avec du foie gras et de la truffe, quand ces mêmes suiveurs répandent eux-mêmes partout le foie gras et la truffe, en les entassant simplement au lieu de les lier dans une préparation cohérente, avec la continuité et les transitions d'une cuisine réellement savante.

En réalité, cette nouvelle cuisine française est fondamentalement juste, mais très difficile. Elle se veut lutte de l'invention contre la tradition et de la légèreté contre la lourdeur. Mais elle réagit en fait contre une autre cuisine savante, une autre « invention », un autre académisme et non contre la tradition véritable, laquelle est enracinée dans le terroir. C'est pousser la majorité des cuisiniers, incapables d'inventer tous, à négliger les traditions, que de louer exclusivement l'invention. Donc, d'un côté ils abandonnent les traditions, de l'autre ils ne créent pas vraiment. Imagine-t-on ce que deviendrait la cuisine chinoise si tous les cuisiniers chinois se voyaient obligés de ne plus servir que des créations originales ? Quand une cuisine repose sur des siècles d'expérience, de savoir-faire, de tours de main et de petits secrets accumulés, il est périlleux d'exiger de tout praticien qu'il reparte de zéro. Il désapprend la tradition, non pour créer mais pour tomber dans l'imitation de ses contemporains.

Cependant, cette réaction contre une cuisine trop chargée en épices, en graisses et en sauce, est justifiée : nous l'avons rencontrée bien souvent dans les pages qui précèdent. La cuisine médiévale était une cuisine où la force des épices, des sucres et des acides, et leur mélange, écrasaient les autres goûts, et la « révolution gastronomique » des XVIIe et XVIIIe siècles fut d'abord une recherche des saveurs fines contre cette grosse artillerie médiévale, avant d'engendrer à son tour, au XIXe siècle, des excès semblables à ceux qu'elle avait éliminés.

Une autre caractéristique de la cuisine, depuis cent ans, mais surtout depuis le milieu du XXe siècle, a été son internationalisation, ou, pour mieux dire, sa mondialisation. « Cuisine internationale » est devenu péjoratif. L'expression signifie en effet que l'on retrouve partout la même cuisine, en général une cuisine d'origine française, conventionnelle et affadie. Mondialisation est tout aussi laid mais signifie exactement le contraire : à savoir que l'on trouve de plus en plus dans de nombreux pays, très loin de leur source géographique, les cuisines nationales les plus diverses et même les plus locales. Cet essaimage des cuisines a eu plusieurs causes. D'abord, les migrations forcées qui, dans notre temps de persécutions, de guerres et de crises, ont amené des populations entières à exporter dans leurs pays d'adoption leurs coutumes culinaires, et à y ouvrir des restaurants et des magasins de produits alimentaires. Ensuite, le prodigieux développement du tourisme et la découverte sur place, par d'innombrables voyageurs, de certains plats « typiques » ou même de toute la palette d'une cuisine étrangère. Enfin, le désir de remédier soit à la pauvreté de sa propre cuisine nationale soit à la fadeur de la « haute » cuisine internationale en important des plats étrangers, de saveur marquée, qui, le plus souvent, ne sont pas seulement des plats étrangers mais des plats d'origine populaire, régionale paysanne ou marine. C'est le cas de la pizza napolitaine, des lasagnes à la bolonaise, de la bouillabaisse, de la paella, du couscous, des moules à la marinière, du curry à l'indienne, du goulash, de la choucroute, du welsh-rarebit, de la feijoada brésilienne, du mole mexicain, de plusieurs plats d'Afrique noire, de l'escabèche, du southern fried chicken américain, du roast-beaf à l'anglaise, du waterzooï, des aubergines à la turque, de l'aïoli et de cent autres « spécialités » du terroir. Ce sont les liens avec le terroir, précisément, avec les produits issus de ce terroir et avec les tours de main ancestraux de la confection et de la cuisson qui font, comme je l'ai indiqué déjà dans le chapitre premier, que la plupart de ces plats, comme on dit, « voyagent mal ». Tantôt un plat, quoique relativement simple, dégénère parce qu'il est ainsi coupé de ses racines, tantôt c'est toute une cuisine qui se rétrécit et s'appauvrit parce qu'elle est dans son ensemble trop riche et trop complète. C'est le cas de la cuisine chinoise. Le nombre des restaurants chinois en Europe et en Amérique du Nord dépasse infiniment le nombre des cuisiniers chinois compétents disponibles sur les cinq continents, même, paradoxalement, dans les villes occidentales où existe une forte population chinoise et de vastes quartiers chinois. Ce n'est pas le restaurant, mais le cuisinier chinois, à travers toutes ses pérégrinations, auquel les amateurs sont dès lors fidèles. Une autre raison encore pour laquelle la cuisine « voyage mal » tient aux réglementations sanitaires qui, dans certains pays, interdisent l'importation de certains produits. Aux États-Unis, la Food and Drug Administration est très stricte. Elle confisque en douane jusqu'au plus humble saucisson que le voyageur veut offrir à des amis. On ne saurait donc obtenir à New York un cassoulet convenable, plat dont la saveur vient surtout de la charcuterie très particulière du sud-ouest de la France, ou bien, pour les mêmes raisons d'attache à un terroir, un cocido à la madrilène.

En dépit de cette inévitable déperdition dans le transport, la mondialisation de la cuisine a paradoxalement sauvé les cuisines régionales. La lutte pour défendre ces dernières a reçu le renfort de la nomenclature cosmopolite et a en outre rejoint la lutte pour le retour aux produits naturels, aux légumes, aux volailles, au pain, aux vins de l'ère pré-chimique et pré-industrielle. La digestion commence à la cuisine, dit un proverbe. Non : elle commence dans le jardin, dans les champs, dans la basse-cour. Certes, en ce domaine comme dans beaucoup d'autres, la nature est un luxe, mais heureusement un luxe qui se démocratise de plus en plus. Le goût de la saveur naturelle et de la fraîcheur absolue a pu assurer, par exemple, le succès international de la cuisine japonaise. Qui aurait pensé, vers 1950, que cette cuisine déborderait un jour hors de ses frontières, au point de communiquer le goût du poisson cru aux Européens et de leur inspirer des recettes où la daurade et le saumon viennent directement de la mer dans l'assiette sans passer par la casserole ou le four ? Ne versons pas dans les excès de la généralisation abusive, mais, pour conclure ces brèves et modestes remarques finales, risquons une hypothèse. Le caractère dominant de la gastronomie présente, en cette fin du XXe siècle, me paraît évident : pour le meilleur et pour le pire, ce caractère dominant, c'est le retour à la nature.

Table

Crédits photographiques :

A.A.V., p. 259.
Archives Immédiate 2, p. 89.
Éditions Arthaud Paris-Grenoble, p. 69.
Bildarchiv Preussischer Kulturbesitz, pp. 292, 297.
Bibliothèque Nationale, Paris, pp. 58, 83, 134, 137, 138, 139, 154, 157, 168, 171, 174, 176, 191, 193, 197, 215, 237, 291, 294.
Bibliothèque Nationale, Archives Pauvert, pp. 132, 155, 156, 187.
Bulloz, pp. 61, 125, 163, 264.
J.L. Charmet, Pauvert, pp. 195, 207, 215, 222, 223, 229, 251, 273, 279, 285, 289.
Chuzeville, p. 41.
Fotogram, J.L. Loirat, p. 68.
Giraudon, pp. 39, 91, 107, 109, 116, 129, 165, 184, 219.
Giraudon, Alinari, pp. 57, 60.
Giraudon, Lauros, pp. 161, 225.
Hassia, pp. 53, 81, 85, 87, 98, 99.
Mas, Barcelone, p. 200.
Orlandini, Bibl. Estense, Modène, p. 127.
Herbert Pattusch, p. 131.
Roger Viollet, p. 27.
Roger Viollet, Alinari, p. 30.
Collection Roger Viollet, pp. 132, 276.
Roubier, pp. 95, 118.
Scala, Florence, pp. 105, 143, 153, 159, 167.
Snark International, p. 126.
Sygma, Tsikourias, p. 45.
Léonard Von Matt, pp. 43, 51, 64, 66, 67, 92, 110, 111.

Cet ouvrage
composé en baskerville monotype corps 12,
a été achevé d'imprimer
sur les presses de l'imprimerie Hérissey
à Évreux (Eure)
le 8 Septembre 1985
pour le compte
des Éditions Suger.

Imprimé en France
Dépôt légal : 3e trimestre 1985
No d'impression : 37674 - No d'édition : 2
ISBN : 2-86940-000-4